ESSAI
SUR
LE FONDEMENT MÉTAPHYSIQUE
DE
LA MORALE

THÈSE
PRÉSENTÉE A LA FACULTÉ DES LETTRES DE PARIS

PAR

F. RAUH
ANCIEN ÉLÈVE DE L'ÉCOLE NORMALE SUPÉRIEURE
CHARGÉ D'UN COURS COMPLÉMENTAIRE DE PHILOSOPHIE A LA FACULTÉ DES LETTRES
DE TOULOUSE

PARIS
ANCIENNE LIBRAIRIE GERMER BAILLIÈRE ET Cⁱᵉ
FÉLIX ALCAN, ÉDITEUR
108, BOULEVARD SAINT-GERMAIN, 108

1890

ESSAI

SUR LE

FONDEMENT MÉTAPHYSIQUE

DE

LA MORALE

TOULOUSE. — IMP. A. CHAUVIN ET FILS, RUE DES SALENQUES, 28.

ESSAI

SUR

LE FONDEMENT MÉTAPHYSIQUE

DE

LA MORALE

———

THÈSE

PRÉSENTÉE A LA FACULTÉ DES LETTRES DE PARIS

PAR

F. RAUH

ANCIEN ÉLÈVE DE L'ÉCOLE NORMALE SUPÉRIEURE
CHARGÉ D'UN COURS COMPLÉMENTAIRE DE PHILOSOPHIE A LA FACULTÉ DES LETTRES
DE TOULOUSE

PARIS

ANCIENNE LIBRAIRIE GERMER BAILLIÈRE ET Cie

FÉLIX ALCAN, ÉDITEUR

108, BOULEVARD SAINT-GERMAIN, 108

—

1890

A

Monsieur Emile BOUTROUX

PROFESSEUR A LA FACULTÉ DES LETTRES DE PARIS

HOMMAGE DE RECONNAISSANCE ET DE RESPECT

AVANT-PROPOS

Il nous semble que dans l'ordre des questions métaphysiques, l'effort même pour repenser la doctrine des grands philosophes peut intéresser à défaut d'invention. Il est des études d'une importance à la fois si réelle et si peu visible qu'il est bon de savoir si le sens et la tradition ne s'en perdent pas. Si ce travail et la peine qu'il a coûtée lui paraissent inutiles, le lecteur peut se dire, pour tempérer ses regrets, que le but de l'auteur a été surtout de témoigner, par son exemple, que l'admiration des hautes pensées métaphysiques n'a pas encore disparu de la jeunesse philosophique d'aujourd'hui : ce qu'il n'est peut-être pas sans intérêt de savoir.

INTRODUCTION

Notre objet essentiel est d'essayer de faire disparaître l'opposition établie par Kant entre l'ordre de la connaissance et celui de la moralité. Nous voudrions montrer que les *idées* de *devoir* et de *liberté* réalisent précisément les conditions que la raison spéculative elle-même exige de la vérité qui doit fonder toutes les autres. De plus, nous essaierons de dépasser par cette conciliation le rationalisme pratique de Kant, et de justifier non pas seulement l'*idée*, mais le *sentiment* de la liberté et du devoir, ou mieux, l'*état d'âme*, qui nous fait capables de dévouement actif et de résignation, la communion des hommes, humbles et penseurs, dans le sacrifice et la résignation nécessaires.

Mais nous ne nous élevons pas tout d'un coup à cette doctrine, et voici par quels degrés, allant du dehors au dedans des choses, nous espérons y aboutir.

Justifier la moralité, c'est justifier l'honnête homme, — celui qui se résigne et celui qui se sacrifie, — si incapable qu'il soit de rendre compte de sa croyance. C'est établir la supériorité du sentiment, de l'acte moral, de la pensée pratique, vivante et réalisée, sur la pensée spéculative et contemplative.

Par suite, il est évident d'abord que des philosophes ne reconnaissant que le fait, le donné, quand ils prolongeraient et multiplieraient ce fait dans l'infini de l'espace et du temps, ne peuvent nous fournir la justification que nous cherchons. L'idée même d'une hiérarchie des choses leur est étrangère ; et c'est la place du sentiment, de la vie, dans la hiérarchie des existences, que nous voulons savoir (1).

Mais la justification du sentiment, de l'acte moral ne peut être que le dernier effort de la pensée. Logiquement nous traversons, — pour nous élever à cette justification, — une doctrine qui semble rendre impossible la moralité, ou du moins la moralité proprement dite.

Une hiérarchie ne peut, en effet, être établie que du point de vue d'une doctrine qui distingue le fait et le droit, ce qui est et ce qui doit être et qui établisse que le droit est le véritable fait d'où le fait tire son apparence d'existence. Or comment établir cet ordre éternel idéal, sinon par une déduction nécessaire à partir d'un absolu dont l'existence soit type d'existence, et connu d'une connaissance qui soit type de certitude ? Ce qui doit être ne peut qu'être objet de démonstration, et la démonstration ne se complète et ne s'achève que par l'absolue nécessité du premier Principe.

Mais dès lors, le philosophe supprime en assimilant Dieu à une définition géométrique, qui se développe, et la liberté et la certitude morale qu' veut être libre elle-même ou participer d'une autre lumière.

De plus, et par suite, dans une telle philosophie, c'est l'ordre des choses qui intéresse le penseur plus que l'obéissance de l'homme à cet ordre : que tel homme connaisse cet ordre et tel autre non, c'est là un accident perdu parmi les effets qui vont à l'infini de l'universelle nécessité.

Enfin, celui qui peut être dit vraiment moral d'après une telle doctrine, c'est le penseur, le sage, seul capable

(1) Il va sans dire qu'on peut interpréter cette philosophie « dans un beau sens, » nous le verrons plus loin. Mais il nous a fallu donner par avance un aperçu rapide de la suite de notre développement ; de là cette réfutation en apparence facile. Nous négligeons, dans ce résumé général, les systèmes qui ont essayé de concilier la morale naturaliste avec les morales métaphysiques.

de comprendre cette déduction et de jouir de l'ordre éternel. C'est une philosophie païenne, aristocratique, impuissante à justifier la « lumière du sentiment » ou ne lui donnant pas sa vraie valeur.

Une philosophie finaliste, tout en substituant l'harmonie à la nécessité comme loi de l'univers, et pouvant s'élever même jusqu'à placer dans la hiérarchie des choses le désir, l'amour, la volonté libre au-dessus de l'intelligence, ne peut encore que justifier *le* désir, *la* liberté universelle, non *mon* désir, *ma* liberté. Je suis encore partie d'un Esprit qui m'enveloppe et quoique j'en puisse être dit « partie totale, » la valeur incommensurable de mon effort n'est pas mise en lumière encore : c'est toujours un ordre éternel et donné qu'une telle philosophie établit. Mais ma lutte contre les choses, mon effort vers le mieux, voilà ce qu'elle ne justifie pas. Ou du moins, je suis le reflet d'une lumière éternelle, et ne vaux que par elle. Mais je veux être lumière moi-même, et il ne me suffit pas que la vérité me choisisse ; je veux être certain que je choisis la vérité.

Il faut donc une fois encore déplacer l'axe de la certitude, et montrer que l'absolu ne peut être une *res aeterna* analogue à la définition géométrique donnée, ou même à l'amour universel irréfléchi ou conscient ; que par la nature même de la certitude que nous en pouvons avoir, nous ne connaissons pas un absolu qui serait une notion ou un désir se développant spontanément dans et par les choses. Mais ce que nous connaissons plus que tout le reste, et en vertu même des conditions de la certitude première, c'est *moi* en tant que sujet raisonnable, non la Raison universelle mais *ma* Raison. Et le rapport de ma Raison aux choses n'est pas naturel ; c'est un rapport que nous connaissons pratiquement en vertu d'un acte. Je ne vois pas les choses dériver d'une *res aeterna*, d'une cause intelligible qui serait l'âme, mais j'agis comme si je le voyais. En cherchant à déduire les choses d'une notion intelligible, j'aboutis donc à un tout autre type de certitude ; et considérant cette Raison absorbée ou qui risquait de s'absorber, selon les anciens philosophes, dans les notions même qu'elle découvrait, je constate qu'elle ne me présente qu'elle-même, contrainte par elle-même « durch sich selbst gezwungen » ou renonçant à elle-même par le péché : conception insensée au point de vue des sciences de la nature, mais qui est le « fait même de la Raison pure » et que l'on ne peut dépasser qu'au prix de contradictions, ou plutôt, par la ruine même de la notion de l'esprit. Tel est le sens de la doctrine de Kant. Kant a vraiment sauvé l'individualité morale et définitivement établi l'impossibilité pour le métaphysicien de prendre pour point de départ de son système une notion.

Mais faut-il, comme Kant l'a fait par peur, semble-t-il, de la chose éternelle, de la notion géométrique prise comme type d'existence, laisser la pensée comme désarmée en présence des choses, renoncer à construire le système du monde, parce que cette entreprise semble devoir nous ramener à la certitude géométrique ? Et ainsi ne sachant rien de l'absolu, de la réalité fondamentale, rien du rapport de l'absolu et des choses, nous pourrions nous demander si, dans le fond, la matière n'est pas la cause de la pensée. Et la dernière conséquence de ce doute serait l'aveu que l'honnête homme agit par un acte de foi désespéré ; c'est à un coup d'Etat moral, comme on l'a dit, que le kantisme devait aboutir (1).

De plus le kantisme n'a pas encore atteint l'individualité morale dans sa source : Kant se défie du sentiment proprement dit et n'y voit qu'un accompagnement accidentel et extérieur de la pensée. Or ce que nous croyons vrai, c'est que le sentiment est dans cet ordre, raison ; et que cela peut s'établir rationnellement.

---

(1) Il est bien évident que c'est là seulement une des tendances contenues dans le Kantisme et qu'on pouvait trouver dans le système de Kant les germes d'une doctrine qui le dépasse.

Une philosophie peut seule justifier la morale qui relie l'esprit aux choses, comme l'ancienne métaphysique, et par suite la Raison spéculative et la Raison pratique; mais en partant d'un absolu autrement conçu, et dont la notion soit corrigée ou plutôt, à vrai dire, éclaircie à l'aide de Kant. Kant a bien analysé la certitude pratique, mais il n'a pas montré que la certitude pratique, la certitude de l'acte moral réalise les conditions qu'exige de la première vérité qui doit fonder toutes les autres, la Raison spéculative elle-même. Nous essaierons d'établir, au contraire, que la notion de *l'acte* ne contredit pas, mais continue et achève la notion de *l'Idée*. S'il en est ainsi, non seulement les deux Raisons ne s'opposent pas, mais seul l'acte moral satisfait aux exigences de la raison spéculative. Dès lors, la moralité cesse d'être l'opposé de la nature, la morale de la métaphysique. Ou plutôt la véritable métaphysique, c'est la morale, et les choses ne doivent pas être conçues sous forme de *nature*. Par suite, par l'affirmation première qui fonde toutes les autres, nous ne nous posons pas seulement nous-mêmes comme être moraux, mais nous affirmons aussi que la réalité toute entière est dans le sens de la moralité; et nous concevons par cela même la source infinie de la réalité, Dieu comme le prolongement à l'infini de cette moralité, comme la réalisation de cette moralité. Seulement de cette réalisation nous ne pouvons nous faire une idée; car la moralité est pour l'homme lutte, effort, et la sainteté même est une conquête de la moralité. Il n'y a donc pas d'ordre naturel ou de perfection, d'ordre métaphysique dont la moralité soit l'imitation mais la perfection même n'est que la moralité portée à l'infini. Et cet au delà, quoique certain, nous ne le connaissons que sous la forme de l'acte moral. Dieu est la limite certaine mais inaccessible de l'effort vers le mieux, limite idéale qui s'évanouit dès que nous l'immobilisons dans une notion donnée et toute faite ou même dans une personne naturellement bonne et sainte. C'est l'effort vers le mieux, le désir infini qui l'exprime de la façon la plus approximative. Nous affirmons donc à la fois et en vertu même des conditions que la Raison spéculative impose à la certitude première, nous-mêmes comme êtres moraux et Dieu comme la limite nécessaire de la moralité, limite qu'on ne peut cependant assimiler soit à une notion, soit à une personne.

De plus cette première vérité est connue par ce qui en nous est le plus intime, par l'action et la décision même, ou plutôt dans cet ordre le sentiment, l'action même est lumière; de sorte que le véritable savant, celui qui a le sens de la vie, est l'humble qui se donne et se résigne. Comme le disait Pascal, pour parler plus précisément comme il le laissait entrevoir, le « cœur » est le principe de la Raison, le type de la certitude est dans la certitude immédiate dont le type parfait est le sens du divin; la charité est au-dessus de l'esprit, l'intelligence le proclame elle-même et son triomphe est de reconnaître sa défaite.

De cette première vérité, scandale au point de vue naturel, vraie lumière cependant, il s'agit ensuite de montrer l'expression dans l'harmonie universelle, harmonie cachée, conquise à la suite d'avortements, visible seulement pour ceux qui ont la foi. Nous justifions par là « l'ambiguïté de la nature. » Nous en « déduisons, » comme dirait Kant, et nous en glorifions pour ainsi dire l'inintelligibilité; car une certitude morale ne peut s'exprimer par une clarté et une nécessité absolue, et nous devons trouver — de ce point de vue une fois atteint — des germes de contingence et d'absurdité même jusque dans la nécessité et dans l'ordre, germes qui eussent pu, si nous ne nous étions élevés jusqu'à la source de la certitude, à la liberté radicale, nous apparaître comme des traces, seulement entrevues, de la nécessité rationnelle géométrique qui lie profondément les choses.

Ainsi ériger en absolue la conception morale de la nature, y subordonner franchement la conception naturelle des choses, ce que Kant, par une superstition persistante de la certitude géométrique n'avait osé faire, se renfermant dans une sorte de positivisme métaphysique ; ou encore concilier l'intellectualisme ou le géométrisme, le finalisme, et le volontarisme moral, découvrir le passage naturel de l'un à l'autre en montrant que l'acte moral est non point un acte de foi désespéré mais bien l'achèvement exigé par la Raison spéculative elle-même d'une conception naturelle des choses ; tel est le but de ce travail. Et nous entendons par moralité l'acte moral lui-même qui est ainsi la véritable connaissance. La morale est bien, comme dit M. Fouillée, une métaphysique en acte, mais cette métaphysique en acte est le fondement de la connaissance proprement dite ; de sorte que la plus haute philosophie aboutit, comme voulait Pascal, à la justification de l'humble, sans qu'il faille cependant négliger la connaissance proprement dite qui exprime et complète le savoir suprême.

D'ailleurs nous trouverons dans les doctrines même que nous n'acceptons pas, dans le finalisme, le géométrisme et jusque dans la philosophie naturaliste contemporaine, des germes de la doctrine qui nous semble la vraie ; bien entendues, elles peuvent nous acheminer à la vue véritable des choses ; et approfondies, elles nous apparaissent comme « gravitant » vers un système de la liberté.

ESSAI
SUR LE
FONDEMENT MÉTAPHYSIQUE
DE
LA MORALE

CHAPITRE PREMIER.

LA MORALE NATURALISTE. — SYSTÈMES DE CONCILIATION ET DE TRANSITION.

Toute doctrine, même utilitaire, admet que se résigner et se sacrifier, au moins partiellement, est la seule solution pratique de la question de la vie. Mais est-ce là simplement un moyen pratique comme un autre, utile pour rendre la vie supportable, ou n'est-ce pas plutôt le moyen nécessaire, l' « *unica res*, » le salut, la vie ? C'est la vie, et il y a dans le détachement de soi-même et en un sens du monde, quelque chose de si essentiel que nous trouvons quelque grandeur, même dans le froid courage de celui qui souffre ou meurt sans espoir, en se disant : mes cris n'y changeront rien. C'est que la loi morale, la loi du détachement, est pour nous l'expression de la loi même des choses. L'homme moral, prétend agir conformément à la réalité. Etre moral n'est-ce pas laisser l'apparent pour le réel ? D'où la vraie question morale, c'est la question métaphysique : Qu'est-ce que l'être ?

A cette question les philosophes évolutionnistes substituent celle-ci : Qu'est-ce qui sera ? L'honnête homme est celui qui se conforme à la direction de l'évolution universelle.

Nous n'acceptons pas cette doctrine, mais il faut reconnaître que le mérite en est d'avoir, à la différence de l'ancien utilitarisme, reconnu ce qu'il y avait de naturel et par cela même d'essentiel, dans les croyances morales. On peut dire plus : l'idée de la nature, telle qu'elle résulte de l'évolutionnisme avec son infini et mystérieux devenir, a transfiguré la morale utilitaire : l'*instinct* moral, supérieur à la réflexion, s'est substitué au *logicisme* égoïste de l'utilitarisme. Le *principe égoïste* a disparu de la morale, ou tout au moins a pris un sens nouveau. MM. Guyau et Fouillée prétendent compléter la morale naturaliste. Or, ce qu'ils prétendent y ajouter y est déjà. « Les lois de la morale sont nécessaires, disent MM. Darwin et Spencer, s'il faut en croire M. Fouillée, parce qu'elles représentent les nécessités mêmes de l'existence sociale, soit dans le présent, soit dans l'avenir; l'idéaliste ajoutera les nécessités de l'existence et de l'évolution universelle. Le remords, ajoute Darwin, est le contraste douloureux entre l'inclination individuelle et l'instinct social qui est permanent, peut-être aussi, dira l'idéaliste, entre l'essentiel et l'accidentel de l'existence comme de la félicité (1). » Cela même, les naturalistes Darwin et surtout Spencer l'ont admis et l'ont dit. Par suite aussi il est tout à fait exagéré de reprocher avec MM. Guyau et Fouillée à cette philosophie d'admettre comme principe absolu de la morale la « gravitation sur soi, » l'invincible attachement au moi. Ils reconstruisent encore la morale naturaliste sur le modèle de la morale utilitaire et matérialiste du dix-huitième siècle. Ou du moins ils reconnaissent bien que,

---

(1) Fouillée, *Critique des Systèmes de morale contemporains*, p. 33.

dans une doctrine tirant la règle des mœurs de la science de la nature, surtout telle qu'elle apparaissait à la suite des hypothèses de Darwin avec son infini et son mystère, le plaisir devait tendre à apparaître comme accessoire, et la morale comme essentielle et imprégnée elle aussi de mystère et d'infini; mais ils pensent que les philosophes naturalistes n'ont pas eux-mêmes entrevu les belles conséquences que l'on peut tirer de leurs systèmes; qu'il faut les compléter, et les interpréter. Ils n'ont pas assez dit que la doctrine morale de Darwin et de Spencer telle que nous la trouvons dans leurs œuvres mêmes, est pénétrée d'un sentiment nouveau.

A dire vrai, cette erreur s'explique; car une philosophie qui exprime la nature et prétend s'y conformer, ne peut qu'être « ambiguë » comme la nature elle-même, qui peut nous fournir des symboles également plausibles, tant qu'on n'a pas d'autre lumière, pour justifier l'égoïsme ou le désintéressement. Aussi est-il nécessaire, pour se faire une idée juste de la morale naturaliste, d'opposer à cette doctrine, telle que la reconstruisent et la réfutent MM. Fouillée et Guyau, telle qu'elle est « dans l'air, » telle qu'elle apparaît au public même philosophique, telle en somme qu'elle *pourrait* être développée, la doctrine de ces philosophes, avec ses tendances confuses mais réelles à une doctrine supérieure (1). C'est de ces deux tableaux que nous pourrons dégager le caractère de la morale naturaliste, caractère complexe quoique à coup sûr la tendance qu'on pourrait appeler idéaliste y soit le plus marquée. Voici d'abord la première forme possible d'exposé :

I

La morale naturaliste se propose de faire voir l'origine naturelle des croyances morales et de les fonder

---

(1) Nous ferons cet exposé à l'aide de Darwin et surtout de Spencer, parce que chez eux l'idée de la nature, telle qu'elle résulte de l'évolutionnisme, est le moins mêlée d'éléments étrangers.

sur l'expérience, et les hypothèses des sciences positives, particulièrement celle qui, depuis Darwin surtout, domine les sciences mêmes de la nature vivante, celle du *mécanisme* et de l'*infini devenir des choses*. Mais en réalité ces hypothèses sont, par ces philosophes, élevées à l'absolu, et le mécanisme hypothétique de la science devient, selon eux, la loi même de la nature. Il s'agit de montrer que ces croyances, tenues jusqu'à présent pour éternelles et proprement divines, sortent, par un développement naturel des besoins élémentaires de notre organisation, et ne sont qu'une forme plus compliquée de ces besoins. Nous comprenons par là que la morale naturaliste se rattache à une philosophie générale tendant à rapprocher l'homme des choses, et la philosophie évolutionniste de Spencer est de ces systèmes le plus hardi et le plus conséquent.

La première thèse de cette doctrine est l'unité de *loi* des phénomènes et leur unité de *nature*. D'après Spencer, entre les différentes choses de l'univers, il n'est pas de distinction absolue. Il est impossible de marquer exactement les caractères qui séparent l'homme de l'animal, l'animal du végétal, le végétal même des êtres non organisés. Des transitions insensibles nous conduisent, par des complications successives et continues, de la plante où nous trouvons combinés les éléments que nous présentent tous les corps naturels aux animaux inférieurs où apparaissent à peine les signes de la vie, et de ces animaux aux êtres doués de sensibilité, d'intelligence et de volonté. La continuité se constate aussi bien dans la série des intelligences que dans la série des organismes. « Il est certain, » dit Spencer, « qu'entre les actes automatiques des êtres les plus bas et les plus hautes actions conscientes de la race humaine, on peut disposer toute une série d'actions manifestées par les diverses tribus du règne animal, de telle façon qu'il soit impossible de dire à un certain moment de la série : ici commence l'intelligence. »

Tous les êtres sont de même nature, et à coup sûr

toute la philosophie de Spencer, sa méthode empruntée des sciences physiques et mécaniques témoigne bien que le supérieur n'est pour lui qu'une complication de l'inférieur. Ils sont de même nature, et ils sont régis par une loi unique, la loi d'Evolution, c'est-à-dire que tout être et toute chose, dans le domaine de la vie physique comme de la vie morale et sociale, se développe, comme le germe organique, d'abord masse informe et uniforme, puis se différenciant successivement, de telle sorte qu'apparaissent peu à peu ces organes compliqués qui constituent l'animal. Et en même temps que les organes se différencient ils agissent de concert et il s'établit entre eux une solidarité de plus en plus complète. Ainsi tout organisme passe d'un état homogène indéterminé à un état hétérogène mieux défini : c'est la loi de tout organisme, et c'est la loi universelle. De plus, en même temps que l'être s'organise et se diversifie, ses rapports avec le dehors s'étendent; il subit des influences de plus en plus lointaines et tend à s'adapter au milieu où il vit.

Ajoutez, à ces deux lois d'*évolution* et d'*adaptation au milieu* l'hérédité et la sélection naturelle : vous avez en main tous les éléments d'une explication naturelle de l'univers. L'hérédité fixe les modifications acquises; la sélection naturelle permet de comprendre que tels êtres survivent à d'autres êtres ou telle croyance à une autre croyance. Un choix, une sélection se produit dans la nature entre les produits de son infinie fécondité, choix purement mécanique, effet de la lutte des forces, de la lutte pour la vie. Les êtres les plus forts survivent et de même les croyances les plus fortes, c'est-à-dire celles qui sont nécessaires au maintien de la vie sociale, de la vie universelle.

D'ailleurs, cette loi d'évolution et les lois connexes qui complètent avec la première l'explication du monde, sont la conséquence d'une loi plus générale, à vrai dire fondamentale, déjà pleinement vérifiée dans le monde physique, la persistance de la force, et qui s'applique à tous les ordres de fait : car tous les faits sont par un côté physiques. Et si la loi est unique, c'est qu'elle recouvre au fond une même réalité, réalité qui dépasse en elle-même sans doute la réalité physique, mais dont l'expression la plus parfaite est la nécessité mécanique. L'unité de loi recouvre l'unité réelle de la Force unique persistant sous ses manifestions diverses ; et par là se trouve réduite à l'unité, la multiplicité en apparence infinie. « La Force qui se manifeste en nous sous forme de sentiments et de pensées aurait pu, autrement dirigée, briser des mondes. » En vertu de la persistance de cette Force unique, on peut prévoir une série d'évolutions aboutissant à l'équilibre universel, puis, sous l'action de nouvelles forces incidentes, une dissolution conduisant à une évolution nouvelle, et ainsi de suite à l'infini.

Ainsi une tendance purement mécanique, ou que seul le mécanisme exprime exactement, suffit à nous fournir l'explication radicale des choses.

Comment les croyances morales peuvent-elles trouver place, et quelle est la nature de ces croyances, dans un système, d'après lequel l'univers est une Force unique, s'exprimant par une loi purement mécanique? Les sentiments moraux ne sont rien autre chose que les sentiments résultant de notre adaptation plus ou moins parfaite au milieu où nous vivons. Nous sommes en rapport avec la nature extérieure et à cette relation correspond un sentiment de plaisir quand nous sommes en harmonie de souffrance, quand nous sommes en désaccord avec les choses : de là la joie morale ou le remords qui ne sont ainsi rien de plus que le résultat purement mécanique de notre accord ou de notre désaccord avec la société et la nature qui nous entourent.

Nous comprenons dès lors comment les idées morales doivent varier exprimant surtout notre correspondance avec le milieu où nous vivons, et dépendant par suite de ce milieu. Mais ces sentiments sont aussi fortifiés par l'hérédité qui les rend en quelque sorte organiques : de là leur puissance, et l'idée de nécessité qui s'y attache. Ajoutons que ces sentiments sont le résultat de la sélection naturelle : on comprend quelle doit être la force de sentiments sans lesquels l'espèce ne pourrait vivre. Et ces sentiments ne sont pas seulement l'expression des conditions de la vie pour l'espèce, mais pour le monde lui-même. Les croyances profondément vivaces, vraiment éternelles, correspondent aux conditions mêmes de la vie de l'univers, et expriment en nous les nécessités de l'équilibre universel.

L'honnête homme est celui dont l'adaptation s'étend le plus loin et dont les actions sont le mieux ordonnées. Ses sentiments ont pour objet le monde entier. Il est d'accord avec la « conduite universelle » et comme au sommet de l'évolution. Le but de la morale est d'obtenir, par une éducation appropriée, l'adaptation parfaite de l'individu à la nature toute entière, adaptation où la nature mène d'ailleurs par la même nécessité physique, qui fait tendre le monde à l'équilibre universel.

Mais ces sentiments par lesquels l'homme civilisé correspond dès aujourd'hui, encore qu'imparfaitement à l'univers, le sentiment du devoir, du désintéressement, ont leur origine dans des sentiments égoïstes. Le sentiment d'obligation, le sentiment du désintéressement semblent contredire cette théorie : ce n'est qu'une apparence. D'abord le sentiment de l'obligation est un sentiment transitoire où il entre en premier lieu ce sentiment de nécessité, de « poussée intérieure » indestructible, comme dit M. Guyau, propre à toutes les croyances héréditaires. Il résulte aussi de ce que nous transportons au dedans de nous-mêmes, par une sorte de métaphore, les châtiments et les sanctions, tout l'appareil de la justice sociale. C'est ainsi que nous nous représentons, par analogie avec les institutions du dehors, notre conscience comme un juge ou un tribunal. Enfin une dernière cause du sentiment de contrainte propre à l'obligation, c'est que notre adaptation au milieu n'est pas encore parfaite, et dès lors notre plaisir est souvent en désaccord avec le besoin de l'individu et surtout de l'espèce. Mais peu à peu l'équilibre s'établira et disparaîtront ainsi à la longue la lutte, la souffrance résultant de ce divorce et aussi le sentiment de contrainte qu'affaibliront peu à peu les progrès de l'harmonie entre l'univers et l'homme. Quant au sentiment de désintéressement, sous sa forme même la plus élevée, il a pour origine l'effet machinal de l'action exercée sur nous par l'extérieur, la sympathie passive en vertu de laquelle nous pleurons quand un autre pleure, nous souffrons quand un autre souffre, laquelle se réduit elle-même à l'acte réflexe. Il est vrai que nous pouvons en apparence ne plus songer à nous, que l'oubli de soi, le désintéressement complet semble possible. Pure illusion : l'homme commence à aimer les autres pour lui-même ; puis, comme il arrive souvent, il oublie les raisons de son affection et les aime pour eux-mêmes, de même qu'après avoir aimé l'argent pour les jouissances qu'il procure, il a fini par l'aimer pour lui-même. Mais c'est encore son propre plaisir qui le mène quoiqu'il l'ignore.

Et la tendance égoïste comme la tendance altruiste peuvent être rattachées aux besoins organiques, lesquels tombent sous la loi de la nécessité universelle : à la nutrition et à la génération. « Toute action consciente ou non, » dit Spencer, « qui implique une dépense de la vie individuelle est entièrement altruiste en un sens sinon dans le sens usuel. » Par suite, cet altruisme primordial se rattache, comme l'égoïsme, à la vie physique elle-même, à la tendance de l'être à se conserver ; ce sont les deux manifestations du même besoin. Le désir de vivre est la loi de tout ce qui vit et l'homme cherche son plaisir comme la pierre tombe. La loi de l'égoïsme de la « gravitation sur soi » est donc en somme la forme consciente de la loi de la persistance de la Force (1) et ainsi la morale naturaliste nous apparaît comme une

---

(1) V. l'exposé de la morale naturaliste dans les *Systèmes de morale contemporains* de M. Fouillée, p. 31.

doctrine morale égoïste fortifiée par une philosophie matérialiste ou plutôt déduite de cette philosophie; elle nous apparaît comme la forme moderne des doctrines matérialistes du dix-huitième siècle.

A la doctrine naturaliste ainsi présentée on peut répondre; — sans discuter cette assimilation constante du supérieur à l'inférieur, ce qui nécessiterait une réfutation du matérialisme; sans discuter la valeur de la loi d'évolution et en restant dans les limites d'une discussion purement morale : — il est une distinction que ces philosophes négligent, c'est que la nature suit, sans conscience, mécaniquement, la loi d'évolution, tandis que l'homme consent à cette loi et y collabore volontairement; il consent à l'ordre universel; et par suite autre chose est la sympathie machinale et automatique, autre chose, le choix délibéré du sacrifice.

Dès lors, la nécessité de ces croyances n'est-elle pas d'un autre ordre qu'une nécessité purement physique? Entre la vie égoïste et la vie désintéressée il y a, quoi qu'on fasse pour le combler, un abîme. Celui qui renonce à la seconde n'est plus dans l'ordre; il déchoit, il n'a pas le sens de la vie. La moralité est la vie dans l'ordre, la vie éternelle; car cet ordre est éternel et nécessaire; de là le mystérieux et le tragique de ce choix. Ce choix, cette collaboration à l'ordre, transformerait ce prétendu état idéal que la nature tend d'elle-même, d'après ces philosophes, à réaliser. Quand l'homme, à la limite de l'évolution arriverait à agir naturellement bien, cette nature, conquise par l'effort, ne serait pas à proprement parler une nature : ce serait la sainteté; et quand même un être naîtrait ainsi, naturellement moral, s'il était conscient d'être dans l'ordre, cette joie consciente de l'universel ne serait pas comparable à la joie physique : elle serait plus que morale; et surnaturelle.

A supposer que ce choix de la vérité et du bien ne

fût pas libre, qu'il dépendît de l'universelle nécessité, il ne perdrait pas pour cela de son mystère, mais le mystère serait dans cette sorte de grâce inexpliquée qui fait qu'en vertu des raisons profondes des choses, tel homme est mauvais, tel autre non. Si on répond qu'il n'y a pas là de question à poser, que cela est dans l'ordre, et que si cet ordre est aimé des uns, détesté des autres, ce sont là de purs accidents qui ne changent rien à la Nécessité, je puis me demander encore si cette Nécessité qui sauve et qui perd est une nécessité purement mécanique, et si cela ne change pas le caractère de la nature et de la vie.

Si notre choix est égoïste, si nous sommes irrémédiablement déterminés à nous prendre pour objets de notre affection, c'est encore un mystère que quelques-uns s'aiment en autrui, et en tant qu'ils participent à l'universelle nécessité et que les autres méconnaissent la loi des choses.

D'ailleurs comment admettre dans un tel système que l'individu soit purement égoïste? La tendance égoïste peut-elle être unique en moi, quand je suis une parcelle d'une infinie tendance qui me traverse? Si le *sujet* de ma tendance à vivre, comme dit M. Fouillée, n'est pas uniquement moi, *l'objet* en peut-il être nécessairement moi seul?

Nous voyons par cette réfutation même que cette philosophie semble devoir conduire à une vue de la vie humaine pénétrée de l'idée de l'infini et du mystère des choses; et tendre par là même à répudier le principe égoïste de la morale. C'est, en effet, ce qui a lieu particulièrement chez Spencer, et l'idée de la nature telle qu'elle résulte de la science transformée par Darwin (1), élève sa morale bien au-dessus de la morale égoïste. En même temps le *sentiment* moral comme *criterium* moral est mis au-dessus de la *réflexion*, par une sorte d'opti-

---

(1) Il va sans dire que l'idée de l'application à la science de l'hypothèse évolutionniste ne date pas de Darwin.

misme naturaliste qui divinise la nature, et son action directe sur les choses. La morale naturaliste peut ainsi être présentée sous un jour nouveau.

II

Déjà Darwin, quoiqu'on ne puisse dire qu'il ait à proprement parler une doctrine philosophique, et malgré des doutes et des indécisions qui témoignent d'une probité scientifique infiniment scrupuleuse, indique cependant, dans quelques passages, le caractère grandiose et mystérieux de la nature considérée du point de vue de sa doctrine. « Il est intéressant de contempler un rivage luxuriant tapissé de nombreuses plantes appartenant à de nombreuses espèces, abritant des oiseaux qui chantent dans les buissons, des insectes variés qui voltigent çà et là, si on songe que des formes si admirablement construites, si différemment conformées, et dépendant les unes des autres d'une manière si complexe, ont toutes été produites par des lois qui agissent autour de nous. Ces lois, prises dans leur sens le plus large, sont la loi de croissance et de reproduction, la loi d'hérédité, qui implique presque la loi de reproduction, la loi de variabilité résultant de l'action directe et indirecte des conditions d'existence, de l'usage et du défaut d'usage, la loi de multiplication des espèces en raison assez élevée pour amener la lutte pour l'existence, qui a pour conséquence la sélection naturelle, laquelle détermine la divergence des caractères et l'extinction des formes moins perfectionnées. Le résultat direct de cette guerre de la nature, qui se traduit par la famine et par la faim, est donc le fait le plus admirable que nous puissions concevoir, à savoir la production des animaux supérieurs. N'y a-t-il pas une véritable grandeur dans cette manière d'envisager la vie avec ses puissances diverses attribuées primitivement par le Créateur à un petit nombre de formes, ou même à une seule? Or, tandis que notre planète, obéissant à la loi fixe de la gravitation, continue à tourner dans son orbite, une quantité infinie de belles et admirables formes, sorties d'un commencement si simple, n'ont pas cessé de se développer et se développent encore (1). » Quoique sa croyance à une sorte de direction divine ne soit pas restée toujours aussi nette (2), et malgré l'impossibilité de trouver, selon lui, la preuve d'une adaptation providentielle et intentionnelle précise dans chaque individu pris à part ou même dans l'ensemble du monde (3), il ne peut, nous dit-il, considérer cet immense univers, y compris l'homme et sa faculté de se reporter dans le passé comme de regarder dans l'avenir l'univers, avec nos moi conscients sans penser qu'il ne peut être le résultat du hasard (4). Dans la *Descendance de l'homme*, il affirme encore la nécessité de croire à un plan malgré les imperfections de détail « que nous puissions croire ou non, que quelque légère variation et conformation, que l'appariage de chaque couple, que la disposition de chaque graine et que les autres phénomènes aient été décrétés dans quelque but spécial. » Même il semble parfois admettre que sa théorie est plus digne d'un plan divin. L'idée du devenir confine par endroit chez lui à celle du progrès. Comme la sélection naturelle, nous dit-il, n'agit que pour le bien de chaque individu, toutes les qualités corporelles et intellectuelles doivent tendre à une perfection de plus en plus grande. Sa doctrine est consolante, elle nous ouvre des perspectives infinies. La théorie adverse est, au contraire, décourageante : il aime mieux descendre d'un babouin courageux que d'un homme dégénéré (5).

Ainsi, quoique il exprime ses vues avec la réserve qui

---

(1) *Origine des Espèces*, tr. fr., p. 575
(2) Voir ses variations sur ce point, depuis l'Origine des espèces, dans la *Vie et la correspondance de Darwin*, publiée par son fils. Trad. de Varigny.
(3) V. *De la variation des animaux et des plantes*, p. 460, vol. II et la *Correspondance de Darwin*, passim. *Vie et corresp. de Darwin*, trad. de Varigny.
(4) *Vie et correspondance de Darwin*, I, p. 356, 364.
(5) *La descendance de l'homme*, tr. fr., t. II, p. 440.

convient à un savant, purement savant, — réserve que l'on n'a pas assez admirée et imitée, — il tend, semble-t-il, à admettre comme une pensée, différant de l'intention consciente, une inquiétude travaillant les choses.

Par suite, sa morale n'est point du tout celle que nous expose M. Guyau, qui s'efforce de la rattacher à la morale utilitaire.

Le rapprochement avec la conduite des animaux ne rabaisse pas pour lui la conduite humaine. Il semble répandre la moralité dans la nature bien plutôt qu'il n'abaisse la moralité jusqu'à la nature. Par suite d'une sensibilité, d'un don de sympathie naturel qui est un des traits caractéristiques de Darwin, par l'effet surtout d'une tendance inconsciente à glorifier la nature, d'un optimisme candide dont les philosophes naturalistes nous donnent souvent l'exemple (1), il relève et pour ainsi dire réhabilite l'animal.

Il suffit de lire, pour se convaincre, que telle est la pensée de Darwin, l'histoire de « l'héroïque petit singe américain qui attaque le grand et redouté babouin pour sauver son gardien (2); ou encore du vieux singe, « véritable héros, » qui « rassure » le jeune, demeuré en arrière de la troupe et menacé par des chiens et l'emmène « triomphalement, » les chiens étant trop « étonnés » pour l'attaquer (3). » Il commence une autre histoire en ces termes : *Je ne puis résister au plaisir* de citer une scène qu'a vue le même naturaliste. Il est cependant obligé d'avouer l'absence de sympathie chez les animaux; il en gémit, il s'en indigne et il essaie de les excuser. « L'absence de toute sympathie chez les animaux n'est quelquefois que *trop certaine*, car on les voit expulser du

---

(1) Nous le verrons plus loin chez Spencer, dont d'ailleurs la doctrine, sous sa première forme, rappelle tout à fait l'utilitarisme théologique de Paley. V. aussi l'art. de Valbert (*Revue des Deux-Mondes*, 1ᵉʳ octobre 1889) sur *les Plaisirs de la vie*, ouvrage de Lubbock et nouveau plaidoyer d'un naturaliste évolutionniste en faveur de l'optimisme.

(2) *La descendance de l'homme*, I, p. 84, et II, 440.

(3) *Ibid.*, I, p. 81.

troupeau un animal blessé ou le poursuivre et le persécuter jusqu'à la mort. C'est là *le fait le plus horrible de l'histoire naturelle*, à moins que l'explication qu'on en a donnée soit la vraie, c'est-à-dire que leur instinct *ou leur raison* les pousse à expulser un compagnon blessé, de peur que les bêtes féroces, l'homme compris, ne soient tentés de suivre la troupe. » Aussi nous comprenons qu'il fasse effort pour attribuer à l'animal le sentiment moral même. Ce n'est pas, dit-il (1), dans un sens métaphorique que nous employons le terme *devoir* lorsque nous disons que les chiens courants doivent chasser à courre ; que les chiens d'arrêt doivent arrêter, et que les chiens doivent rapporter le gibier. S'ils n'agissent pas ainsi, ils ont tort et manquent à leur devoir. Ils ne possèdent pas, il est vrai, la réflexion sur le passé et l'avenir, de sorte qu'ils ne peuvent éprouver le remords proprement dit. « Arrivé à la fin de son long voyage, l'instinct migrateur cessant d'agir, quel remords ne ressentirait pas l'oiseau si, doué d'une grande activité mentale, il ne pouvait s'empêcher de songer à ses petits qu'il a laissés dans le Nord périr de faim et de froid (2)! » Mais il se demande aussi si la réflexion est nécessaire pour caractériser un sentiment moral (3).

Si nous entendons bien ce plaidoyer en faveur de l'animal ; si nous le rapprochons des vues, si vagues qu'elles soient, de Darwin sur la nature, nous comprendrons que, quand il dit : « Le mot impérieux *devoir* ne semble impliquer que la conscience d'un instinct persistant, inné ou acquis, instinct qui sert de guide à l'homme, bien que celui-ci puisse lui désobéir (4), » il n'y a rien dans ces mots qui rabaisse, selon Darwin, la notion du devoir. C'est pour lui le glorifier que de le rattacher à l'instinct de sociabilité que l'on trouve chez l'animal, que de le faire rentrer sous les lois générales

---

(1) *La descendance de l'homme*, I, p. 100.
(2) *Ibid.*, I, p. 98.
(3) *Ibid.*, p. 95.
(4) *Ibid.*, p. 99.

de l'instinct, et par suite, de l'évolution infinie, mystérieuse, et par là même vénérable de la nature. Il nous fait une peinture très forte de l'opposition de l'instinct individuel et de l'instinct social permanent (1), et le sentiment moral nous apparaît déjà chez lui tel que le représente M. Guyau, avec ce caractère de mystère que nous attribuons à tout pouvoir antérieur au raisonnement. Sans doute, ce ne sont là, chez Darwin, que de vagues tendances. Il n'a jamais abordé les difficultés philosophiques qu'autant qu'elles touchaient directement aux questions naturelles. Mais ces tendances ont été assez fortes cependant pour le détacher de la morale égoïste dont il se sépare plus franchement que Spencer.

Darwin fait, en effet, remarquer souvent que l'instinct héréditaire peut entraîner l'animal, indépendamment du plaisir et de la peine : *le chien ne peut s'empêcher de tomber en arrêt devant le gibier;* et il tire de là cette conclusion que peut-être la doctrine, d'après laquelle toutes nos actions ont pour mobile le plaisir et la peine, est erronée. Même la théorie du bonheur général lui semble insuffisante. « Dans le cas des animaux, » dit-il, « il serait absurde de dire que ces instincts proviennent de l'égoïsme ou se sont développés pour le bonheur de la communauté. Ils se sont toutefois développés pour le bien général de cette dernière. » Avant M. Guyau, Darwin avait donc, et pour les mêmes raisons que M. Guyau, tiré de la considération de la nature une règle morale supérieure à l'égoïsme, et cela parce qu'à lui aussi le plaisir et la douleur paraissent accessoires dans l'ordre universel ; parce que la vie qui traverse et qui dépasse l'individu lui paraissent antérieurs au plaisir. La considération de la nature l'amène ainsi à admettre nettement un Bien distinct du bonheur. Ce Bien général peut se définir de la façon suivante : le moyen qui permet d'élever dans les conditions existantes le plus grand nombre possible d'individus en pleine santé, en pleine vigueur, doués de facultés

---

(1) *La descendance de l'homme*, I, p. 96-97.

aussi parfaites que possible. Il est préférable de prendre pour critérium le bien général de la communauté que le bonheur général. Sans doute, le bonheur est une partie essentielle du bien général, et le principe du plus grand bonheur sert indirectement de type assez exact du bien et du mal ; mais ce n'est qu'un signe qui peut faillir. Ainsi se trouve écarté le reproche de placer dans le vil principe de l'égoïsme les fondements de ce que notre nature a de plus noble (1). Il ajoute, il est vrai : A moins cependant que l'on appelle égoïsme la satisfaction que tout animal éprouve lorsqu'il obéit à ses propres instincts, et le mécontentement qu'il ressent lorsqu'il en est empêché. M. Guyau assimile, en raison de cette restriction, la morale de Darwin à la morale utilitaire anglaise. Mais cette joie, qui résulte de la satisfaction d'un instinct, c'est-à-dire d'un sentiment irrésistible, qui exprime sous forme consciente la direction de l'Evolution, peut-elle être appelée joie égoïste ? Tout ce que nous avons dit des vues philosophiques et morales de Darwin s'oppose à une telle assimilation.

La philosophie morale de Spencer est plus visiblement encore imprégnée de ce sentiment de l'infini des choses qui résulte de l'aspect de la nature telle qu'elle lui apparaît, ainsi qu'à Darwin ; et les effets de cette conception sont des plus remarquables.

D'abord, la doctrine fondamentale de Spencer est que les lois essentielles de la morale sont des déductions des lois de la vie et la morale participe par là de la nécessité de ces lois. Il s'oppose à la doctrine du dix-huitième siècle et à la doctrine utilitaire d'après laquelle les droits sont créés par la société, et la société elle-même par un contrat intéressé, et il loue l'école allemande d'avoir admis des droits naturels. Le gouvernement et la loi sont postérieurs à la coutume qui résulte de sentiments, les

(1) *La desc. de l'homme*, I, p. 106-107.

sentiments « des vivants et aussi des morts, » tels que les a faits l'évolution, et ces sentiments sont de plus en plus favorables à l'individu (1).

La morale devient ainsi éternelle et nécessaire comme la science générale des lois de la vie.

Et cette science des lois de la vie, de l'évolution universelle, que la morale exprime dans ses préceptes, est nécessaire, non pas seulement au sens scientifique du mot, mais au sens absolu ; car la loi d'évolution peut être déduite de la persistance de la Force ; et cette Force, dont nous devons nécessairement admettre la persistance sous toutes ses manifestations, est cette Force inconnaissable, mystérieuse, que l'esprit comme le corps expriment sans l'épuiser. « La Force dont nous affirmons la persistance est la Force absolue dont nous avons vaguement conscience comme corrélatif nécessaire de la force que nous connaissons. Ainsi, par la persistance de la Force, nous entendons la persistance d'un Pouvoir qui dépasse notre pouvoir et notre conception. En affirmant la persistance de la Force, nous affirmons une réalité inconditionnelle sans commencement ni fin (2). » C'est de la loi de la persistance de la Force ainsi entendue que Spencer déduit les lois du monde et celles de la vie universelle, de sorte qu'en réalité, — quoiqu'il prétende continuer l'empirisme, et si inconsciente que soit son entreprise, — il ne tente rien moins qu'une œuvre analogue à celle de Descartes déduisant les lois de la physique des attributs de Dieu. « La reconnaissance d'une Force persistante, qui varie toutes ses manifestations, mais qui conserve la même quantité dans le passé comme dans l'avenir, nous permet seule d'interpréter chaque fait concret et, en définitive, nous sert à unifier toutes les interprétations concrètes (3). » L'expérience n'établit nullement l'évolution, elle ne fait que la consta-

---

(1) V. l'*Individu contre l'État*, tr. fr., p. 129 et suiv.
(2) *Premiers Principes*, p. 173, tr. fr.
(3) *Pr. Pr.*, p. 493.

ter; mais il faut faire voir ensuite que cette transformation « ne peut être que ce qu'elle est (1) », et, pour cela, la déduire de la loi de la persistance de la Force, de cette force, qui est aussi celle que reconnaissent, comme fondement de toutes les apparences, toutes les philosophies et toutes les religions, et qui est aussi la « donnée fondamentale de la conscience. »

Les lois de la vie et celles de la morale qui expriment ces lois participent ainsi non seulement de la nécessité mais du caractère mystérieux de l'Evolution et de son Principe. De là, le respect presque religieux avec lequel Spencer parle des lois de la vie, de cette bienfaisante nécessité qui mène l'humanité à un bonheur certain (2). Nous comprendrons bien le caractère des lois de la vie, selon Spencer, si nous nous souvenons que la première forme de sa philosophie est une sorte de finalisme presque anthropomorphique. C'est surtout dans ses premiers ouvrages qu'éclate cet optimisme fondé sur la croyance à la nature divine du monde, et, par suite, cette foi religieuse dans la science, interprète des lois sacrées de la vie (3). Ceux qui violent ces lois par une charité qui trouble le cours « divinement ordonné » de la justice suprême sont des sacrilèges. « Le bonheur, la civilisation, » dit-il dans *Social Statics*, « sont le résultat d'une discipline impitoyable ne fléchissant jamais pour éviter d'infliger des souffrances partielles et temporaires. La pauvreté des incapables, la détresse des imprudents, le dénuement des paresseux, cet écrasement des faibles par les forts qui laisse un si grand nombre dans les bas-fonds de la misère sont les décrets d'une bienveillance immense et prévoyante... Pour arriver à l'état que nécessite la civilisation supérieure, il faut que des souffrances soient endurées, et tous les

---

(1) *Premiers Principes.*, p. 357.
(2) *Princ. de psychologie*, II, p. 547, tr. fr. Pr. Pr., V, p. 462.
(3) V., sur le respect superstitieux de la science, le *Traité de l'éducation* : La science, y est-il dit, est la véritable poésie, la véritable religion, etc.

décrets n'y font rien. Il y a une quantité normale de souffrances qui ne peuvent être amoindries sans qu'on altère les lois mêmes de la vie (1). » Il se fonde, dans l'étude des questions sociales, sur les mêmes principes. La théorie du laissez-faire a, chez M. Spencer, indépendamment des preuves expérimentales qui l'appuient ou plutôt parce que l'expérience est érigée en absolu et comme divinisée par lui, un sens proprement religieux et mystique. « Les législateurs anglais s'en tiennent à leur croyance d'*athées renforcés* qu'avec un acte du Parlement dûment appuyé par les fonctionnaires de l'Etat il n'est rien d'impossible (2). » C'est cette discipline divinement ordonnée qu'il consulte pour savoir quel traitement il faut infliger aux prisonniers. « Les lois de la vie, d'une sagesse vraiment divine, sont-elles suspendues dans le prisonnier? Non, n'est-ce pas? Chez lui, comme chez les autres, un bon appétit prépare une bonne digestion. Quand nous voyons la bienfaisante nature continuer à agir en cet homme aussi bien qu'en tout autre, ne nous sentons-nous pas obligés à respecter en lui ceux de ces bienfaits qu'il nous serait possible de contrarier ; obligés à ne point troubler ces lois de la vie plus qu'il n'est indispensable (3), ces « lois de la vie, dit-il plus bas, où les lois morales ont leurs racines. »

Spencer a renoncé à ces croyances téléologiques et il prétend les traduire en « termes physiques. » Mais si le finalisme anthropomorphique disparaît de sa philosophie et de sa morale, la notion de l'Inconnaissable la pénètre et l'élève. Le mystère n'a pas disparu ; il s'est transformé. C'est celui d'une nécessité impersonnelle et infinie, analogue, — autant qu'on peut comparer une doctrine à un essai de système quelque peu vague et incohérent, d'une hardiesse inconsciente et presque naïve, — au Dieu de

---

(1) Ce passage est cité dans l'*Individu contre l'Etat*, p. 100, et M. Spencer nous dit que, s'il n'en accepte plus la forme téléologique, il n'en désavoue pas le fond.
(2) *Essais*, II, p. 141, tr. fr.
(3) *Ibid.*, II, p. 333.

Spinoza. M. Fouillée nous semble ne pas avoir dégagé le vrai sens de la doctrine, quand il nous dit que Spencer, après avoir posé l'Inconnaissable au commencement de la métaphysique, ne lui laisse pas de place en morale. Sans doute, nous ne pouvons nier qu'il n'ait subi l'influence de l'utilitarisme et fait des tentatives souvent maladroites pour rapprocher sa morale de la morale égoïste ; il est certain que sa morale comme sa politique sont par endroit « industrielles » à l'excès, attribuant aux progrès naturels de la coopération spontanée, développée grâce à l'industrie et au commerce, toutes les révolutions sociales et même religieuses de l'humanité. Mais il est non moins certain que l'idée de l'Inconnaissable, de l'infinie Evolution par laquelle il se manifeste, de l'universelle nécessité, — quelque vague que soit pour Spencer la notion de cette nécessité ; et bien qu'il en ait plutôt le sentiment que l'intelligence philosophique, — communique à cette morale quelque chose de la grandeur de la morale spinoziste. Comme Spinoza (1), Spencer ne pense pas que la morale proprement dite s'applique à cet Inconnaissable, qui est au-dessus des distinctions du bien et du mal relatives à l'homme (2). Avec la même impassibilité avec laquelle Spinoza traite des passions que nous devons étudier comme des figures et des solides, sans colère et sans haine, Spencer nous demande, dans l'étude des coutumes les plus barbares, la sérénité seule digne du savant (3). Et cependant, dans son système comme dans le système de Spinoza, seul cet Inconnaissable, qui est supérieur à la morale, donne à la morale sa dignité et sa valeur unique. Etre moral, au sens le plus élevé du mot, c'est être d'accord

---

(1) Les différences sont visibles, sans doute : le rapprochement est possible par l'idée de nécessité. Le système de M. Spencer est un spinozisme auquel manque la notion de la nécessité *rationnelle*; et pénétré de l'*idée de devenir*, qui manque au spinozisme, d'où, comme nous verrons, la priorité accordée dans un tel système au *sentiment*.
(2) V. *Morale évol.*, tr. fr. ch. XV, au début.
(3) V. *Principes de sociologie*, t. III, p. 313, tr. fr.

avec l'évolution, non pas seulement l'évolution la plus proche, mais les tendances idéales de l'évolution, c'est-à-dire la conciliation de l'universel et de l'individuel, l'adaptation parfaite de l'individu à l'univers. Etre moral, c'est favoriser la marche de l'évolution. « Si à la volonté divine, que l'on suppose révélée d'une manière surnaturelle, nous substituons la fin révélée d'une manière naturelle vers laquelle tend la Puissance qui se manifeste par l'Evolution ; alors, puisque l'Evolution a tendu et tend encore vers la vie la plus élevée, il s'ensuit que se conformer aux principes par lesquels s'achève la vie la plus élevée, c'est favoriser l'accomplissement de cette fin (1). »

C'est en somme notre foi dans cette Puissance qui nous inspire du courage dans l'action et de la confiance dans notre pensée. « Il se produit dans les croyances un changement continu, et nos opinions sont les instruments de ce changement... Si l'homme est fils du passé, il est père de l'avenir et ses pensées sont ses enfants. Ce n'est pas pour rien qu'il a en lui de la sympathie pour certains principes et de la répugnance pour d'autres. Avec toutes ses facultés, ses aspirations, ses croyances, il est le produit du temps... Ainsi que tout autre homme, il peut se considérer à juste titre comme une des mille et mille forces par lesquelles agit la Cause inconnue, et quand la Cause inconnue produit en lui une croyance, il n'a pas besoin d'autres titres pour la manifester et la répandre... L'homme sage ne regarde pas la foi qu'il porte en lui comme un accident sans importance. Il manifeste sans crainte la vérité supérieure qu'il aperçoit. Il sait qu'alors, quoi qu'il advienne, il joue son vrai rôle dans le monde ; il sait que s'il opère le changement voulu, c'est bien ; s'il échoue, c'est bien encore, mais sans doute moins bien (2). »

Ce qui justifie donc notre foi dans l'idéal, c'est en

---

(1) V. *Morale évol.*, p. 148.
(2) *Pr. Pr.*, p. 108.

quelque sorte notre collaboration avec l'Inconnaissable. Cette foi justifie aussi notre respect des croyances établies, particulièrement des croyances religieuses. C'est là le sens profond de la Tolérance. Ces croyances sont « les enveloppes protectrices » sans lesquelles la société périrait. Nous devons y reconnaître « les éléments de la grande Evolution dont le commencement et la fin sont hors de la portée de la conception, c'est-à-dire des modes et des manifestations de l'Inconnaissable et y voir leur justification (1). »

Cette conception de l'Inconnaissable l'amène jusqu'à une sorte de théorie du symbole religieux. Il distingue profondément entre les idées qui ont une valeur *logique* et celles qui sont *psychologiquement* réelles et essentielles, quoiqu'elles ne puissent être amenées à une clarté logique. L'idée même de l'Inconnaissable est parmi ces idées (2). M. Spencer la croit à ce point vitale qu'il admet, pour l'avenir même, la nécessité des croyances religieuses au sens courant du mot, du culte, des cérémonies, et que comme M. Guyau depuis, il prétend maintenir, en le transformant dans un sens philosophique, l'appareil extérieur des religions. « Toutes les observances subsisteront qui tendent à réveiller la conscience du rapport que nous soutenons avec la Cause inconnue et à donner une expression au sentiment qui en résulte... Il y aura toujours place pour les hommes capables de ravir leurs auditeurs par un sentiment élevé du mystère qui enveloppe l'origine et la signification de l'univers. On peut supposer aussi que l'expression musicale de ce sentiment non seulement survivra, mais qu'elle se développera davantage... *La prédication s'occupera surtout des devoirs, de tout ce qui touche le bonheur individuel et social*... Et le ministre de la religion insistera moins sur les préceptes déjà acceptés qu'il ne développera le jugement et la conduite de l'homme sur les questions diffi-

---

(1) *Premiers Principes*, p. 107.
(2) *Ibid.*, p. 24-25.

ciles résultant de la complexité toujours croissante de la vie sociale (1). »

Ces pensées religieuses dominent encore aujourd'hui, peut-on dire, la sociologie même de Spencer. On peut, dans ses considérations sur l'attitude à la fois réservée et confiante qu'il exige de l'homme d'Etat, dans le portrait que l'on peut dégager de ses écrits de l'homme politique selon son cœur, à la fois positif, pratique, et confiant dans l'avenir idéal de l'humanité, retrouver la pensée constante et comme religieuse de cette Evolution et de son Principe. L'homme d'Etat aura foi dans l'idéal où tend nécessairement l'évolution. « Si parmi les compromis nécessaires, il n'y a pas de conception du mieux et du pire dans l'organisation sociale, si on identifie le mieux prochain avec le mieux définitif, il n'y a pas de progrès possible (2). » Mais en même temps, il comprendra que toutes les croyances, même les illusions du fanatique, ont une valeur provisoire dans l'évolution, que les pensées et les actions des individus étant des facteurs naturels, on ne peut les négliger (3). Il comprendra qu'on ne peut faire dépasser à l'évolution une certaine vitesse normale; d'où, en face des événements, une sorte de réserve confiante. « Tout en comprenant combien peu relativement on peut faire, il estimera cependant que ce peu vaut la peine d'être fait, unissant ainsi l'énergie du philanthrope au calme du philosophe (4). » Spencer peut donc dire avec vérité que « l'idée où nous nous élevons (celle de l'Inconnaissable) doit exercer une action indirecte sur toutes nos relations, déterminer notre conception de l'univers, de la vie, de la nature humaine, modifier nos idées du bien et du mal, et par elles toute notre conduite (5). »

Mais sous quelle forme cet Inconnaissable agit-il sur

---

(1) *Principes de Sociologie*, vol. IV, p. 193.
(2) *Ind. contre l'Etat*, p. 165.
(3) *Intr. à la Science sociale*, p. 433 et suiv, tr. fr.
(4) *Intr. à la Science sociale*, p. 435.
(5) *Pr. Pr.*, p. 20.

nous? Est-il objet de connaissance ou de sentiment? C'est le *sentiment* qui, seul, atteint la réalité, non l'intelligence. Expression de l'infini des expériences que l'expérience individuelle ne peut atteindre, de même qu'il est pour Pascal une « précipitation de pensées, » il apparaît dans la philosophie de Spencer comme la condensation sous forme consciente d'expériences inépuisables. De là, d'abord, sa théorie générale de la certitude, cette fameuse théorie du « critère de l'inconcevable, » par laquelle Spencer se rapproche de l'école écossaise. De là cette importance attachée aux croyances communes, au sens commun (1). Et le sentiment n'est pas justifié seulement dans l'ordre de la réalité donnée parce qu'il exprime l'infini des expériences : mais on peut dire que l'Absolu est *immédiatement saisi* par la conscience. Cette dignité attribuée au sentiment est l'effet de cet optimisme naturaliste qui, de finaliste anthromorphique qu'il était, s'est transformé en une sorte d'optimiste spinoziste. Mais il y a entre l'optimisme de Spencer et celui de Spinoza cette différence qui est en un sens à l'avantage de Spencer, que le sentiment, expression confuse de l'infini des faits, tient la première place dans le système de Spencer au lieu que dans la doctrine de Spinoza, philosophe rationaliste moins préoccupé de l'infini donné que de la systématisation nécessaire des choses, la primauté appartient à l'intelligence, par suite aussi à la sagesse du penseur, non au sentiment moral proprement dit. Le prétendu empirisme de Spencer, quoiqu'il ait à coup sûr subi l'influence et gardé la trace de l'empirisme anglais à la façon de Stuart Mill, est avant tout un réalisme, un « chosisme » si l'on peut dire, qui résulte de la défiance du raisonnement, de la foi dans l'action directe et immédiate de la nature sur l'esprit. Il combat, au commencement de la discussion sur la réalité du monde extérieur, la superstition du raisonnement qui caractérise les métaphysiciens, et il donne, en

---

(1) V. le Début des *Pr. Pr.*

faveur de la croyance à l'existence de ce monde, les raisons que donnerait un Ecossais; l'argument de la *priorité*, de la *clarté*, de la *simplicité*, arguments que l'on pourrait rencontrer sans doute chez un empirique, mais non pas avec le sens que leur attribue Spencer. Ce respect du sens commun s'allie fort bien d'ailleurs avec le culte de la science, car la science accepte les notions vulgaires sur la distinction de l'objet et du sujet, la réalité du monde extérieur, etc.; et celles des données vulgaires qu'elle n'accepte pas comme la réalité objective des sensations ou plutôt qu'elle semble ne pas accepter, Spencer les repousse comme elle. On croirait lire un Reid qui serait savant, et accepterait telles quelles et élèverait à l'absolu les données de la science, et avec ces données les distinctions vulgaires que la science admet sans les discuter.

Aussi le sentiment moral est-il au-dessus, selon lui, de la réflexion. Les croyances morales sont le résumé des expériences faites sur les conséquences de la sympathie dans les diverses conditions sociales. Mais ces expériences ont un caractère organique. Il insiste sur ce point qu'elles précèdent les vues intellectuelles de l'utilité (1); de plus, le sentiment moral est comme le sentiment de l'Inconcevable dans l'ordre spéculatif, l'expression en nous de la nécessité et de l'infini des choses, infini que l'expérience ne peut vérifier et dont le sentiment est, par suite, seul juge (2).

De là, la valeur attribuée au sentiment, dans la société, aux modifications lentes, à la tradition et non pas aux idées, aux théories comme fait Aug. Comte, du moins dans une partie de son œuvre (3). Le sentiment exprime une adaptation provisoire, mais provisoirement

---

(1) V. *Principes de psychologie*, II, 653.
(2) V. la théorie du *Critère de l'Inconcevable*, Pr. de psyc., vol. II, p. 426 et suiv.
(3) V. *Classif. des sciences* de Spencer. Contre A. Comte, tr. fr. Voir aussi, dans l'*Introduction à la science sociale*, la critique de l'instruction comme moyen de moralisation, p. 386, 387 et suiv., tr. fr.

nécessaire au milieu, un moment de l'Evolution ; et nous savons quel est le sens de cette Evolution. Nous comprenons que le sentiment, expression de cet infini qui dépasse l'intelligence et l'expérience, participe du caractère, en quelque sorte sacré de l'Evolution mystérieuse. Rappelons-nous encore la justification des croyances religieuses, de la tolérance, et nous saisirons le sens presque mystique de la suprématie de l'*instinct* moral.

Nous pouvons maintenant, à l'aide de toutes ces considérations sur le caractère religieux de la morale de Spencer, mieux élucider la question de savoir si vraiment la « gravitation sur soi » est le principe de la morale évolutionniste.

A coup sûr, nous ne prétendons pas nier que l'horreur de Spencer pour « l'ascétisme, » ses efforts pour justifier le plaisir individuel et immédiat, pour montrer que l'individu est la fin de la morale ; son *hédonisme* en un mot, et son *individualisme* ne se ressentent de l'influence utilitaire. Même nous trouvons dans ses essais de conciliation de l'altruisme et de l'égoïsme, cette défiance du désintéressement qui caractérise le benthamiste. Il a le sentiment du droit plus que celui de la charité, et sa morale, nous l'avons dit, comme sa politique, a je ne sais quoi de sec, d'étriqué, de « marchand. » Mais cependant il est certain que l'altruisme est, selon lui, beaucoup moins dérivé de l'égoïsme, que connexe de l'égoïsme (1). Il est certain que cet altruisme est naturel ; que les êtres vivants nous en donnent l'exemple ; et nous savons que l'altruisme, en étant naturel, devient par cela même divin. Ou plutôt, ce qui est dans le sens de l'Evolution, ce qui est par suite justifié par les lois de la vie, ce n'est ni l'égoïsme ni l'altruisme, mais la tendance à la conciliation de l'un et de l'autre, conciliation qui se réalisera le jour où celui qui se sacrifiera

---

(1) V. *Morale évol.*, p. 173 et suiv.

jouira de ce sacrifice, sans même y prendre garde (1).

C'est cette joie, résultat de l'Evolution, qui en réalité est la fin de la morale ; — le plaisir comme l'individu sont les termes de l'action morale dans un sens bien différent de celui qu'un utilitaire donnerait à ces expressions. Ils sont en quelque sorte sacrés par l'Evolution, et c'est l'Evolution que nous respectons en eux, et ces lois de la vie dont nous avons si souvent constaté le caractère mystérieux et divin. L'individu n'est pas uniquement une puissance de jouir et de souffrir ; il a des droits, et non point dans le sens seulement où l'utilitarisme les reconnaît. Les droits ne sont pas simplement les libertés que l'Etat a intérêt à lui céder comme veut Mill : l'Evolution elle-même les justifie ; elle tend à leur faire une place de plus en plus grande, et les peuples même primitifs les reconnaissent ; ils sont d'accord avec le sentiment universel (2). Il entre, dans l'horreur même de Spencer pour l'ascétisme, quelque chose de cet optimisme finaliste ou spinoziste fondé sur la foi à l'existence de la Puissance qui mène nécessairement au progrès. « Il n'y a pas d'existence saine sans quelque sorte de plaisir ; quoi qu'en puisse dire un ascétisme moral ou plutôt immoral, c'est par des plaisirs et des peines que la nature dirige et sauve sans cesse la destruction de ses enfants. On aura beau murmurer sur un ton de mépris le mot de philosophie de pourceaux ; ce n'est pas ainsi qu'on détruira cette vérité éternelle que la misère est la grande route pour aller à la mort, et que le bonheur c'est un surcroît de vie et une promesse de vie (3). » A vrai dire, l'idéal de la morale comme de la politique, c'est l'établissement de cette religion de l'amour qu'il oppose aux partisans de la religion de la haine et de la guerre, et dont il parle avec une émotion religieuse.

(1) *Morale évol.*, p. 214.
(2) Voy. *L'Individu contre l'Etat*, p. 129 et suiv.
(3) *Essais*, vol. II, p. 153.

C'est l'établissement de ce règne de la paix que retardent les hommes de peu de foi, comme il dit, qui ne croient pas à la puissance de l'Evolution, et se mêlent d'intervenir indiscrètement dans les affaires humaines. « Une pareille théorie, » dit-il encore précisément en parlant de ce triomphe final et nécessaire de la paix et de la joie, « ne plaira pas à ceux qui déplorent que de plus en plus on cesse de croire à la damnation éternelle, ni à ceux qui suivent l'apôtre de la force brutale, en pensant que si la règle de la force a été bonne aujourd'hui elle doit être bonne dans tous les temps, ni à ceux qui témoignent de leur respect pour Celui qui a dit de remettre l'épée au fourreau en répandant, l'épée à la main, sa doctrine parmi les infidèles... Ils ne nous approuveront pas non plus, les législateurs qui, après avoir demandé dans leurs prières qu'on leur pardonne leurs offenses comme ils pardonnent aux autres, décident aussitôt d'attaquer ceux qui ne les ont point offensés, et qui, après un discours de la reine, où a été invoquée la bénédiction du Dieu tout-puissant pour leurs délibérations, pourvoient immédiatement aux moyens de commettre quelque brigandage politique (1). »

D'ailleurs, dans toute philosophie objective qui fonde la morale sur la considération d'un ordre naturel et donné, la douleur ne peut apparaître que comme un scandale, un désordre. Dans un tel système le plaisir est le signe du Bien, comme il l'était pour Malebranche ; à coup sûr, la douleur ne peut y avoir cette incommensurable valeur que lui attribue un système considérant l'ordre de la nature moins que l'individualité morale qui lutte contre cet ordre et le domine. Le *Bene agere et laetari* de Spinoza, Spencer l'admet, et un peu pour les mêmes raisons qui ne sont pas celles de l'utilitaire. La douleur, dans un système objectif, quel qu'il soit, ne peut avoir une valeur positive et essentielle.

Nous comprenons dès lors la part de vérité contenue

---

(1) *Mor. évol.*, p. 220.

dans cette protestation de Spencer contre les critiques malveillantes adressées à sa morale, protestation où lui-même a résumé quelques-uns des traits qui la caractérisent : « Je ne sais pas, disais-je, comme on pourrait bien mettre plus d'énergie à donner à la morale un fondement indépendant de tout ce que nous apprend l'expérience de nos intérêts, et en un sens antérieur à ces sentiments. Je n'ajouterai qu'un mot. Si j'avais professé exactement le contraire de ce que j'ai dit, le critique aurait pu, je l'avoue, appuyer son jugement sur de bonnes raisons. Si, au lieu de reculer devant la doctrine qui fait du plus grand bonheur possible le but immédiat de l'homme, je l'avais prise à mon compte (1); si, au lieu d'exposer et de justifier la foi dans *le caractère particulièrement sacré* de ces principes suprêmes et le sentiment de l'autorité incomparable qui s'attache aux émotions altruistes correspondantes (2), j'avais nié ce caractère sacré et cette autorité suprême; si au lieu de dire, en parlant du sage : il exprime sans crainte la vérité la plus haute qu'il verra, sachant bien, quoi qu'il en puisse advenir, qu'il remplit son vrai rôle dans le monde; si j'avais dit que l'homme sage ne doit pas agir ainsi, alors oui, l'auteur de l'article aurait pu m'accuser de ne pas comprendre le mot de moralité dans son sens véritable. Alors aussi il aurait pu conclure que la doctrine de l'Evolution, comme je la prends, implique la négation de toute distinction entre le devoir et le plaisir (3). »

Peut-être la morale naturaliste, après ce nouvel exposé que nous venons d'en faire, nous apparaît-elle, comme nous disions au début, transfigurée par cette idée de l'infini devenir telle qu'elle résulte de l'évolutionnisme. C'est une sorte d'optimisme naturaliste fondé sur la croyance non seulement implicite, mais nettement re-

---

(1) *Stat. soc.*, ch. III.
(2) *Principes de psych.*, § 531.
(3) *Essais*, III, p. 378.

connue à je ne sais quoi de divin qui pénètre les choses et agit comme immédiatement et mécaniquement sur elles. C'est un réalisme à coup sûr grossier et qui conçoit le Principe qui dépasse l'expérience par analogie avec l'expérience sensible, comme agissant physiquement ainsi qu'un choc. Mais, du moins, ces philosophes ont-ils eu le sens vague d'un au delà qui se manifeste dans l'univers ; et cela seul a suffi pour donner quelque hauteur à leurs vues morales.

III

De cette doctrine ainsi rectifiée, non point par une interprétation qui la complète et l'achève, mais par une étude directe des textes, nous retiendrons d'abord cette idée de rattacher la morale à un système des choses. Y a-t-il des raisons de penser que la loi des choses qui nous enveloppe nous-mêmes est la force ou la Raison ? Telle est la question métaphysique qui est aussi la question morale essentielle ; et à cette question toutes les analyses possibles du moi ne peuvent suffire à répondre, mais seulement une spéculation embrassant l'homme et l'univers, s'il est une réponse possible. C'est là aussi le seul moyen de répondre à la question de la priorité en nous de l'égoïsme ou du désintéressement. Car, enfin, il est certain, comme disait Kant, que, quels que soient les motifs apparents de nos actes, on peut se demander si en soi ces motifs désintéressés en apparence ne sont pas égoïstes ; si nous ne sommes pas invinciblement attachés au moi ; et l'analyse psychologique ne peut servir à résoudre le problème, étant donnés les phénomènes inconscients. Le seul moyen de montrer qu'il y a dans l'individu un principe de désintéressement, c'est de faire voir qu'il y a dans la nature toute entière un principe d'expansion, de générosité, comme disait M. Guyau, mieux encore, un Principe universel qui nous pénètre et qui, constituant le fond même de notre être, peut aussi devenir l'objet de notre amour.

Le vrai Rationalisme n'a pas peur non plus, comme semble le croire Spencer, de la nature, de l'infini des choses que la Raison au contraire postule, et où elle se retrouve. Le métaphysicien ne repousse pas la collaboration des faits ; il en cherche l'ordre idéal, la formule intelligible. Le danger serait plutôt qu'il s'efforçât de justifier à tout prix le fait accompli en raison de sa source divine. Mais ni la philosophie naturaliste, ni la métaphysique objective ne connaissent le véritable infini des choses, ne pouvant expliquer l'erreur et le péché. La théorie qui vraiment fait rentrer l'infini du donné dans le système universel est celle qui explique le péché, et non seulement l'explique, mais, par une audace comparable à celle de Pascal, posant une vérité incompréhensible comme le principe de toute explication, montre dans le péché, dans un scandale, au point de vue scientifique, la source même de toute connaissance et de toute vie.

Le métaphysicien ne peut aussi que s'intéresser à cette solidarité de la nature entière, que l'évolutionnisme nous découvre, ou plutôt dont il nous donne de nouvelles et belles raisons. MM. Guyau et Fouillée ont sur ce point admirablement développé la philosophie naturaliste, et ils ont tiré de la nature, telle que nous la représente la science moderne, toutes les images lointaines qu'elle peut nous fournir de la moralité ; ils y ont cherché avec foi les moindres traces de pensée, de désir, d'amour. Même la tentative de Spencer pour traduire en langage mécaniste les vérités morales, pour montrer qu'en vertu même des lois mécaniques les choses tendent à réaliser l'idéal moral, si elle est aujourd'hui bien ambitieuse encore dans l'état actuel de la science, n'en est pas moins légitime et philosophiquement justifiée : car toute vérité idéale doit pouvoir s'exprimer en langage de matière et de mouvement. C'est là une entreprise qui a sa valeur dans un système, quel qu'il soit. La tentative de montrer que les choses recouvrent un ordre immanent conforme, malgré les contradictions apparentes, à la moralité, est le complément désirable et en un sens nécessaire de toute philosophie idéaliste : car, lors même qu'on justifie la moralité par un système *a priori*, lors même qu'on superpose à l'histoire des faits une hiérarchie d'idées, ne doit-on pas cependant trouver dans les faits eux-mêmes quelque expression lointaine de cette hiérarchie nécessaire?

La suprématie que la morale naturaliste tend à donner à la volonté confuse, au sentiment, d'où il résulte que la moralité nous apparaît comme l'expression dépassant l'intelligence de l'essentiel même de la vie, cette suprématie surtout peut être interprétée dans un beau sens. Nous verrons que cette thèse, — quoique elle ait besoin d'être transposée, et que le sentiment moral que nous essaierons de justifier ne soit pas un sentiment passif, tel que le représentent les évolutionnistes, — est l'expression confuse de la vérité même.

L'idée même du devenir — de la variabilité des croyances morales — n'a rien qui doive nous effrayer. Il s'agit en effet, dans la morale de Spencer, d'un *éternel devenir* ou plutôt d'un devenir qui manifeste une Réalité qui le dépasse (1). Les croyances morales variables sont ainsi pour lui comme les expressions passagères mais provisoirement nécessaires des lois sacrées de la vie. Même cette idée du devenir est, comme nous verrons, essentielle à toute philosophie morale, et Spencer, en maintenant au-dessus du devenir l'idée d'un Inconnaissable immobile, est loin de l'avoir poussée à ses dernières conséquences. L'effort, l'action ne peuvent être justifiés que par une philosophie qui montre l'impossibilité d'atteindre un *aeternum quid* immobile et donné et justifie la notion de l'Eternel immanent, en mouvement, ou du moins qui, si elle admet une limite idéale du mouvement, synthèse du devenir et de l'Etre, nous propose, comme unique symbole de cette limite, le devenir même qui y tend.

---

(1) Il distingue expressément sa théorie d'une théorie du *pur devenir*, comme celle de Hegel.

Mais toutes ces belles conséquences ne peuvent être développées que du point de vue d'une doctrine qui renonce nettement à les justifier par l'expérience, et qui, au contraire, interprète l'expérience à l'aide de principes que l'expérience elle-même présuppose. Il faut, ce que faisait Spencer avec une intelligence imparfaite de sa tentative, rendre l'expérience elle-même intelligible en la rattachant à des vérités d'un autre ordre. En effet, le but de l'évolutionnisme est de montrer que ce qui est le plus raisonnable est aussi le plus fort, que la moralité tend à triompher dans l'avenir non seulement dans l'ensemble de l'univers, mais dans chaque individu isolément, à la limite de l'évolution. Laissons la question de savoir si une doctrine qui poursuit ce seul but fait une place suffisante à la volonté et pose bien tous les problèmes; si la moralité qu'elle justifierait, à supposer qu'elle la justifiât, serait bien la moralité que nous entendons défendre. La thèse de l'évolutionnisme, telle qu'elle est, ne peut d'abord s'établir par l'expérience. L'induction ne peut évidemment dégager une loi semblable des données imparfaites, contradictoires du passé. Au reste d'un passé infini à un avenir infini ou en tout cas qu'on ne sait où limiter, y ayant peut-être entre ces deux limites des combinaisons infinies possibles, que peut-on conclure? D'ailleurs l'expérience toute seule ne suffirait pas à fonder notre obéissance à cet ordre, à justifier surtout nos souffrances, nos sacrifices, ce qu'il y a d'impérieux dans le choix que nous faisons de la moralité, si nous ne supposons à la loi des faits une source plus haute, un Principe d'une absolue nécessité qui fonde cette loi et aussi la sanctifie. A supposer que l'on puisse faire prévoir le triomphe de la moralité dans l'avenir ce n'est là qu'un triomphe de fait qu'il faut encore justifier. Est-il démontré que l'expérience justifie?

Ainsi l'expérience ne peut établir la thèse de l'évolutionnisme et cette preuve fût-elle possible, elle serait insuffisante. Aussi Spencer n'a-t-il pas en réalité fondé sa théorie sur l'expérience. Il prétend établir mathématiquement ou plutôt mécaniquement la nécessité bienfaisante qui nous mène au plus grand bonheur. Il prétend trouver l'équivalent mécanique du plus grand progrès possible, entreprise par laquelle il transporte dans le devenir la thèse de Spinoza, valable pour un moment quelconque du temps : à savoir que la Raison, la Vérité est aussi la Force.

Mais à supposer qu'une telle entreprise fût aujourd'hui possible, les lois mécaniques ne sont justifiées elles-mêmes que si elles sont rattachées à un absolu, n'étant en somme que l'expression des rapports extérieurs des choses. Si la réalisation de la moralité est mathématiquement nécessaire dans l'avenir nous ne savons encore ce qu'il en est de l'être des choses. Aussi Spencer faisait-il dépendre ces lois elles-mêmes d'un Absolu Inconnaissable et les élevait par là à l'absolu, avec la moralité elle-même expression de ces lois. Mais sa théorie est indécise et incohérente parce qu'il prétend rester en même temps un empirique, qu'il n'a par suite pas le sens de l'*a priori*, de sorte que sa doctrine est comme un spinozisme honteux, et par cela même avorté (1).

Il est certain que si la moralité n'est pas une chimère il faut admettre que la Raison est la plus forte. Cette conviction est impliquée dans toute action, qui, malgré les contradictions et les démentis de l'expérience, va à la vérité et au bien. Or puisque les justifications proposées pour établir la suprématie de la Raison dans l'expérience sont ou impossibles ou insuffisantes, que reste-t-il, — à moins de renoncer à toute justification, — sinon que nous tentions d'établir la dépendance de l'expérience par rapport à un ordre supérieur qui serait précisément l'ordre rationnel? Si les conclusions de la Raison ne peuvent être vérifiées par l'expérience sensible

---

(1) Nous avons dit, plus haut, jusqu'à quel point seulement cette comparaison était légitime.

ou suivre des principes qui régissent immédiatement cette expérience, si d'ailleurs cette certitude serait insuffisante, il faut établir ces conclusions absolument *a priori*. Le droit ne vaut contre le fait que si au fond il est le fait, le fait éternel. Pour prouver donc que la pensée est la plus forte, ce qui est incertain dans le monde sensible, il faut déplacer l'axe de la certitude, et montrer que le physique de l'existence dépend du métaphysique, et que le physique ne peut même être nommé et dit être, si on n'admet qu'il participe d'un ordre idéal d'où il tient son ombre d'existence. Il n'y a de morale possible que si l'on admet qu'il y a une Raison, c'est-à-dire qu'une chose est plus ou moins réelle selon la place qu'elle occupe dans le système des choses, posé par la pensée conformément à ses nécessités.

En dehors d'un système *a priori*, la nature ne peut nous fournir que des symboles ambigus qui peuvent, comme chez MM. Fouillée et Guyau, prêter à des développements poétiques; ou à supposer que l'on pût pousser jusqu'aux dernières limites l'interprétation mécanique de la nature et faire coïncider cette interprétation avec les vues morales de l'esprit, encore ce mécanisme aurait-il besoin d'être rattaché à un principe plus haut, principe que le mécanisme appelle d'ailleurs de lui-même pour se compléter, comme l'a fait voir Leibnitz. Ou bien si l'on renonce à cette justification de la moralité tout en lui laissant sa valeur, ce ne peut-être qu'en vertu d'un besoin rationnel ou d'un acte de foi désespéré, — qui présuppose d'ailleurs la démonstration de l'impossibilité d'une métaphysique, — toujours en vertu d'une affirmation dépassant l'expérience. Il faut donc, quoi qu'on fasse, une « μετάνοια, » rationnelle ou non, qui substitue aux faits l'idéal que conçoit la pensée.

IV

Certains philosophes ont essayé de faire à l'idéal une place dans la mesure où les sciences positives du monde extérieur comme du monde moral permettent, selon eux, de le maintenir. Leur objet est de transposer les conclusions de la vieille métaphysique en donnant à ces conclusions une signification purement immanente; non pas qu'ils construisent comme les métaphysiciens allemands un système *a priori* de l'immanence, mais ils fondent leurs thèses sur des raisons d'ordre purement scientifique et expérimental. Ils limitent ainsi les affirmations de la morale métaphysique et essayent de déterminer exactement ce que la science laisse debout aujourd'hui des croyances traditionnelles. Les principaux représentants de cette tendance sont MM. Guyau et Fouillée en France, M. Wundt en Allemagne. Ils sont loin de se ressembler par leur tour d'esprit, le ton général de leur philosophie, et nous essaierons d'indiquer quelques-unes de ces différences; mais leurs tendances sont les mêmes.

Ces philosophes, surtout MM. Fouillée et Guyau, achèvent d'abord en un sens le mouvement de la philosophie naturaliste. Comme les philosophes de cette école, ils rattachent l'homme à l'ensemble des choses et, comme eux, ils se représentent la nature comme un *infini devenir*. La loi morale doit être tirée de la loi des choses, et cette loi est celle de l'Evolution. MM. Fouillée et Guyau acceptent l'hypothèse évolutionniste toute entière comme point de départ de leurs spéculations. M. Wundt est loin de l'accepter sans réserve; cependant sa psychologie sociale est une transposition dans la langue de l'évolutionnisme scientifique, de l'historisme spéculatif de Hegel. Il fonde ses théories morales sur l'histoire des croyances, mais repousse une bonne partie des théories physiologiques de Spencer, particulièrement celle de l'hérédité des idées morales et des autres idées universelles (1). MM. Fouillée et Guyau, au contraire, cherchent dans les hypothèses des sciences naturelles de beaux symboles qui charment leurs âmes

---

(1) Voy. *Ethik*, p. 345.

de poètes. Les uns et les autres adoptent d'ailleurs avec dévotion les conclusions et les procédés de la science.

Comme les philosophes naturalistes, ils regardent la métaphysique comme impossible quoique, comme nous verrons, en un sens un peu différent. Et comme eux aussi, ils tentent en même temps de rejoindre les croyances métaphysiques elles-mêmes en les justifiant autrement.

Enfin, comme les philosophes naturalistes, ils sont amenés par la considération de l'infini des faits à rejeter le logicisme en morale, à mieux reconnaître le sens et le mystère de l'instinct moral.

Voici, en revanche, les traits nouveaux ou plus marqués qui caractérisent cette philosophie de conciliation et de transition.

D'abord, ces penseurs renoncent à la déduction mécaniste de Spencer ; ils se bornent à l'*histoire du donné* ou à la constatation de l'analogie des lois morales et des lois de la nature ; au lieu que Spencer prétendait montrer *a priori* que les secondes tendent nécessairement à réaliser les premières ; ils demandent, en ce sens, moins à la nature. Mais, d'autre part, avec plus de netteté que Spencer, ils tirent de la considération des choses la loi de l'altruisme et de la solidarité, MM. Fouillée et Guyau, dégageant cette loi de l'étude de la nature entière et particulièrement des sciences naturelles, M. Wundt de la psychologie sociale ; les uns et les autres ont d'ailleurs méconnu en partie le caractère original de la morale naturaliste, et surtout de Darwin.

De plus, la science ou, pour MM. Fouillée et Guyau, les inductions les plus immédiates de la science n'épuisent pas tout le domaine du connaissable ou tout au moins du désirable, et tous ces philosophes, quoiqu'ils n'admettent pas la possibilité d'une métaphysique spéculative, croient qu'il y a au delà de la science proprement dite un domaine de la spéculation qu'ils caractérisent diversement et dont ils marquent diversement les rapports avec la science. Ils ont reçu une culture métaphysique dont ils ont gardé la trace, et ils aspirent, pour d'aucuns on pourrait dire ils s'acharnent à retrouver sous une forme nouvelle, à adapter à leur état d'esprit actuel leurs croyances antérieures. La philosophie qu'ils traduisent est pour M. Wundt, surtout la philosophie post-kantienne, la philosophie de Hegel et plus encore, selon lui, des philosophes qui, comme Schleiermacher et Krause ont essayé de concilier l'universalisme hégélien avec l'individualisme moral de Kant. Kant lui-même a certainement inspiré pour une bonne part ces chapitres de sa morale, que M. Wundt intitule la « spéculation. » Quant à MM. Fouillée et Guyau, il serait difficile de déterminer exactement les influences métaphysiques qu'ils ont plus particulièrement subies, car ils unissent et confondent dans une admiration commune toutes les grandes doctrines qu'ils traduisent.

Ajoutons que cette spéculation, qui dépasse la science ou la prolonge, est, selon eux, l'essentiel de la moralité ou tout au moins un luxe nécessaire. Ils reconnaissent, d'ailleurs, plus nettement que les philosophes naturalistes, que les croyances où ils aboutissent ne sont que des traductions, ou des transpositions, ou des « équivalents » des croyances morales courantes. La tendance de l'utilitarisme a définitivement disparu qui consistait à dénaturer, par une interprétation forcée et fausse, les sentiments moraux, de façon à les faire coïncider avec les sentiments transformés que suppose l'utilitarisme. Déjà Spencer rejetait à la limite de l'Evolution la moralité idéale telle quelle serait si elle était adaptée à la foi évolutionniste.

La conclusion où ils aboutissent est ce qu'on pourrait appeler, avec M. Guyau, le monisme moral ou plutôt le monisme du sentiment moral, car le sentiment moral est, selon eux, l'approximation la plus parfaite de la réalité. Plus que les philosophes naturalistes, ils insistent sur le caractère supra-intellectuel de la morale, et ils arrivent à retrouver et à justifier jusqu'au sentiment religieux, qu'ils essaient de transposer comme le sentiment moral. Même le christianisme, en tant qu'il exprime la suprématie de l'action morale, qu'il substitue le Dieu homme au Dieu puissance, au Dieu nature, apparaît à M. Wundt comme la religion, en un sens, la plus positive (1).

Enfin, ils font à la volonté, à l'effort individuel, une place que ne pouvait lui faire le Naturalisme. Ils insistent sur ce caractère de leur philosophie, d'être des philosophies à la fois universalistes et individualistes. MM. Fouillée et Wundt surtout essaient de sauver la liberté et de laisser sa place à l'individualité, tout en rattachant la morale à un système des choses.

En résumé, ils interprètent la nature dans un sens plus favorable à la moralité et à la moralité telle que l'entendent les philosophes partisans des croyances morales sous leurs formes courantes. Et, de plus, ils admettent qu'il faut dépasser la nature et que les spéculations qui prolongent la science sont, en un sens, l'essence même de la morale.

Nous ne pouvons faire entrer dans le cadre d'une étude générale de cette philosophie l'étude détaillée de chacun de ces philosophes. Qu'il nous suffise de dire que la philosophie morale de M. Wundt est, dans sa partie scientifique, plus positive, rattachant la morale non à la nature extérieure poétiquement interprétée comme par MM. Fouillée et Guyau, mais à la sociologie et à la psychologie sociale, à l'histoire des croyances, etc., qui manifestent directement, en somme, les vues morales de l'homme.

La partie métaphysique de son œuvre est plus technique, plus indépendante aussi de la science. Il n'en a pas, au même point que MM. Fouillée et Guyau, la superstition. La spéculation n'est pas, selon lui, un en-

---

(1) M. Guyau aussi semble, par endroits, pencher vers la même interprétation du christianisme.

semble d'hypothèses et de rêves prolongeant la science ; la science en est seulement l'occasion, nécessaire, il est vrai, mais distincte, sans que l'on voie exactement, d'ailleurs, les relations de ces deux termes et si la science est seulement une illustration des données de la conscience ou une véritable preuve. En réalité, il semble que les résultats de l'une et de l'autre soient simplement juxtaposés sans qu'une méthode rigoureuse subordonne l'une à l'autre (1).

Tout autre est le caractère des philosophies de MM. Fouillée et Guyau que nous pouvons à peine séparer, tant a été profonde l'intimité intellectuelle de ces deux hommes, et quoique M. Guyau, sans doute parce qu'il est plus jeune, s'efforce de faire plus petite que M. Fouillée la place de la métaphysique et continue plus directement la philosophie naturaliste. Leur philosophie est vivante, personnelle, poétique. Mieux que cela : tous deux ont le sens du mystère des choses, et ils en sont troublés ; le sens aussi des inquiétudes qui travaillent notre temps, de ce qu'il y a de vital dans le problème moral pour la société contemporaine, ils souffrent avec nous et comme nous ; ils sont plus que des poètes, plus que des penseurs : ce sont des âmes.

Deux tendances les partagent, qui sont des sentiments, presque des sensations autant que des directions d'idées : d'une part, ils ont gardé le culte des grandes vérités métaphysiques et morales dont ils ont été nourris, qu'ils ont embrassées avec ardeur dans leur jeunesse et dont ils s'efforcent de maintenir intacts les débris que n'a pas entamés l'évolutionnisme.

D'autre part, ils sont, comme on l'a dit, « dévots » de la science et de l'Evolution ; et en même temps effrayés de l'infini devenir et de la nécessité mécanique qu'elles nous découvrent. L'inconscience et l'indifférence des choses, leur éternelle mobilité qui font ressembler la

---

(1) Cela est vrai, surtout de sa morale. Son système de la connaissance est, à coup sûr, plus nettement a prioriste.

nature telle qu'elle nous apparaît, à la suite des conclusions de Darwin, à l'Océan (1) roulant ses flots sans but, les épouvante.

Et cependant ils prétendent limiter les affirmations trop hardies du mécanisme scientifique et déterminer exactement ce que nous avons le droit d'affirmer comme certain et aussi de rêver. Car ils s'efforcent, à l'aide de leur foi nouvelle, de saisir au moins des équivalents de la foi perdue et de tirer de cette nature même qui les effraie des raisons d'espérer et de croire. Rabaisser d'un côté les prétentions de la science et d'autre part tirer des hypothèses scientifiques tout ce qui peut servir à justifier les belles croyances, tel est le but de la métaphysique et de la morale futures. D'ailleurs, les spéculations qui prolongent la science, cet élan au delà de la science que la science elle-même autorise et encourage, toutes ces espérances, ces rêves nécessaires sans lesquels on ne peut « vivre ni surtout mourir, » sont comme les mythes de Platon, des symboles où se mêlent, dans une mesure indéterminée, la vérité et la poésie. La morale scientifique se complète ainsi, avec MM. Fouillée et Guyau, par des extases poétiques, et avec M. Wundt, par une sorte de psychologie positive, transposition des spéculations kantiennes et post-kantiennes.

Tel est dans son ensemble le mouvement philosophique qui tend à la conciliation de la morale naturaliste et de la morale métaphysique ; et déjà cet exposé nous montre que cette prétendue conciliation n'est qu'un retour déguisé soit à une sorte de *philosophie du donné*, une philosophie de l' « Aufklärung » laissant en présence, sans en caractériser nettement les rapports, la nature et l'esprit (2) ou bien aux procédés d'une philosophie poétique, oratoire, procédés que pourtant ces phi-

---

(1) Voy. Guyau, *Esquisse d'une morale sans obligation ni sanction*, p. 104.

(2) Ceci, nous le répétons, s'applique surtout à la philosophie morale de M. Wundt.

losophes ont tant reprochés à l'école de Cousin. Si l'on accepte la moralité, c'est-à-dire un principe de vie, il faut, quoi qu'on fasse, accepter l'idéal posé par la pensée antérieurement à toute expérience. Seulement, il est des doctrines qui affirment cet idéal en vertu d'une spéculation méthodique et systématique, d'autres, au contraire, en vertu d'une constatation toute extérieure et qui ne va pas jusqu'au fond des choses, ou en raison d'aspirations mal définies. En dehors d'un système établissant la nécessité d'un *a priori* — que ce soit d'ailleurs à un point de vue spéculatif ou pratique — il n'y a place que pour un système mécaniste ou de vagues tendances qui ne peuvent passer pour une philosophie. Il faut retrouver l'intelligence de l'*a priori*, à moins de retomber dans une philosophie de l'apparence, oratoire ou non. Ou encore il faut se taire sur les principes et la valeur des croyances, et se borner aux études de faits.

V

Quelques considérations plus particulières sur les doctrines de MM. Fouillée et Wundt nous permettront de justifier mieux ces réflexions.

M. Fouillée nous dit que la morale a pour fondement une certitude, pour condition une incertitude ; en d'autres termes, la morale a besoin des conclusions des sciences positives soit naturelles, soit psychologiques, soit sociales, mais aussi des espérances, des rêves qui les prolongent, rêves essentiels à la moralité même, mais qui doivent rester à l'état de rêves, pour que la moralité garde sa beauté et sa liberté.

On peut dire, certains d'une certitude scientifique : 1° les résultats des sciences positives, physiques et naturelles, ou psychologiques, morales et sociales ; — sous ce nom de « résultats, » M. Fouillée admet d'ailleurs bien des hypothèses, et il accepte la conception déterministe de toutes ces sciences, quoique cette conception ait besoin selon lui d'être complétée par une conception finaliste et volontariste ;

2° L'impossibilité pour ces sciences d'ériger en absolu le déterminisme et le mécanisme scientifique ;

3° L'existence du mental, même d'une unité mentale, impossible à substantifier, il est vrai, comme condition pour nous de la connaissance du physique (1) ;

4° Dans cette unité mentale opposée au physique et que le mécanisme scientifique ne peut nier deux éléments essentiels : une *intelligence* qui pense les autres consciences et l'univers, et qui même, semble-t-il, a ses « formes essentielles (2) ; » — et surtout un *amour* qui tend à s'unir aux autres consciences, et une *volonté* qui ne peut s'enfermer en elle-même et naturellement expansive ;

5° La supériorité de l'idéal conçu par cette intelligence, et surtout pressenti par l'amour et la volonté ; l'idéal de la liberté et de la fraternité universelle (3) ; idéal que l'on peut toujours construire, qu'il soit ou non réalisé ;

6° La tendance de cet idéal une fois conçu et désiré à se réaliser ; car toute idée est en même temps un désir, une tendance, une force. L'idéal se réalise au moins dans nos actes et par là, dans une certaine mesure, dans les choses.

Voilà les certitudes négatives qui limitent la science et en raison desquelles nous pouvons élever en face de la science un idéal qu'elle ne peut détruire à moins de dogmatiser : résultat négatif déjà important, puisque cette ignorance justifie, selon M. Fouillée, l'idée du droit, l'être devenant comme sacré par le mystère de l'existence : qui sait si, en lui portant préjudice, nous n'attentons pas à je ne sais quoi de divin? *Omne individuum ineffabile.*

Le doute commence quand il s'agit de savoir dans

---

(1) Voy. *Lib. et Dét.*, 2ᵉ édit., p. 76 et suiv.
(2) *Av. de la mét.*, p. 6.
(3) *Lib. et Dét.*, 2ᵉ édit., ch. VI, 2ᵉ part., p. 293 et suiv.

quelle mesure les choses sont d'accord avec cet idéal que nous concevons et que nous désirons certainement.

Sur ce point nous ne pouvons atteindre que des probabilités et il faut nous résigner à des espérances, espérances qui ne sont pas du reste en contradiction avec la science, mais en forment comme le naturel prolongement et qui, d'autre part, sont d'accord avec les données de la conscience.

D'abord nous qui concevons cet idéal faisons en somme partie de la nature. Partie de la nature, l'homme n'a t-il pas des raisons naturelles de croire qu'elle n'est pas absolument opposée à la réalisation de cet idéal?

En dehors de cette raison générale, les hypothèses physiques, biologiques, psychologiques et sociologiques, semblent autoriser certaines inductions ou plutôt certaines espérances. Il semble résulter de ces hypothèses que le mental est en somme l'expression la plus approximative du fond de l'être et dans le mental non l'intelligence, mais le désir, la vie. Le mécanisme lui-même, par la notion de force qu'il présuppose, se résout en mental. Et la nature ne nous apparaît pas comme un ensemble de tendances psychologiques, isolées, fermées les unes aux autres, mais au contraire le dernier mot semble en être *générosité* et *solidarité*. L'histoire naturelle bien interprétée justifie l'idéal de liberté et de fraternité que la Raison conçoit (1). La psychologie nous montre que ce qui est fondamental en nous c'est la vie, le désir, et nous découvre dans notre vie une puissance d'expansion (2). Le monde tout entier nous apparaît ainsi comme un ensemble de forces solidaires dont nous trouvons le type dans le désir et l'amour. Le problème cosmologique est analogue au problème social : c'est celui de l'universelle solidarité (3).

---

(1) Voy. *Sc. soc. contemp.*, p. 191.
(2) Voy. les études de M. Fouillée sur l'Inconscient, la Mémoire, le Plaisir et la Douleur (*Revue des Deux-Mondes*, 15 oct. 1883, 15 mai 1885, 15 juillet 1885, 1er avril 1886).
(3) Voy. *Sc. sociale*, p. 490 et suiv.

Ce sont ces hypothèses faites d'un point de vue purement immanent sur la nature qui, jointes aux données de la conscience, constituent l'ensemble de la métaphysique et de la morale, qui n'est autre qu'une métaphysique en acte. L'honnête homme réalise, par son désintéressement, les spéculations mêmes de la philosophie première ; et comme, en somme, le désir est antérieur à l'intelligence, celui qui agit bien est dans le sens même de la vérité ; on peut dire de lui qu'il est le vrai savant. Ces hypothèses, qui sont en partie des paris sur le fond des choses, justifient la charité comme la reconnaissance du mystère, la justice.

On ne peut méconnaître le mérite d'une telle doctrine qui est d'abord d'avoir limité les prétentions de la science positive et déterminé exactement quelle doit être la portée de ces affirmations si elles veulent rester positives et ne pas se transformer en un dogmatisme matérialiste. C'est un résultat qui ne ressortait pas nécessairement de la philosophie naturaliste. Spencer élève bien plutôt à l'absolu le mécanisme scientifique, et sa doctrine n'est sauvée du matérialisme que par l'idée de l'Inconnaissable. Même chez les savants c'est une tendance marquée, chez ceux particulièrement qui appliquent à l'étude des faits psychologiques les méthodes expérimentales, de transformer en certitude absolue le mode de certitude qui leur est familier. Tous les empiriques ne prétendent-ils pas répondre à la question de la valeur des croyances par l'étude génétique de ces croyances ? Si M. Fouillée n'a pas sauvé de l'empirisme et du naturalisme les croyances morales, du moins ne les a-t-il pas laissé entamer par eux. Il a par là même maintenu, contre le naturalisme qui tendait à l'affaiblir, la notion de l'effort moral et de la puissance de l'esprit.

Non seulement il a ainsi limité les prétentions de la science, mais il a tenté de tirer de la science elle-même toutes les analogies qui pouvaient s'accorder avec l'idéal moral, et il s'est efforcé de montrer, dans les tendances spontanées de la nature telles que semble nous les révéler la science moderne, un acheminement vers cet idéal.

La valeur de ces résultats est inappréciable. C'est déjà beaucoup de pouvoir dire : Peut-être bien que la réalité est dans le sens de la moralité; la science n'y contredit pas; même on peut tirer de quelques-unes de ses hypothèses des raisons de croire que l'avantage est dans ce monde au mental et au moral. Il y a là de quoi être saisi; et pratiquement ce seul peut-être peut transfigurer une vie. Cette tentative de justifier par de tels arguments la moralité est d'autant plus essentielle que, dans un temps où on a perdu le sens des vérités intérieures, où la science est devenue comme une religion, le seul moyen qu'il y ait peut-être encore de justifier les croyances morales est de montrer que la science ou les recherches hypothétiques que l'on décore de ce nom n'y contredisent pas, ou même tendent à les confirmer. Qui sait si l'altruisme du protozoaire ne peut pas seul, pour beaucoup de nos contemporains, justifier le désintéressement humain?

Indépendamment du reste de l'opportunité d'une telle doctrine, il s'y rencontre des vérités qui doivent, croyons-nous, entrer dans tout système universel.

Nous verrons en quel sens il est vrai de dire avec M. Fouillée qu'il faut rattacher la morale à une cosmologie, dépasser par suite le kantisme et justifier théoriquement la moralité. Nous verrons aussi en quel sens il faut renoncer à la philosophie transcendante et justifier l'effort, l'action, la vie ; en quel sens encore il est légitime de chercher dans les choses des images lointaines de la moralité.

Mais de telles conclusions veulent être fondées sur d'autres principes ou plutôt sur des principes.

Ce n'est pas que cette adaptation de la science moderne à une métaphysique ne soit une œuvre à accomplir de nos jours, mais il nous semble que cette adaptation ne doit pas consister dans un changement de méthode; ou les modifications sur ce point ne doivent pas être essentielles ; elles doivent consister à poser comme *idéal certain* tel but que les anciens philosophes pouvaient croire immédiatement réalisable ; mais cela ne change pas la nature de la métaphysique elle-même. La véritable transformation de la métaphysique doit consister dans une appropriation de faits nouveaux quoique au fond de même ordre à la méthode *a priori*. Il y a là une simple transposition. Or, selon M. Fouillée, c'est la méthode qui, en métaphysique, doit changer. Le but de la métaphysique et de la morale qui est une métaphysique en acte est d' « interpréter la *psychologie* par la *cosmologie*; interpréter l'univers par ce qu'il y a de plus *radical* dans la conscience, et la conscience par ce qu'il y a de *plus général* dans l'univers. En un mot, elle est la recherche des représentations subjectives de l'univers les mieux en harmonie avec l'état actuel des sciences objectives en même temps qu'avec les formes essentielles de la pensée. » Mais nous ne pouvons donner à ces termes « *essentiel* et *radical*, » dans la doctrine de M. Fouillée, qu'une signification expérimentale. M. Fouillée parle bien de formes essentielles de pensée qui s'imposent à la science, mais nullement en ce sens qu'elles devraient s'imposer à l'univers ; nous les constatons (comment on ne sait trop) et la métaphysique s'en sert comme d'un élément d'appréciation à comparer aux autres (1). Dire donc qu'il faut confronter les résultats les plus généraux de la cosmologie avec ceux fournis par la conscience, cela signifie que les hypothèses scientifiques ou les méthodes de prévision actuellement utiles justifient telle conception du monde plutôt qu'une autre. Et comme, en réalité, la science, c'est-à-dire l'ensemble des procédés par lesquels nous pouvons prévoir les faits et agir sur eux est indifférente au mode d'interprétation de ces faits, il en résulte que les prétendues inductions que M. Fouillée prétend tirer de la science ne sont autres que des élans, des extases à propos de la science.

(1) Voy. *Avenir de la métaphysique*, p. 41.

Si intéressant donc que soit l'état d'âme que nous révèlent les études de M. Fouillée, quoique elles correspondent aux aspirations vagues des générations contemporaines, il y a quelque indiscrétion à les mettre sous le couvert de la science. Ces espérances, qui sont censées dépasser les hypothèses scientifiques tout en restant dans le sens de ces hypothèses, sont en réalité de belles croyances que M. Fouillée impose aux choses, comme nous faisons tous, bien loin de les recevoir d'elles. S'il n'en était ainsi, si véritablement il espérait dans la mesure où les faits l'y autorisent, s'acharnerait-il ainsi à chercher dans une nature qu'il reconnaît ambiguë des traces de beauté et d'amour ? Pourquoi cette inquiétude, ce désir de la foi ? C'est qu'il accepte d'abord un idéal dont il cherche ensuite la confirmation, et qu'il veut la trouver. La nature n'est divine que pour ceux qui ont Dieu dans leur cœur. Les hypothèses de la science, hypothèses qui peuvent, selon les nécessités de la recherche et les démentis provisoires de l'expérience, être abandonnées demain, sont interprétées dans le sens des besoins du cœur. M. Fouillée transforme en symboles moraux les phénomènes naturels indifférents ; non que ce symbolisme ne soit justifiable en un sens, mais antérieurement à l'expérience ou par une expérience intime et d'un autre ordre. Si, par exemple, la physiologie ou l'histoire naturelle admettent une tendance à être, une sorte de finalité intérieure, la lutte de ces tendances n'a rien par elle-même qui éveille des idées morales. L'harmonie même qui peut résulter de cette lutte n'est qu'une dépendance réciproque, effet d'une lutte purement mécanique et que, d'un point de vue strictement scientifique, on ne peut appeler harmonie ou solidarité. Ou même, quand les considérations « de convenance » seraient utiles pour l'étude de l'histoire naturelle, comment savoir si ces considérations doivent ou non être subordonnées à celles des « causes efficientes ? » Peut-on conclure de ce que la psychologie montre, — si elle le montre, — la traduction de tous les phénomènes mentaux en terme de vie, que, dans le fond des choses, l'intelligence soit une forme de la vie ? Tous les phénomènes psychologiques sont également et jusqu'à un certain point exprimables en langage d'intelligence, de tendance à être et de mouvement. Tout plaisir peut être dit, comme le croyait l'ancienne métaphysique, comme le pense encore M. Wundt, un raisonnement confus, inconscient; comme aussi toute pensée, même abstraite, peut être considérée comme une manifestation de la tendance à être, ou même comme une série de mouvements. Laquelle de ces traductions est la vraie ? La science, quand elle en admettrait une plutôt qu'une autre, selon les besoins ou les points de vue de la recherche, ne déclarerait pas pour cela les autres explications radicalement fausses. Elle ne saurait, de toutes ces explications, déterminer celle qui est fondamentale ; elle ne s'occupe ni de la dignité, ni de la hiérarchie des choses. Il n'y a, dans la science, de certaines que les lois causales vérifiables ; en dehors de ces lois, des points de vue utiles.

M. Fouillée dépasse donc infiniment, par la foi, la science, ou plutôt il ajoute la foi à la science et interprète la science par la foi. Mais, ne justifiant pas son idéal par une spéculation systématique, il se borne à substituer à l'acte de foi du criticisme, qu'il reproche si vivement à M. Renouvier, des aspirations indécises et poétiques. Aussi, quel vague dans ces termes d'*idée*, d'*idéal*, de *conscience!* La conscience est plus « qu'un fait, qu'une hypothèse, qu'une loi; » et, cependant, elle reçoit des choses ses titres à l'existence. On ne sait où est le type de la réalité, de la certitude. L'esprit ne s'impose à la nature ni par la force de la raison, ni par un coup d'Etat intérieur et moralement nécessaire ; nous sommes dans le royaume du vague et du rêve. Sans doute, le rêve peut se mêler à la pensée, et, en un sens, l'achever; mais cette philosophie est faite, toute entière, d'extases et de poétiques envolées. « La liberté extérieure *vaut mieux* que la contrainte... Si la volonté humaine atteignait à la liberté morale ou, du moins, s'en rapprochait le plus possible, l'individu aurait en soi une valeur personnelle *et plus haute*... La liberté est, à coup sûr, le suprême intelligible et le suprême désirable. » Pourquoi ? Cela se sent; nous n'y voyons pas d'autre raison. « Le problème métaphysique surgit par la mise en rapport de ces deux termes : notre organisme mental, d'une part, et, de l'autre, l'univers. » Mais si nous ne pouvons que constater le rapport de ces deux termes, n'ayant, pour justifier la suprématie de l'esprit, que des hypothèses douteuses, comme nous avons vu, quelle valeur a notre affirmation de l'idéal ? En dehors d'une métaphysique établissant *a priori* une hiérarchie des choses, que signifie cette acceptation de l'idéal comme le suprême aimable : elle ne peut être qu'une inspiration du cœur. Il faudrait, du moins, si l'on renonce à une métaphysique théorique, accepter le kantisme ou le néo-kantisme, qui justifient leur renonciation à la spéculation et reconnaissent l'insuffisance ou même l'absurdité au point de vue théorique de l'acte de foi moral. Mais M. Fouillée regarde comme certaine *d'une certitude* « *positive et scientifique* (1), » la construction de l'idéal de la liberté, comme si le suprême intelligible et le suprême désirable avaient un sens pour la science positive.

Les auteurs de telles doctrines sont donc des âmes attachantes, des esprits infiniment curieux, ouverts et subtils; mais leur philosophie ne peut satisfaire ni le savant, ni le métaphysicien : c'est de la littérature ou de la poésie philosophique. Or, nous ne pensons pas qu'il n'y ait place, au delà de la science, que pour les jeux d'une imagination brillante et d'une intelligence habile au service d'une âme inquiète.

On pourrait dire, il est vrai : ce n'est pas le philosophe qu'il faut accuser de nous réduire à ce minimum d'espérance, mais la nature, qui ne nous a donné d'au-

---

(1) Voy. *Idée moderne du droit*, p. 255.

tre pouvoir que de rêver à propos des probabilités provisoires où nous réduisent les hypothèses scientifiques. Fort bien ; mais, alors, il ne faut plus parler de *métaphysique de l'avenir*. Ou la philosophie juge la science, et il faut qu'elle le fasse à l'aide d'autres critères que ceux de la science, ou elle ne la juge pas, et alors elle est un ensemble de considérations sur les sciences ou de généralités provisoires comme la science même. Dès lors, pour dépasser la science, nous n'avons d'autre ressource que le rêve, à moins d'affirmer, avec les Kantiens, l'idéal pratique comme *certain à priori*, quoique impossible à substantifier; théorie que M. Fouillée n'accepte pas, puisqu'il admet l'idéal dans la mesure où nous pouvons en espérer la réalisation d'après l'expérience.

M. Wundt, malgré l'apparence plus technique de sa philosophie, ne saurait nous satisfaire davantage.

La philosophie morale de M. Wundt se compose de deux parties principales (nous négligeons l'histoire et la critique des systèmes) : *la psychologie sociale*, l'ensemble des faits de la vie morale objective; *la spéculation*, c'est-à-dire l'ensemble des postulats dont l'expérience prépare la découverte, mais qu'elle ne découvre pas, quoiqu'elle en soit la condition nécessaire. Même dans la spéculation, l'expérience doit précéder; il faut qu'elle mette en main, à la première, les pierres pour construire son édifice (1).

Toutes deux coïncident pour justifier les belles conclusions qui suivent et qui concilient le kantisme et l'hégélianisme :

Il y a un *devenir moral infini*; un *Esprit* moral de l'humanité aussi réel, et, en un sens, plus réel que l'Individu, qui se manifeste dans les produits objectifs de l'activité religieuse, sociale et morale de l'homme. Mais, d'autre part, les « porteurs » (die Träger) de cet Esprit

---

(1) *Ethik, Einl.*, p. 12 et suiv.

universel sont les Esprits individuels qui le réalisent et qui ont besoin, à certains moments, de *führenden Geister*, qui incarnent, en quelque sorte, l'Idée. Les individus ne valent, d'ailleurs, que par la conscience même de l'universel : *der Einzelne will betrachtet sein sub specie aeternitatis*.

Cet Idéal, pénétrant les choses, est l'objet moins de l'intelligence que du sentiment et de la volonté, qui dépassent infiniment l'intelligence. Il est au-dessus de la logique et de l'entendement. L'homme l'a saisi, tout d'abord, sous la forme religieuse, qui peut demeurer encore comme l'expression symbolique et transcendante de l'Esprit moral immanent à l'humanité. Aujourd'hui encore c'est l'unité des aspirations religieuses, morales, esthétiques, qui fait l'unité d'une société; l'union des âmes plus que celle des intelligences (1). Le christianisme apparaît à M. Wundt comme l'expression la plus approximative de la religion symbolique qu'il rêve pour l'humanité (2). Il a ainsi à la fois le sens du *symbole*, ce qui est bien conforme aux tendances de la philosophie allemande, et le sens de la suprématie de la volonté.

Ce qu'il y a de profondeur dans ces vues et aussi de vérité, nous le comprenons dès à présent. M. Wundt, comme M. Fouillée, essaie, d'une part, de sauver l'individualité morale de la nature et même du Dieu transcendant des métaphysiciens ; et, d'autre part, de rétablir contre l'utilitarisme individualiste la notion de l'universel : tentatives louables dues à l'influence heureuse de la métaphysique.

On ne saurait aussi trop se réjouir que des savants tels que M. Wundt, dans un temps qui aspire à un formulaire de croyances, où unir non pas seulement les esprits mais les âmes, retrouvent l'intelligence de la dignité de la volonté, et comprennent, par là même, l'in-

---

(1) P. 521. *Eth.*, *Die geistigen Interessen*.
(2) P. 86, 87. *Eth.*, *Sur l'éternité de la religion*, V, p. 526, 527 et suiv.

commensurable valeur du sentiment moral ou religieux.

Cette philosophie est donc intéressante elle aussi, comme signe des tendances, des inquiétudes de ce temps ; elle l'est encore pour la masse de documents qu'elle nous fournit et qu'une autre méthode peut utiliser. Mais telle quelle, elle ne peut justifier ses conclusions. Ce n'est pas un système, c'est une juxtaposition de données, de pures constatations hiérarchisées sans raison. C'est une philosophie qui ne reconnaît pas nettement la valeur de la Raison, de la faculté de l'*a priori* et incapable, comme toute doctrine qui n'admet que les faits, d'établir une distinction de dignité entre les choses. Pas plus que M. Fouillée, M. Wundt ne détermine exactement la valeur respective de l'expérience et de la spéculation; il se borne à des constatations quelque peu faciles, et ses procédés de recherches ressemblent parfois aux méthodes simplistes des Ecossais ou des philosophes cousiniens, avec cette restriction toutefois, que le donné apparaît très différent à un Reid et à un philosophe pénétré, d'une part, de respect pour les méthodes scientifiques, et d'autre part encore imbu des doctrines de Kant et de Hegel. Sa philosophie est avant tout un effort pour traduire en langage scientifique l'historisme spéculatif de Hegel : le « réel » y est représenté par une histoire hypothétique des croyances religieuses, sociales et morales de l'humanité, le « rationnel » par une psychologie, modeste résumé des données actuelles de la conscience, — en ce qui concerne les faits proprement moraux; — par une sorte de théorie formaliste, analogue à celle de Kant, mais bien indécise, en ce qui concerne la connaissance. M. Wundt unit ainsi les résultats de la science, ou de ce qu'il appelle ainsi; c'est-à-dire les hypothèses sur le développement historique de l'humanité aux constatations de la conscience. Or, c'est là en rester à une philosophie du donné : la science ne pouvant nous fournir que des faits, aussi bien que la conscience, du moment qu'on ne distingue pas nettement le *quid facti* et le *quid juris*.

Et d'abord, cette psychologie sociale dont M. Wundt fait le fondement de la science morale, n'est qu'un ensemble d'hypothèses, dont on peut dire tout au plus qu'elles sont probables : et, en vérité, les croyances morales ne peuvent être à la merci d'hypothèses aussi variables et dépendre de l'opinion de MM. Tylor et Bachhofen sur l'origine de la civilisation. M. Wundt pense que l'histoire des croyances humaines manifeste une tendance à la conciliation de la direction universaliste et individualiste de la société. Quand cela serait, le monde est-il fixé dans cette direction ?

— Mais l'accord des conclusions de la psychologie sociale avec celles de la spéculation fortifie, peut-on dire, et complète les premières. Si l'histoire objective confirme les conclusions de la spéculation, que nous faut-il d'avantage ? Les croyances morales ne sont-elles pas justifiées du moment qu'elles s'accordent avec les tendances spontanées de l'humanité telles que nous les pouvons supposer et la réflexion philosophique ?

Voyons donc ce que vaut cette « spéculation. » On peut réduire la spéculation de M. Wundt aux thèses suivantes (1) :

1° L'individu qui est avant tout *une volonté* a conscience de faire partie d'un tout ; il n'est même une *personne* qu'en tant qu'il a conscience de sa relation avec le tout auquel il appartient ; l'*individualité* est aussi certaine que sa participation à l'Universel ;

2° La causalité mécanique ne s'applique pas à l'esprit susceptible d'un infini développement, et dont les actions par suite ne sont pas susceptibles d'une prévision exacte : de l'impossibilité de cette prévision M. Wundt conclut à la liberté ; d'ailleurs il n'admet pas l'indéterminisme ; mais bien la causalité spirituelle, telle qu'elle est donnée, avec son caractère propre qui est la puissance infinie de développement ;

---

(1) Voy. *Ethik*, 3ᵉ part., *Syst. der Phil*ᵉ, *passim*.

3° L'esprit impose au monde physique certaines lois, et il n'y a pas de raison, par suite, pour subordonner le mental au physique, bien au contraire. Nous ne connaissons pas d'ailleurs cet esprit comme une substance transcendante distincte des phénomènes ; il faut nous en tenir à la réalité telle qu'elle nous est donnée dans sa complexité et son devenir ; il faut substituer à la théorie de la substantialité la théorie de « l'actualité » qui considère les choses dans leur réalité donnée ;

4° Il ne faut pas, comme le matérialisme absolu, essayer de déduire l'esprit de la matière, mais il ne faut pas non plus, comme le spiritualisme absolu, prétendre découvrir partout des images de l'esprit, par exemple la forme de l'individualité. Cependant il n'y a pas deux réalités la matière et l'esprit, mais une seule, quoique nous ne puissions pas déduire l'une de l'autre les deux manifestations de la réalité unique ;

5° Au point de vue plus particulièrement moral, la spéculation de M. Wundt consiste dans la constatation des différents motifs qui déterminent nos actes, motifs impulsifs, motifs impératifs et dans l'étude de leur relation génétique : les motifs impératifs sont ces postulats pratiques qui correspondent aux postulats dans l'ordre de la connaissance. Parmi les motifs impératifs, M. Wundt constate l'existence de l'impératif de la liberté qui commande à l'homme par la seule représentation de l'idéal moral. La morale est plus essentielle que la connaissance, l'homme étant avant tout une volonté (1).

Cette spéculation est en somme, comme nous voyons, la traduction psychologique des spéculations de Kant, surtout, et aussi de Hegel et des philosophes post-kantiens, mélangées et en même temps édulcorées en quelque sorte, dépouillées de tout ce qu'elles peuvent avoir d'obscur, mais par cela même peut-être de profond, et réduites à de pures constatations psychologiques.

---

(1) Voy. *Ethik*, préface, p. 1. — *La science ne vaut que par l'idéal moral*, p. 484.

De Hegel et de la philosophie post-kantienne M. Wundt retient la doctrine du *monisme :* il n'y a qu'une Réalité, et non pas deux substances opposées, l'esprit et la matière (1), et en particulier la théorie du *monisme moral*, déjà exprimée dans la partie scientifique de sa morale. Les conclusions de celle-ci, d'où il résulte qu'il y a un développement de l'Esprit moral de l'humanité, sont confirmées par la constatation de la conscience qui atteint une personnalité capable de s'unir aux autres personnes, et une véritable volonté universelle, *einen gemeinsamen geistigen Besitz* (2), aussi certaine que la volonté individuelle. Mais ce monisme il ne l'établit pas; il le constate; et il en reste à la double constatation également acceptée, parce qu'elle est *donnée*, d'une volonté universelle et d'une volonté individuelle. En acceptant ce monisme qu'il ne démontre pas, il semble obéir au besoin d'unité qui est à la fois dans les tendances de la philosophie allemande et de la science contemporaine.

D'ailleurs, ce monisme, il ne l'affirme pas absolument; soucieux de ne pas dépasser le donné, il joint à cette théorie la doctrine purement formaliste de Kant; il rejette l'idéalisme aussi bien que le matérialisme absolu. Ce formalisme est, nous l'avons fait déjà remarquer beaucoup plus nettement a prioriste dans la théorie de M. Wundt sur la connaissance : sa théorie des postulats moraux est beaucoup plus indécise, et cela est important à constater, non seulement parce que la morale de M. Wundt est postérieure à sa philosophie de la connaissance, mais parce que la morale a, dans sa philosophie, le *primat*. Ce n'est pas que dans sa théorie de la connaissance il accepte nettement l'*a priori*. Selon M. Wundt, en effet, l'esprit impose certaines lois aux choses. Mais ces postulats, comme M. Wundt les appelle, si l'esprit les impose à la nature, ne peuvent être établis sans le secours de l'expérience. Le fondement de la métaphysi-

---

(1) Voy. *Ethik*, p. 406.
(2) *Ethik*, p. 386.

que lui apparaît devoir être l'expérience ; « la philosophie n'est pas le fondement des sciences particulières, mais elle a ces sciences comme base (1). » Qu'est-ce à dire ? M. Wundt a-t-il voulu simplement faire entendre que nous ne devions pas spéculer à vide, que nous connaissons les principes à l'occasion des faits, et qu'il faut prendre ceux-ci pour point de départ ? Ce conseil, pour ainsi dire pédagogique, ne changerait rien à la solution du problème de la priorité de l'esprit sur les choses ; tous les grands métaphysiciens ont pensé de même, et que la découverte de lois ou de faits isolés pouvait être l'occasion de la découverte des lois éternelles. M. Wundt n'a pas voulu dire non plus uniquement avec Kant que nous ne connaissons les choses qu'à travers les formes d'un entendement que notre sensibilité rend relatif : le rapport de l'expérience et de la science à la métaphysique est chez M. Wundt autrement étroit ; et il s'agit, selon lui, d'un changement de méthode dans la philosophie première ; changement si profond, qu'on peut se demander si le même nom convient à une telle recherche (2). Or, nous avouons ne pas comprendre ce changement si profond, à moins que M. Wundt ne veuille dire qu'il accepte le positivisme ; ce qu'il nie. « La métaphysique philosophique n'a pas à se bâtir un édifice complètement neuf ; elle doit prendre son point de départ dans les éléments hypothétiques que lui fournissent les sciences particulières. Ces éléments, elle a à les examiner logiquement, et ainsi à les unir dans un tout sans contradiction (3) ». Mais si tel est le but de la métaphysique, de deux choses l'une : ou elle n'a d'autre rôle que de critiquer la valeur scientifique des postulats des sciences, et dès lors elle se réduit à des considérations sur la méthode, ou bien elle juge la science ; et quoique celle-ci puisse suggérer au métaphysicien des solutions

---

(1) *Syst. der phil.*, p. 21.
(2) *Syst. der phil.*, p. vi.
(3) *Ibid.*

ou plutôt des « illustrations » de théories construites *a priori*, elle n'est pour lui qu'un point de départ. Dès lors, il ne faut plus distinguer la théorie de M. Wundt de celle de Kant. Et de fait, on peut se demander quel est le rôle nouveau de l'expérience dans les considérations de M. Wundt sur les rapports du principe d'identité et du principe de causalité ; sur la *réduction* de celui-ci à celui-là (1). Que si nous considérons plus particulièrement les principes non pas seulement directeurs des sciences, mais les notions mêmes dont elles se servent, toujours est-il que l'on peut se demander si M. Wundt juge les notions de substance, de matière, de vie, suivant l'utilité provisoire qu'elles peuvent avoir actuellement pour la prévision des phénomènes, ou suivant leur valeur absolue, et nous n'entendons par ce mot rien de transcendant, mais seulement l'indépendance à l'égard des procédés actuels de découverte. Dans le premier cas, il ne faut plus parler d'une philosophie qui a pour but « d'unir les résultats des sciences particulières en une vue du monde sans contradiction, » et qui, « toutes les fois qu'il y a contradiction entre des conceptions de domaines différents, a pour tâche d'en montrer le principe et par là d'écarter la contradiction (2). » Dans le second cas, la métaphysique de M. Wundt se sert des données de la science pour les « ajuster au niveau de la Raison » comme toute métaphysique.

Si indécise que soit la théorie de la connaissance de M. Wundt, au moins y accepte-t-il, encore que de mauvaise grâce et comme contraint, la théorie des formes *a priori*. Dans sa philosophie morale, au contraire, l'explication génétique est nettement substituée à l'explication rationnelle. Il emprunte à Kant la doctrine des impératifs, mais en insistant sur le caractère mobile de cette qualité impérative qui peut s'appliquer — l'histoire nous

---

(1) Voyez *Syst. der phil.*, p. 77 et suiv. Même il semble, par endroits, — sur la question, par exemple, de la réduction du principe de causalité à celui d'identité, — que M. Wundt rejoigne Wolff par delà Kant.

(2) *Syst. der phil.*, p. 22.

le montre — aux motifs les plus divers ; et se posant la question de Kant : Comment les motifs impératifs moraux sont-ils possibles ? il y répond par l'étude des éléments qui entrent dans la genèse de ces impératifs (l'idée de la contrainte, de la satisfaction durable, etc.) (1).

M. Wundt joint donc ainsi au monisme de Hegel un formalisme indécis emprunté à Kant. On peut voir, il est vrai, dans cette union, la théorie même de Hegel, pour qui le rationnel et le réel sont les deux faces d'une même réalité. Mais, chez Hegel, la Raison est toujours première, à tel point qu'elle construit la réalité historique elle-même. M. Wundt *constate* et *juxtapose* les *données*.

De Kant encore et aussi de la philosophie post-kantienne, qui essaya de concilier Kant et Hegel, M. Wundt garde la théorie de la liberté et de l'individualité. Mais de même qu'il traduisait l'historisme de Hegel, dans le langage des hypothèses historiques modernes, il traduit en constatations modestes la doctrine de Kant sur la liberté. Nous constatons un *moi* individuel, qui s'appelle une *personne* (2) lorsqu'il s'unit aux autres personnes. La liberté est la faculté qu'a mon existence d'être déterminée dans ses actes immédiatement par des motifs conscients de soi : il faut que notre *choix* soit accompagné de *Selbstbewusstsein* (3). M. Wundt réfute la théorie qui assimile la causalité mécanique à la causalité psychologique, qu'il reproche à Kant d'avoir confondues, en montrant l'impossibilité d'expliquer de façon adéquate les faits psychologiques ou de les prévoir autrement qu'approximativement : le déterminisme comme l'indéterminisme sont également anti-scientifiques ; il faut s'en tenir au fait qui consiste dans la causalité spirituelle (4).

---

(1) Voy. *Ethik*, p. 418 et suiv.
(2) *Ethik*, p. 385.
(3) Page 398.
(4) *Ibid.*

Telle est la spéculation de M. Wundt. Elle se réduit, comme nous voyons, à des emprunts indécis, et imparfaitement fondus, faits à des philosophies métaphysiques, emprunts d'où M. Wundt retranche tout ce qui précisément pourrait ressembler à une spéculation.

Dès lors, l'accord d'une psychologie morale, en somme empirique, jointe à un formalisme spéculatif incertain, avec des hypothèses douteuses sur le développement historique de l'humanité, que peut-il bien prouver ? Il faut choisir entre une métaphysique qui juge la science et l'histoire, ou une philosophie qui consiste dans un ensemble de considérations scientifiques ou historiques. De deux choses l'une : ou la métaphysique juge la science, et alors il faut la construire non indépendamment de la science, mais sans lui en imposer les hypothèses variables comme des résultats certains à coordonner ; elle doit déterminer ce qu'il y a, dans les postulats scientifiques, d'éternel et en déterminer la valeur respective. Ou elle ne juge pas la science, et alors nous retournons aux considérations sur les méthodes.

L'indécision sur ce point fait que la philosophie de M. Wundt reste un ensemble de constatations juxtaposées, conformément aux données de la science et de la conscience actuelle. Sa philosophie est donc, par rapport à la philosophie kantienne ou post-kantienne, comme la philosophie d'un Cousin par rapport à celle d'un Descartes ou d'un Leibnitz, avec cette différence toutefois, comme nous disions au début, qu'il applique les mêmes procédés aux résultats de la philosophie allemande et de la science contemporaine, c'est-à-dire que, savant et Allemand, il se fait des données immédiates une idée autre qu'un Français formé surtout à l'école de la métaphysique classique ; et de tempérament oratoire. Mais nous ne savons davantage par l'une et l'autre philosophie comment, d'une simple juxtaposition de données, peut sortir un jugement sur la dignité et la hiérarchie des choses, sur la distinction du fait et du droit, de l'apparent et du réel. De là, chez M. Wundt comme chez les philosophes écossais ou cousiniens, l'importance attachée aux croyances du sens commun, au critère du sentiment universel, aux témoignages de l'histoire. Tous ces procédés quelque peu extérieurs appartiennent à l'école scientifique comme à l'école qui dérive de Reid, et diffèrent moins qu'il ne semble, malgré l'apparence plus technique que leur donnent les philosophes de l'école nouvelle. Au reste, M. Wundt reconnaît ce caractère qu'a sa philosophie d'être, à un certain point de vue, une philosophie du sens commun. « On trouve naïf, » dit-il, « de chercher dans la conscience vulgaire un concept moral. Et cependant il n'y a pas de critère plus haut que l'universalité. Ce que toute conscience normale soumise aux conditions suffisantes de la connaissance reconnaît immédiatement comme évident, c'est ce que nous appelons sûr (1). » A cette constatation, M. Wundt, qui est un savant et qui a lu Hegel, ajoute la genèse historique de ces croyances, et c'est là ce qui constitue son *système de morale.*

La philosophie prétendue scientifique, — quoique elle soit intéressante au plus haut point par les études de détail qu'elle nous présente, et aussi par ses aspirations, — aboutit donc, sur les questions fondamentales, ou à des extases ou à des banalités auxquelles la science ou ce que l'on appelle ainsi donne une apparence de précision technique et rigoureuse; ou de nouveauté. Il n'en pouvait être autrement. La science, comme la nature qu'elle étudie dans ses manifestations phénoménales, ne peut être qu' « ambiguë. » Toutes les constatations, toutes les distinctions de faits, si subtiles soient-elles, ne peuvent en déterminer la valeur respective. Il faut reconnaître nettement une faculté qui juge le fait et détermine l'ordre de dépendance éternel, idéal des cho-

(1) *Ethik*, p. 426.

ses, sans être à la merci d'hypothèses variables dont la perpétuelle vérification ou l'utilité constante ne prouverait pas la vérité. Il faut retrouver le sens perdu du rationnel, de l'Idée ; il faut pouvoir dire à nouveau de la Raison comme Malebranche : Rien n'est plus sûr.

Mais en revenant à l'intelligence des Idées, nous ne retrouvons pas tout d'abord la croyance à la liberté et à la moralité telles qu'il est vrai de les concevoir. Le retour à la Raison, c'est aussi le retour à la *transcendance* (sur laquelle il faut d'ailleurs s'entendre) et à l'*absolue nécessité*, et nous passons logiquement, avant de nous approcher du système de l'immanence et de la liberté, par une doctrine qui, loin de contredire la morale naturaliste, semble, au contraire, la fonder métaphysiquement : par le géométrisme transcendant dont Spinoza nous a donné un modèle. Nous n'arrivons à la vérité, comme disait Pascal, que par le mensonge. Nous n'y allons pas par une route toute unie et facile. Nous ne la conquérons qu'à la suite de secousses, de violents ébranlements de l'âme. Au reste, dans les doctrines mêmes auxquelles nous renonçons, nous trouvons, si nous les entendons bien, des germes de vérité.

CHAPITRE II.

LE FAIT ET LE DROIT. — L'INTELLECTUALISME OU LE GÉOMÉTRISME.

Le système de nécessité absolue et transcendante que nous allons esquisser nous semble celui que logiquement l'esprit doit traverser quand il passe du visible à l'invisible. Peut-être n'entend-on pas toujours bien ce système ; on le conçoit comme nécessairement abstrait, incapable de serrer de près la réalité et la vie, à peu près comme Aristote concevait le platonisme. D'abord une telle philosophie peut distinguer, et c'est un progrès nettement marqué chez Spinoza, les *universaux*, les genres indéterminés des *essences* « *Essentiae particulares affirmativae*, » véritables individualités éternelles qui, comme nous dit Spinoza, sont comme des lois inscrites dans les choses tout en étant des réalités : nous essaierons de déterminer, à l'aide de Spinoza, la conception métaphysique la plus rationnelle de ces choses éternelles suivant un système de la Nécessité.

Non seulement un tel système ne confond pas nécessairement les essences et les genres abstraits, résidus indéterminés de l'expérience, mais il n'assimile pas les êtres aux seuls objets que nous connaissions en effet sous la forme de la nécessité attribuée aux essences, à savoir aux *notions mathématiques*. Il ne faut pas d'abord attribuer à la réalité, selon le spinozisme, l'imperfection des notions qui nous donnent, selon lui, dans l'état actuel de l'homme, le plus parfait exemple du vrai type de la réalité : la notion mathématique nous fournit uniquement le type de l'essence, sans que les choses soient pour cela imparfaites et mortes comme les notions mathématiques. On peut dire de plus que la définition mathématique représente imparfaitement, dans un tel système, l'*essentia particularis affirmativa* de chaque chose, puisque l'existence entre dans la notion des choses données, et que les définitions mathématiques n'enferment pas l'existence des figures particulières dont elles fournissent seulement la loi.

Il résulte de là que ce système ne prétend pas à une détermination absolue de l'essence fondamentale des choses, et qu'il en établit même aussi *rationnellement* l'universelle *nécessité* et l'universelle *incompréhensibilité* (1).

Enfin, on peut dire qu'une telle philosophie peut sur bien des points être rapprochée d'une philosophie de l'immanence et même de la liberté, si bien, qu'elle tend à se confondre à la limite avec cette philosophie.

Le caractère de la morale correspondant à ce système doit être modifié avec ce système lui-même. Cette morale n'est ni aussi rationaliste et contemplative ni aussi orgueilleuse, par suite, du pouvoir de la Raison, qu'on la représente d'ordinaire et que la développent, par exemple, les stoïciens. De plus, elle peut faire une place et encore honorable aux sentiments moraux proprement dits, non pas qu'elle puisse donner à ces sentiments la même signification qu'une philosophie de la liberté, mais elle peut les considérer comme essentiels et révélateurs du sens de la vie : elle tend à prendre tout au moins la forme d'une doctrine mystique de la prédestination.

---

(1) Cette différence des *notions idéales* et des Essences réelles n'est pas, à elle seule, une objection suffisante au système de la nécessité; il résulte seulement, de ce que l'on ne peut, comme nous verrons, assimiler les Essences que nous connaissons aux Essences réelles, qu'on établit en même temps, dans un tel système, la *nécessité* et l'*inintelligibilité* des choses.

Nous essaierons donc de construire ce qu'on pourrait appeler un *intellectualisme concret*; et cela à l'aide surtout de Spinoza qui nous a donné un modèle de cet intellectualisme et de la morale qui y correspond, avec quelques-uns des caractères que nous venons d'indiquer brièvement : nous l'interpréterons du reste librement et nous ne nous astreindrons pas à garder sa terminologie, mais nous croyons rester dans l'esprit du système. Nous n'acceptons pas d'ailleurs la morale intellectualiste, même ainsi comprise ; mais il faut armer de toutes pièces les adversaires que l'on combat, et de plus, montrer que la distance qui nous sépare est moindre qu'il ne semble.

I

Le fait ne suffit pas à établir le droit, si irrésistiblement qu'il s'impose. L'ordre de succession tel qu'il se présente à nos sens, ou même l'ordre de causalité mécanique, ordre déjà idéal cependant, distinct de la succession donnée aux sens, tel que le détermine la science, n'est pas nécessairement l'ordre de hiérarchie des choses. Il suffit, pour rendre cette distinction évidente, de constater qu'il y a des jugements qualitatifs indépendants des relations de temps et d'espace et s'exprimant par ces mots : ceci vaut mieux que cela. Peut-être bien quand nous disons : cela n'aurait pas dû être, prononçons-nous un jugement purement relatif, comme veut Spinoza, aux notions imparfaites, aux cadres limités que, par impuissance d'imagination, nous imposons à la nature. Mais un système, quel qu'il soit, doit admettre qu'il y a des degrés dans la perfection, — de quelque façon d'ailleurs qu'elle soit définie; — et que ces différences dans la perfection des êtres sont indépendantes de leur place dans le temps et l'espace. Nier cette distinction du fait et du droit, c'est nier celle même de la vérité et de l'erreur, car l'erreur se produit conformément aux lois mécaniques, elle est contraire non à ces lois mais à un ordre supérieur de dignité, de hiérarchie : elle vaut mieux que la croyance vraie.

Or, cet ordre de hiérarchie que peut-il être sinon un ordre d'intelligibilité, et cet ordre d'intelligibilité, un ordre de démonstration unissant les choses par le lien de principe à conséquence ? S'il n'en est ainsi, comment sortir de l'opposition des faits ou comment attribuer aux jugements qualitatifs une valeur universelle, et les distinguer de sentiments purement subjectifs ? Il semble, il est vrai, qu'un système de déduction nécessitant toute chose, supprime par cela même, la distinction de qualité, en rendant tout également nécessaire. Mais si tout est nécessaire dans un tel système, il y a une distinction entre les êtres qui résulte de l'*ordre* de cette nécessité. La supériorité d'une chose sur une autre consiste en ce qu'elle est raison d'être de l'autre, en ce qu'on peut, comme disait Leibnitz, de son point de vue rendre compte de ce qui se passe dans l'autre. C'est le mécanisme qui confond le supérieur et l'inférieur, non le géométrisme qui fonde, au contraire, cette distinction. Le géométrisme n'admet, comme complément, le mécanisme que par suite de l'impuissance où nous sommes de rattacher à Dieu les *modes finis*, de les connaître comme *modi aeterni*. Mais toutes les fois que nous pouvons, comme pour l'âme humaine, rattacher une chose à Dieu, c'est-à-dire la connaître comme mode éternel, nous avons alors la vraie connaissance. Et lors même que nous ne nous élevons pas à ces *modi aeterni*, la détermination causale mécanique ne saurait en être donnée comme un équivalent. L' « *ordo affectionum*, » tel même que le systématise la science, ne saurait passer pour l'ordre vraiment éternel.

Nous pouvons sans doute pratiquement renoncer à chercher un fondement à la distinction qualitative des choses, et suppléer à notre ignorance théorique par le sentiment. Mais philosophiquement, il n'y a pas d'autre voie pour la recherche.

Le droit n'est donc pas le fait et le droit ne peut s'établir que par une déduction. Cette déduction est-elle possible? Nous verrons plus tard en quel sens et jusqu'à quel point elle l'est. Mais qu'elle le soit partiellement ou complètement, le fait de porter des jugements qualitatifs implique qu'elle l'est *en soi*, si elle ne l'est *pour nous*. Les jugements qualitatifs portant sur le rapport hiérarchique des choses sont irréductibles à tout autre ; et ces jugements supposent un tel ordre : le nier, c'est nier ces jugements.

II

Il y a plus : non seulement le droit n'est pas le fait, et suppose un ordre idéal, mais le droit est seul vraiment ; le droit est le véritable fait. Ce qui est, c'est ce qui ne passe pas : ce qui ne peut passer c'est ce qui a sa raison d'être nécessaire ; et cette raison d'être nécessaire où la trouver, sinon dans une nécessité de principe à conséquence? Ce qui est donc, c'est l'ordre idéal que l'on ne peut connaître que d'une certitude intérieure, et établir que par une déduction nécessaire. Chercher ce qui est, c'est chercher l'ordre idéal, intelligible : autant il y a d'intelligibilité affirmative, comme disait Leibnitz, autant il y a dans une chose de réalité.

Et toute affirmation implique la réalité souveraine de ce monde d'Idées. Comment jugerions-nous, en effet, de ce qui est sinon par ce qui doit être? La nécessité même du fait se tire de l'impossibilité intérieure de douter du fait, comme voulait Descartes. Mais que résulte-t-il de là? Quoique cette impossibilité de douter soit subjectivement sentie, le type de réalité qu'elle nous révèle est éternel, et dès lors indépendant de la connaissance que j'en ai : c'est la notion de ce qui ne peut pas ne pas être, c'est l'Idée, l'*aeternum quid* correspondant à l'objet de mon affirmation, ou à cette affirmation même. Par exemple, l'affirmation subjective je *pense*, me révèle la *notion* de pensée : la « nature intellectuelle » en général. L'affirmation relative à un objet sensible implique la notion d'étendue, l'*aeternum quid* de cet objet. Il suffit donc pour affirmer un monde d'Idées, de prendre conscience de la nature de l'affirmation. Et comment ces Idées ne seraient-elles pas, puisque dire d'une chose qu'elle est, c'est dire qu'il y entre du nécessaire, de l'éternel, et que le nécessaire, l'éternel ne peut être saisi que d'une certitude intérieure? Comment opposer le fait à l'Idée puisque le fait ne peut être dit fait qu'en raison de l'impossibilité intérieure où nous sommes d'en douter, et du type éternel de réalité que nous révèle cette impossibilité?

La même vérité peut s'exprimer autrement. Il entre, comme dit Leibnitz, de l'être dans toutes nos idées. Quoi que nous imaginions, cela est en quelque façon; à notre imagination correspond un objet ou des objets sensibles plus ou moins déformés. De même à la démonstration ou à l'intuition qui atteint l'éternel, à toute science en un certain sens (car toute science se rapporte à ce qui ne passe pas), doit correspondre une *Res aeterna*, un « objet immédiat, interne, comme dit Leibnitz, si ce mot d'objet lui convient. » Or ces Essences, ou Idées, ou Possibles sont antérieurs à l'existence, et plus réelles, car, comme dit Spinoza, une combinaison même imaginaire est susceptible d'une vérité intrinsèque. Il doit donc y avoir dans l'idée vraie des caractères intrinsèques indépendants de l'accord avec le fait. « Verae cogitationis forma in ipsâ eâdem cogitatione est quaerendum et ab intellectûs naturâ deducendum. » Et cette Idée vraie est antérieure au réel et juge du réel. Avant tout, comme dit Leibnitz, ce qui est, c'est la possibilité même ou l'impossibilité d'exister. La pensée, a-t-on dit, peut tout supprimer, sauf elle-même, c'est-à-dire les éternels possibles, les simples, les essences fondamentales des choses.

Ces possibles ne sont pas semblables aux vérités que nous connaissons, rapports entre des notions, et ne subsistant pas par elles-mêmes; non pas même aux notions *a priori* qui se complètent par l'existence contingente et n'en contiennent pas, par suite, l'explication radicale. Etant présupposée par toutes choses, la notion est l'*aeternum quid* des choses, source à la fois de l'essence et de l'existence. Les notions que nous connaissons, particulièrement les définitions géométriques, peuvent nous servir de type de ces premiers possibles, — à cause de la nécessité qui les lie à leurs conséquences; et parce qu'elles sont l'objet d'une certitude intérieure. Mais l'Essence vraie les dépasse enveloppant l'existence. Si nous pouvons tenir, par exemple, la Pensée et l'Etendue pour deux de ces notions dont les choses sont le développement et les modes, cependant la Pensée et l'Etendue, telle que nous les connaissons ne peuvent rendre compte de l'existence de telle chose étendue ou de telle chose pensante; de plus, la notion universelle même de l'Etendue contient le mouvement hétérogène à l'Etendue immobile, de même que la Pensée contient l'entendement, et la sensibilité hétérogène à l'entendement. Ces notions ne sont donc pas l'*aeternum quid* des choses, elles se résolvent chacune en une notion qui les dépasse, et toutes deux en l'Etre qui les enveloppe, l'Etre impénétrable en lui-même. Ça été l'erreur en un sens du platonisme et surtout de la scolastique d'assimiler aux notions telles que nous les connaissons, et non pas seulement aux notions mathématiques, mais même aux notions abstraites, simples secours pour l'imagination, comme disait Spinoza, les essences premières : erreur où n'est pas tombé Spinoza. L'intellectualisme n'est donc pas nécessairement abstrait; on peut dire que le spinozisme est un intellectualisme concret où la *res aeterna* n'est pas assimilée à la notion telle que la conçoit l'entendement humain, à la notion homogène à ses conséquences, et incapable de rendre compte du donné. En fait le contingent est donné, et sous une forme que nous ignorons, il doit entrer dans l'Essence.

Mais, d'autre part, il ne faudrait pas tomber dans l'erreur inverse qui consiste à croire que l'existence est contingente. Le fait même de dire que telle chose est implique qu'elle doit être. Le type de la certitude est, d'après ce que nous avons vu plus haut, l'impossibilité de douter, c'est-à-dire la nécesssité idéale, d'intuition ou de démonstration. L'analyse d'ailleurs de toutes nos affirmations sur le donné montre bien, — cela a été si bien fait par tous les philosophes qui se rattachent à la tradition idéaliste depuis Descartes jusqu'à Kant et M. Lachelier qu'il est presque inutile de le faire à nouveau, et nous aurons d'ailleurs occasion de l'établir plus loin; — que toute affirmation de l'Etre implique un ordre c'est-à-dire qu'il y entre avec la Raison de l'éternel et du nécessaire. Il ne suffit donc pas de constater la contingence pour la prouver : l'infini des choses se résout à la limite en nécessité absolue. La notion de limite concilie les deux notions en apparence contradictoires de *nécessaire* et d'*infini*. Il ne suffit pas non plus, pour sauver du mécanisme la nature, de passer du dehors au dedans des choses; bien au contraire, on trouverait dans la notion éternelle, source des phénomènes, la raison profonde et intérieure de ce mécanisme. Le mécanisme des phénomènes est l'expression de l'unité nécessaire des Idées dans une Idée suprême.

III

Cette nécessité absolue qu'implique la pensée ne sera telle que si elle dérive d'une absolue Nécessité, et le fait même de dire : cela est, implique cette Nécessité ; car, quand je dis : cela est, je dis : cela en quelque façon doit être, et cela ne doit être vraiment que si cela dérive d'un Principe absolument nécessaire. Admettre donc que ce qui est, c'est ce qui doit être, c'est admettre par cela même qu'il y a un Possible fondement de tous les possibles et existant d'une absolue nécessité, par soi. Dieu est ainsi prouvé par la preuve la plus forte que l'on puisse donner. Il est prouvé en tant qu'*aeterna veritas*. L'Etre présupposant le possible, ce qui est tel qu'on ne peut le supprimer qu'en supprimant le possible est prouvé plus que tout le reste.

Cette nécessité absolue est établie ainsi du moment qu'elle est pensée. Cela est vrai de toute Idée : le triangle idéal lui aussi est du moment qu'il est pensé. Mais ce n'est d'abord qu'une Essence où n'entre pas l'existence, — et de plus, les Essences réelles elles-mêmes ne sont pas l'Essence des Essences. Dieu n'est pas seulement l'*aeternum quid* d'une chose déterminée, ou d'une série de choses, une Essence infinie, mais infinie « en son genre » : c'est l'Essence première, absolument infinie; de sorte qu'il est la seule Essence existant vraiment par soi; et qu'il suffit de penser pour en affirmer l'existence. Il suffit, pour que Dieu soit, qu'il soit possible : mais la restriction de Leibnitz est à peine nécessaire à ajouter; car tout possible éternel implique ce suprême possible.

Tel est le sens de l'argument ontologique; il suit immédiatement de l'affirmation de l'ordre idéal impliqué dans toute pensée. L'argument ontologique est analytique en ce sens qu'il me suffit de prendre conscience de ma pensée pour affirmer l'Idée, et par suite l'Idée des Idées. Je ne dépasse pas ma pensée intérieure pour affirmer Dieu; et cependant je dépasse ma pensée individuelle. Mais ce bond de ma pensée individuelle hors d'elle-même est inséparable de cette pensée même. L'affirmation d'un monde d'Idées, et par là de Dieu, est contenue dans toute affirmation. Et il faut bien qu'il existe une chose dont l'essence pose l'existence, c'est-à-dire qui juge et ne soit plus jugée, dont il n'y ait pas à chercher le modèle en dehors d'elle-même, sinon la pensée s'en irait en poussière.

Il est donc bien vrai de dire que c'est se contredire dans les termes, comme disaient les grands métaphysiciens antérieurs à Kant, que d'affirmer en même temps que nous pensons Dieu et que Dieu n'est pas; le possible étant du moment qu'il est pensé, s'il est possible, et à plus forte raison le Possible des possibles, que présuppose tout possible. Et, en vérité, si Dieu doit être établi, comment l'établir autrement que par l'idée même que nous en avons ; car, comment du relatif ferait-on sortir l'absolu ? D'ailleurs cet Etre est en même temps incompréhensible du moment qu'il unit en lui-même des notions, comme nous avons déjà vu, irréductibles, qu'il est la Raison dernière des Essences réelles impénétrables ; la Raison même de leur mode d'existence fini, mode que nous rattachons nécessairement à leur mode de réalité éternelle, mais sans que nous apercevions le lien de l'existence finie apparente, et de sa source éternelle. Nous établissons donc aussi nécessairement l'existence de Dieu que son inintelligibilité.

IV

Nous voyons par là ce qu'on peut penser de la doctrine de Kant. Elle contient cette vérité qu'il y a hétérogénéité, quoi qu'on fasse, entre le possible et l'existence donnée, le métaphysique et le physique. Nous ne connaissons, en fait de possibles, que les vérités éternelles qui sont des rapports, et les notions éternelles qui ne sont pas encore la réalité elle-même, ne rendant pas compte du contingent dont elles devraient rendre compte, à supposer même qu'il fût illusoire, pour être adéquates à la réalité toute entière. Il est dès lors vrai en un sens de dire avec Kant que ce qui est intelligible n'est pas, et que ce qui est n'est pas intelligible.

Déjà Leibnitz disait qu'en un sens les possibles seuls sont intelligibles et reconnaissait par là que la réalité ne l'est pas, n'entrant pas dans la notion éternelle que nous connaissons, dont les conséquences sont éternelles comme le Principe ; — et qui est par suite incomplète. Dès lors ne peut-on dépasser Leibnitz et demander avec Kant : ce qui ne peut pas ne pas être, au point de vue de la Raison pure, l'intelligible pur est-il vraiment ? N'y a-t-il pas en somme une autre forme de la nécessité, la nécessité physique, le donné qui s'impose, et ne peut-on dire alors que l'être est, qui sait? dans je ne sais quel mélange de l'une et de l'autre ou dans le physique même? Ne pouvoir dire *ce qu'est* l'intelligible c'est en somme ne pouvoir dire *s'il est*, car si nous ne pouvons déduire la réalité de cet Intelligible, peut-il être dit vraiment la Réalité? La distinction du sensible et de l'intelligible ne serait-elle que du plus au moins; ne serait-elle pas une absolue hétérogénéité?

Mais d'abord dire : le donné ne serait-il pas cause de l'intelligible, c'est affirmer le contraire puisque ce qui est ne se distingue de ce qui n'est pas que par le fait d'avoir en soi quelque trace d'intelligibilité. En demandant si le physique ne serait pas seul vraiment et non l'intelligible, — être n'ayant d'autre sens qu'être intelligible — nous présupposons la réalité de cet intelligible que nous mettons en doute par notre question. Dire : ce qui doit être peut-être bien n'est pas, c'est se contredire dans les termes.

Mais si l'on ne peut même exprimer, — Kant n'admettait pas lui-même cette hypothèse, — cette pensée que le physique serait la cause de l'intelligible; ne peut-on caractériser différemment l'intelligible? Il ne nous est donné que comme loi du sensible, et le sensible, étant relatif, comme une forme relativement nécessaire à une sensibilité donnée. L'idée d'un entendement pur qui créerait ses objets n'en reste pas moins en tant qu'idée, mais nous ne pouvons transformer cette idée en une *res aeterna* indépendante : ce qui supposerait une existence dérivant nécessairement d'un entendement spontané, qui ne lui serait pas imposée du dehors. Les lois de l'esprit sont-elles dès lors causes? Peuvent-elles être substantifiées en une notion éternelle et transcendante? Questions impossibles à résoudre et oiseuses à poser. Tenons-nous strictement à ce que nous savons; nous connaissons des formes relatives à une sensibilité donnée. Non seulement une telle conception ne ruine pas la certitude; mais c'est la seule qui puisse la fonder. Comment pourrions-nous, en effet, déterminer *a priori* les conditions de la connaissance, si les notions étaient des *res aeternae* distinctes de l'esprit, et extérieures à l'esprit? Si le triangle n'était en quelque façon, comme disait Kant, une création de l'esprit, s'il n'était nous-mêmes en quelque sorte, comment pourrions-nous en déterminer *a priori* les propriétés?

Mais d'abord les Idées ne sont pas distinctes, à proprement parler, de l'esprit. Ce sont des « objets immédiats internes, » et l'esprit, comme nous disions, en les affirmant, ne sort pas de lui-même, ils sont impliqués dans toute affirmation; il suffit d'en prendre conscience. Il faut, sans doute, que l'être jaillisse en quelque façon de ma pensée; autrement je ne pourrais affirmer la nécessité qui est idéale, saisie d'une certitude intérieure, et la réalité qui n'est telle qu'en tant qu'elle participe de cette nécessité. Mais c'est que ma pensée est unie aux Idées, aux objets éternels, immédiatement saisis. Et méconnaître ces objets éternels, ce serait nier la Raison même; car enfin, cet esprit qui affirme la vérité n'est pas mon esprit en tant qu'individuel, mais en tant qu'il participe à un ordre qui ne passe pas. La vérité 2 et 2 font 4 subsisterait quand il n'y aurait plus d'hommes, quand même il n'y aurait plus de choses à nombrer, auquel cas subsisterait encore la vérité idéale de ce rapport. S'il en est ainsi, si cela ne peut se nier que par l'affirmation même de cette vérité, — car cette négation se donnerait encore comme une vérité où il entrerait par suite l'idée d'Être, — alors il faut dire qu'il y a un ordre de choses éternelles, — ou il faut nier la Raison.

Le spiritualisme n'est pas *démontré*, si l'on veut, en ce sens que des Essences nous *ne voyons* pas dériver les existences. Mais cependant il faut admettre que les existences dérivent des Essences et par une nécessité de la spéculation, non de la pratique : nous l'impliquons en parlant. Du moment qu'il y a quelque chose plutôt que rien, comme dit Leibnitz, et que le possible est antérieur à l'existence, il faut bien qu'il y ait dans le possible une tendance à être : ce qui ne veut pas dire que le possible en soi, l'Essence, soit moins que l'existence donnée, mais seulement le possible que nous connaissons, vérité ou notion. L'origine de l'existence, comme dit Leibnitz, ne se peut tirer que de quelque chose d'existant. Parler, c'est affirmer cette relation de l'Essence et de l'existence et leur union dans l'Etre, dans l'Essence proprement dite, source à la fois de l'essence telle que nous la connaissons et de l'existence. L'Etre enveloppe et le possible et l'existence, puisque à tous les deux on applique l'idée d'Etre ; puisque, d'une chose possible, on dit qu'elle *est* ou n'*est* pas possible ; puisque ce qui caractérise avant tout l'Etre c'est l'indépendance à l'égard de la pensée individuelle. Le type de l'Etre est donc dans la *res aeterna*, quoique la *res aeterna* telle que nous la connaissons ne soit pas l'Etre. Ce qui enveloppe à la fois l'Essence universelle abstraite et l'existence contingente, c'est le *nécessaire*, objet d'entendement, plus proche malgré tout de la notion universelle vraiment intelligible, quoiqu'il puisse en lui même différer et du sensible et de l'intelligible.

On ne peut non plus, et à plus forte raison, supprimant la possibilité d'une *res aeterna*, assimiler l'Etre à l'union concrète du sensible et de l'intelligible. L'Etre est bien, si l'on veut, la Raison profonde de cette union, mais il est transcendant. *Substantia est prior suis affectionibus.* C'est l'Etre transcendant, c'est l'Intelligible ou le Nécessaire qu'il faut poser d'abord avant de l'unir au sensible, puisque le sensible n'est dit être qu'en tant qu'on lui applique cette forme de l'Intelligible. Cette forme de l'Intelligibilité ou de la Nécessité n'est forme que pour nous. Le fait de penser implique qu'elle communique l'existence. Le sensible peut rendre l'absolu relatif. Mais pour devenir relatif, l'absolu doit être posé d'abord. Le relatif ne relativise pas l'absolu ; c'est l'absolu qui absolutise le relatif.

Il résulte de tout cela que le Nécessaire, l'Intelligible est non seulement la *Loi* mais aussi la *Cause* du donné, qu'il n'est pas seulement une *Loi* nécessaire mais *un Etre* nécessaire. Dieu n'est pas simplement une Idée directrice dont on peut se demander si elle est *res aeterna*, ni non plus un Possible vide qui ne se complète que par l'existence. C'est la forme vide de l'affirmation, dit-on encore ; mais puisque toute affirmation est l'affirmation de l'Etre ; qu'il entre de l'Etre dans toutes nos idées et que la mesure de l'Etre est celle de l'intelligibilité, la condition de toute affirmation est en vérité la source de tout Etre (1).

V

D'ailleurs, quoique nous affirmions la dépendance nécessaire du métaphysique et du physique, dans le sens où nous avons dit, sans la voir, il n'est pas moins vrai que nous trouvons dans les choses des traces de cette dépendance.

Y a-t-il entre les *vérités*, les *notions* et les *individus* cette différence si profonde qu'y veulent voir les adversaires du géométrisme ? D'abord, entre la vérité et la notion, la distinction n'est-elle pas superficielle ? Il est vrai de dire que le véritable type de l'Idée est non la vérité discrète, discontinue, mais la notion, et les métaphysiciens, Spinoza particulièrement, distinguent profondément des vérités, simples rapports, les *res aeternae*, les *essentiae particulares affirmativae*, sortes d'*individualités éternelles* ne perdant pas pour ainsi dire leur individualité en s'unissant, et qui sont comme des lois inscrites dans les choses tout en étant des réalités. Les notions mathématiques nous donnent l'exemple de ces notions déterminées auxquelles toutes les autres se rapportent, qui ne sont pas comme les notions abstraites des résidus d'expérience indéterminés et qui restent en quelque

---

(1) Il est inutile de faire remarquer que, dans tout ce développement, nous plaidons la cause de la métaphysique ontologique, qui n'est pas tout à fait la nôtre.

sorte elles-mêmes, tout en servant de principe d'explication, comme le point à l'aide duquel on peut construire la géométrie toute entière, quoique il garde sa nature de point. La définition est pour ces philosophes source de connaissance, non la vérité. Mais cependant la différence entre la vérité et la notion est-elle si profonde? Elle ne résulte en somme que de la nature discursive de notre esprit obligé de rapprocher les notions; et ainsi cette distinction est relative à l'esprit. Mais en soi ce rapport entre les notions, cette vérité qui les rapproche se résout en une notion supérieure qui les enveloppe.

Quant à l'individualité, n'est-elle pas véritablement une notion? Les êtres ne sont-ils pas comme des genres déterminés enveloppant d'autres êtres, et les hiérarchies d'êtres ne sont-elles pas comme des hiérarchies de notions subordonnées les unes aux autres, sans qu'on puisse jamais atteindre l'atome psychologique? La distinction de l'individuel et de l'universel est en somme factice et relative, car chaque être a un rapport à l'universel ; qui dit être, dit raison d'être, c'est-à-dire que tout individu a sa source dans l'universel et, comme disait Leibnitz, est un point de vue de l'universel. Tout individu est une définition vivante. Ce qui me constitue, c'est la notion que je suis. Leibnitz rattachait justement mes modifications à moi comme le prédicat au sujet. N'est-ce pas ma définition, ma nature qui fait, comme on l'a dit, mes amours et mes haines? Ce n'est pas parce qu'une chose est bonne que nous l'aimons, comme disait Spinoza, mais elle est bonne parce que nous l'aimons. Ces « passions » fondamentales qui expliquent toute une existence, ou ces « faits dominateurs » qui éclairent toute une vie, si incomplète que soit notre connaissance des âmes, nous laissent entrevoir à quel point le développement de nos passions est nécessaire. Il est vrai que la notion que je suis est consciente. Mais le fait d'être conscient n'empêche pas les êtres d'être ce qu'ils sont. Ne se développent-ils pas quand ils n'ont pas conscience d'eux-mêmes et puisque leur être se compose de leurs actions conscientes aussi bien qu'inconscientes, ne faut-il pas que leur être soit antérieur et supérieur à la conscience? L'*idea*, pour parler la langue de Spinoza, est présupposée par l'*idea ideae*. Si, en apparence, la réflexion a une action sur nos états passifs, cette opposition même de la réflexion et des choses a sa source dans notre nature fondamentale. Il est vrai aussi que l'individu réel est une notion où il entre du contingent, et pour cela l'unité de conscience, unité concrète du multiple, peut servir de type à la notion vivante. Mais, en réalité, la notion de l'union de l'un et du multiple est antérieure à la conscience; la conscience n'en est qu'un exemple, et pour désigner ces unités du multiple, Leibnitz se servait du terme plus général « d'expression; » et il affirmait que le monde était composé non point de consciences, mais d'expressions. Si l'on objecte à cette assimilation de l'individu à la notion le caractère de l'individu unité d'un multiple hétérogène à cette unité, nous répéterons que cette hétérogénéité n'est qu'apparente, et que le fait de dire : cela est, implique qu'à la limite, cette contingence se résout en unité. L'unité de fin, de vie est l'approximation de la notion géométrique. Dans la région des possibles où est la source de tout ce qui est, — puisque tout ce qui est suppose ce qui doit être, — il n'y a pas de différence entre la *vérité*, la *notion* et l'*individu*. L'être est possible avant d'être et, en tant que possible, il ne se distingue pas d'une vérité, étant en soi au-dessus de l'espace et du temps qui seuls le distinguent des vérités nécessaires. Les choses sont elles-mêmes, comme dit Spinoza, des vérités éternelles.

Si l'on peut dire que l'individu est une notion, ne peut-on dire inversement — sans métaphore — que les idées vivent, agissent; car enfin une pensée, une œuvre agissent quand elles se sont détachées de la pensée de leur auteur. Ce sont, dit-on, les mots lus qui suscitent dans deux cerveaux analogues des idées analogues. Mais enfin ces signes sont par eux-mêmes morts ; mis en contact avec une âme, ils prennent un sens, ils vivent. L'esprit du lecteur est-il donc dans ce rapprochement de la lettre et de l'esprit, seul à agir? Ne faut-il pas qu'il y ait dans les mots quelque vie aussi, et quelque pensée? De quelque façon que se personnifie ou s'incarne ce quelque chose de vivant qui fait l'œuvre, — que cela reste à l'état diffus ou que cela se concentre vraiment dans une réalité fermée ; et en somme cela seul est possible, puisque tout est notion et qui dit notion dit unité, — il reste d'une œuvre un esprit vivifiant qui agit. Il y a une vérité profonde dans cette pensée des stoïciens qu'il n'y a pas d'abstractions. *Omnes virtutes sunt corpora.*

On a essayé, loin de faire de l'universel le type de l'individuel, de faire au contraire de la connaissance de l'individu, la connaissance fondamentale. Mais qui ne voit que le *sujet* comme la *notion* sont également soumis à cette condition d'être indépendants de ma pensée relative ; que par suite la connaissance de tous deux est objet de Raison ? Je reconnais l'existence d'un individu quand je constate un groupe de phénomènes indépendant du groupe de phénomènes qui constitue ma conscience. Etre, c'est donc avant tout être indépendant de ma pensée individuelle, à plus forte raison de toute pensée humaine. La notion de ce qui serait quand tous les êtres passeraient, la notion de l'Absolu, objet de pure Raison, voilà donc ce que présuppose l'affirmation d'une existence quelconque. L'affirmation d'une individualité n'est qu'une application particulière de l'affirmation fondamentale de l'Etre nécessaire. Quand je dis Pierre existe ou même j'existe, cela signifie qu'il y a en moi quelque chose qui participe à la nécessité de l'Etre impliqué dans toute affirmation. Ce qui le montre bien, c'est que j'affirme une individualité, là où je trouve une cohésion de faits, d'où je conclus à une notion, raison de ces faits. Et de cette cohésion, la Raison seule est juge, c'est-à-dire la faculté de l'Eternel.

De ces Essences qui constituent les choses, nous saisissons comme sur le vif l'unité fondamentale et mystérieuse : c'est l'unité de la tendance à être supérieure à la fois à la pensée et à l'étendue, plus proche cependant de la pensée dont la forme s'impose à l'étendue même ; les phénomènes de pensée comme de mouvement peuvent se traduire également en langage de tendance ; quoique irréductibles, la pensée comme l'étendue peuvent être dites être. Mais ces tendances ne sont pas les Essences mêmes. Nous savons quelle est la loi des Essences, à savoir la nécessité, non ce qu'elles sont. La Raison est dans le sens de l'Intelligible, elle ne le connait pas, elle nous en donne la *forme* non le contenu ; l'unité de la tendance, c'est l'unité de la notion, non en elle-même, mais en tant qu'elle se manifeste dans l'espace et le temps. Et cette unité de tendance, quoique elle puisse s'appeler en Dieu l'unité d'une Raison infinie, dépasse et la Raison et la pensée et l'étendue en étant la raison commune.

L'unité de la notion se manifeste aussi par les attributs de la tendance à être : *pensée* et *étendue*. Ces attributs considérés en tant qu'ils s'expriment, ou considérés en eux-mêmes expriment l'unité à la fois nécessaire et incompréhensible de l'Etre qu'ils traduisent.

Le *Nombre* antérieur à l'étendue, encore purement idéal, est dans l'ordre de l'étendue la première expression de l'Etre, puis la *définition géométrique*, puis le *mouvement*. La *définition géométrique* est comme la définition numérique, l'image de la *Res aeterna* en elle-même inaccessible. Le *mouvement* est d'abord un admirable exemple de l'analogie du mobile et de l'immobile, du temporel et de l'éternel, la preuve de la relation profonde qui les unit, car le mouvement se traduit par des lignes ; les notions mathématiques éternelles peuvent schématiser le mouvement, et non seulement sous leur forme concrète, sous la forme de la géométrie, mais sous la forme arithmétique ou algébrique, puisque celles-ci peuvent traduire la géométrie. D'autre part, avec le calcul de l'infini, les mathématiques ont trouvé le moyen de concilier le mobile et l'immobile dans l'idée de limite, image de la tendance infinie à être. Ainsi nous apparaît de façon visible la conciliation du nécessaire et du devenir que l'Eléatisme croyait contradictoires. L'unité nécessaire de la notion et en même temps son infinité, ce qu'il y a en elle qui dépasse toute conception, trouve ainsi son expression visible dans les mathématiques. Nous saisissons directement dans ces trois formes également susceptibles de démonstration du *Nombre*, de l'*étendue* et du *mouvement*, le rapport du fini à l'infini, l'expression de l'un par l'autre et leur conciliation à la limite.

De plus, le mouvement, comme dit Kant, schématise la causalité, c'est-à-dire les raisons d'être qui se déterminent l'une l'autre. La loi de causalité telle que la dégage la science et que l'exprime le mécanisme est, en effet, l'expression d'une loi plus haute. C'est la loi qu'impose au devenir la forme de l'intelligibilité : l'unité des mouvements exprime l'unité des raisons d'être. Le schématisme de Kant est, en réalité, une déduction de l'Intelligible purement intelligible au donné qui en reçoit la forme. La causalité mécanique exprime ainsi le rapport nécessaire des notions. Nous saisissons donc jusque dans l'ordre du mouvement et de l'étendue, l'image de l'ordre des Idées. L'Idée est ainsi toujours type de réalité; quoique le type de la réalité nous apparaisse plus visible dans les mathématiques, et que nous ne connaissions pas les Idées. Le rationnel, l'invisible est type du visible. L'unité du mécanisme nous ramène donc à l'unité de l'Idée et s'y rattache comme à son principe.

Non seulement l'Idée mais le phénomène psychologique est logiquement antérieur au phénomène physique. Le mouvement implique le temps, et la succession des moments dans le temps n'est pas en elle-même extensive. Le mental, le spirituel dans toute son étendue est donc antérieur au mécanique. Mais, d'autre part, le temps, par ses moments successifs, exprime la succession des mouvements. Il est la condition du mouvement, comme le mouvement schème du temps. Comme le mouvement, le temps, par la permanence qu'il suppose dans la succession de ses moments, exprime l'unité intelligible et nécessaire, et en lui, comme dans le mouvement, nous saisissons l'union de l'infini et du nécessaire que rapproche la notion de limite. Nous voyons par là jusqu'à quel point il est vrai de dire que le physique même est l'expression de l'intellectuel. Mais cependant l'un et l'autre s'unissent en une Notion, parente à coup sûr de la Raison, mais qui dépasse et la pensée et l'étendue.

L'unité de la pensée exprime, comme l'unité de l'étendue et du mécanisme, l'unité de la notion qui les dépasse. Il y a une notion supérieure à la fois à la Raison et à la conscience, qu'on pourrait appeler le *spirituel*, ou, comme disaient les anciens métaphysiciens, la *Pensée*, enveloppant la Raison et la conscience; la conscience elle-même se résolvant en spirituel. La conscience, en effet, n'est pas un genre irréductible, mais les métaphysiciens avaient bien raison de dire plutôt nature pensante ou spirituelle. La conscience qu'un être pensant a de lui-même n'empêche pas sa pensée de se développer; et inversement la perte de ma conscience ne supprime pas la notion de ce que je suis en tant qu'être spirituel. Donc, au terme conscience, il faut substituer un terme plus général; la conscience est un accident de la pensée (1). Il est bien vrai que l'es-

---

(1) Il nous semble qu'un système intellectualiste doit être amené à reconnaître, tout à la fois, que la Pensée et dans la Pensée l'Entendement est dans le sens de l'Etre, et aussi que l'Etre dépasse nécessairement l'un et l'autre; et cela, non pas par un vague besoin de mystère, mais parce que la Pensée étant irréductible à l'Etendue, et, dans la Pensée même, l'Entendement à la sensibilité, il faut que l'Etre soit au-dessus de la Pensée et de l'Etendue : cela est *nécessaire*. Mais le *parallélisme* de l'étendue et de la pensée ne saurait être entendu en ce sens que l'Etre soit considéré, dans un tel système, comme *complètement indifférent* à l'Etendue ou à la Pensée et également exprimés par eux. Le spinozisme, au premier abord, semble admettre que l'Etre peut se traduire indifféremment en langage de *pensée* ou d'*étendue*. Si cela était, nous penserions que le spinozisme est en défaut sur ce point; mais cela est-il? Il

sentiel de cette pensée est l'entendement, et que Dieu peut être dit entendement infini. Mais cet entendement n'est pas la *cogitatio* elle-même qui le dépasse, quoique dans le sens de l'entendement. Nous avons le témoignage de l'unité de cet attribut commun à tous les phénomènes spirituels, dans ce fait que tous les phénomènes psychologiques peuvent indifféremment se traduire en langage de désir, c'est-à-dire de sensibilité obscure, et d'entendement. Le plaisir, le désir accompagnent également les sensations et les pensées les plus hautes. Toute pensée si compliquée et si abstraite qu'elle soit, peut s'exprimer en langage de force : « Tam quatenus adaequatas quam quatenus inadaequatas ideas habemus in nostro esse perseverare conamur. » D'autre part, comme le disaient Descartes et tous les grands métaphysiciens, comme M. Wundt et même M. Spencer le disent encore, les sensations représentatives ou affectives peuvent se traduire en langage de raisonnements, toutes traductions également légitimes et pratiquement utiles (il peut être bon pour la suppression des passions de les considérer comme des pensées obscures que la réflexion éclaire) que la métaphysique a pour tâche de hiérarchiser. Il y a donc une notion de la pensée supérieure à l'entendement et à la sensibilité que Spinoza appelle *cogitatio* et distingue profondément de l'*intellectus*; notion qui est bien objet d'entendement, mais supérieure à la fois à la sensibilité, et à l'entendement, étant communes aux deux. L'unité de l'être enveloppant la pensée et l'étendue est donc figurée par cette unité de la pensée enveloppant la Raison et la conscience ; les phénomènes de la sensibilité et les actes de la Raison et de la volonté.

faut juger le système d'un philosophe d'après le système lui-même, non d'après l'opinion de son auteur sur son propre système. Or, la *substantia* du premier livre de l'*Ethique* devient, au cinquième, l'*amor intellectualis infinitus*; et quoique cette épithète indique bien toujours que l'Etre dépasse cet amour, il semble bien que la pensée soit, dès lors, plus dans le sens de l'Etre que l'Etendue.

Nous trouvons donc jusque dans le sensible, quoique à la limite nous ne puissions l'atteindre et qu'il faille laisser les individus se perdre dans l'infini commme disait Platon, des traces de l'universelle nécessité. L'être de tout être et de toute chose est par cela même l'Etre même de Dieu. Car dire d'un être qu'il est, c'est dire qu'il doit être; et Dieu étant la source de cette nécessité il s'ensuit que l'Etre de toute chose est Dieu même. *In Deo movemur*... Et comme Dieu même, par suite, tout être en soi est objet d'entendement; c'est-à-dire Notion, Idée, parent de l'entendement, mais supérieur à cet entendement qui ne peut appliquer la forme de la nécessité et de l'intelligibilité qu'à des abstraits, et laisse la réalité hors de ses prises.

VI

Mais comment le relatif a-t-il pu dériver de l'absolu, de l'éternel? A supposer que l'on puisse expliquer l'infinité des êtres conçus en tant qu'éternels, en tant que *modi aeterni;* comment est dérivée de l'Infini cette série indéfinie de phénomènes qui se passent dans le temps? Quand même en soi les rapports des phénomènes se ramèneraient (et du moment qu'on attribue une ombre d'existence à ces phénomènes, on l'admet), à un rapport de notions; quand même notre connaissance sensible serait illusion, toujours est-il que cette illusion existe. Comment donc de l'absolu le relatif peut-il sortir? Par l'effet de l'infinie fécondité elle-même de l'Etre qu'aucune notion n'épuise. Et dans la Raison profonde des choses est cachée la cause nécessaire de cette illusion même.

Mais si le relatif s'explique n'étant qu'un moindre être, l'erreur peut-elle s'expliquer qui est une dépravation de l'être? Dans un système assimilant l'univers à une déduction nécessaire, comment la notion de l'erreur est-elle possible? L'affirmation de tout homme est ce qu'elle peut être, et légitime par cela même.

C'est qu'en effet il en est ainsi. L'homme en tant qu'il

affirme ne se trompe pas. Son affirmation est ce qu'elle doit être ; et rapportée à Dieu, elle est vraie étant explicable. L'erreur n'est donc rien de positif. Dans l'ordre éternel des choses tout est vrai. L'erreur résulte de la comparaison que notre esprit établit entre une connaissance et une autre ; entre une connaissance purement individuelle, et une connaissance rationnelle conçue *sub specie aeternitatis*. Dans les choses prises en elles-mêmes, indépendamment de notre esprit, elle n'est pas. Dire qu'une pierre est blanche, c'est en affirmer une qualité positive : mais si nous disons qu'elle n'est pas un arbre ; n'être pas un arbre n'est pas une qualité de la pierre, ce n'est rien qui appartienne à l'essence de la pierre ; mais cela résulte d'une vue de l'esprit qui compare les deux choses. La privation de connaissance n'est donc rien de positif qui entre dans la connaissance erronée (1).

Quant à cette conscience prétendue de la liberté que l'on prétend opposer à l'ordre éternel, elle résulte seulement de l'ignorance des causes de nos actes dont la chaîne indéfinie dépasse notre conscience, et il est presque naïf d'opposer ce misérable témoignage de la conscience qui ne manque ni au fou, ni à l'enfant, ni à l'homme qui rêve, à cette nécessité, condition de toute certitude. Cela est même impie en un sens, d'un orgueil sacrilège, et il ne faut pas songer à tout ce qui est contenu d'infini dans ce mot Etre, pour oser attribuer l'Etre à notre pauvre individualité. Au reste, il est vrai de dire — puisque nous ne connaissons pas tous les anneaux de la nécessité, puisque nous la *croyons* réelle, sans la *voir*, de même que le mathématicien est convaincu, ainsi que dit Leibnitz, qu'une courbe tracée, si irrégulière qu'elle soit, a sa formule — il est vrai de dire que nous sommes obligés de considérer les choses dans la pratique comme contingentes, et de traiter l'homme comme s'il était libre et source immédiate de ses actes.

---

(1) Voy. Spinoza, *Ethique*, prop. XXXV, p. II.

VII

Ainsi rien ne trouble l'ordre éternel des choses. Or, la reconnaissance de cet ordre éternel est la condition nécessaire de la morale.

On ne peut fonder, comme voudrait Kant, la moralité sur un ordre idéal qui n'aurait de sens que par rapport à l'action et transformer la moralité en un besoin rationnel. La morale ne peut se fonder que sur une métaphysique théorique. On ne peut établir un ordre inverse à celui que suppose l'utilitarisme qu'en vertu de vérités *absolument* nécessaires, indépendamment de tout désir pratique. Si ces idées ne sont nécessaires qu'en tant qu'elles s'imposent au désir, ne peut-on toujours dire que ce sont besoins humains? Cette nécessité de l'application de la Raison à la sensibilité n'est vraiment nécessité que si elle se fonde sur un ordre nécessaire, indépendant de notre sensibilité. La moralité n'est possible que si l'on admet qu'il y a une Raison, dit Kant. Mais il faut que cette Raison soit posée comme absolument première; non point seulement comme législatrice mais comme créatrice. La moralité suppose la réalité de la hiérarchie idéale posée par l'esprit, ou elle cesse d'être absolue. Du moment que cet ordre idéal est établi comme réel et qu'on en a fait dépendre la réalité, la moralité est fondée. Spinoza intitulait donc avec profondeur *Ethique*, un ouvrage de philosophie dont la morale proprement dite n'occupe pas la moitié. C'est que du moment qu'un ordre éternel est posé, l'action morale est justifiée par là. Il y a moralité si l'on admet l'identité de l'Intelligible et du réel, l'argument ontologique. La vraie morale, c'est la métaphysique.

Et Kant lui-même n'est-il pas obligé de reconnaître la nécessité d'admettre la spontanéité absolue de la Raison, sans autre détermination, pour fonder la morale (1)?

---

(1) Voy. Kant, *Fondements de la métaphysique des mœurs*, 3ᵉ partie.

Comment se tire-t-il du cercle vicieux qui consiste à justifier la liberté par le devoir, et le devoir par la liberté? D'une part, nous ne connaissons la liberté que par le devoir, pratiquement; la conscience de la nécessité de la Raison — nécessité qui n'est pas créatrice, mais purement législatrice et pratique — n'est autre que celle du devoir et de la liberté en tant que pratique. Mais, d'autre part, la liberté devrait fonder le devoir, car autrement ne peut-on dire que nous admettons la liberté pour les besoins de la moralité? Kant, lorsqu'il n'a pas recours à l'incompréhensibilité des facultés dernières, — simple aveu d'impuissance, — se tire du cercle vicieux en disant que le monde intelligible est le « fondement du monde sensible. » Il tend donc lui-même à reconnaître la Raison comme première sans autre détermination, la « spontanéité absolue de la Raison (1). » Kant craignait seulement d'affirmer spéculativement la réalité de l'Intelligible, sachant que l'Intelligible était aussi le nécessaire. Pourquoi cette crainte? La moralité a sa place dans la philosophie géométrique, quoique transposée, et s'il y a dans cette moralité encore du mystère, si l'on ne peut connaître les moyens par lesquels l'universelle nécessité amène un homme à l'intelligence de cette Nécessité même, les mystères ne sont-ils pas plus inexplicables dans une doctrine admettant comme perdues dans l'ordre universel des unités libres contredisant capricieusement cet ordre? Au reste, puisque nous ne connaissons pas tous les anneaux de cette Nécessité et qu'il faut, par suite, considérer pratiquement toutes les choses comme contingentes, il peut être nécessaire aussi, nous l'avons dit, de maintenir pratiquement les distinctions morales courantes et de traiter dans la vie l'homme comme s'il était libre et soumis au devoir.

L'homme moral est celui qui se conforme à l'ordre

---

(1) Nous verrons, plus loin, l'interprétation vraie, selon nous, de ce texte.

éternel, et il s'y conforme s'il le connaît. Le véritable honnête homme est le sage, celui qui sait l'ordre réel des choses. Il n'est pas désintéressé, en ce sens qu'il ne peut, comme tout être, que tendre à persévérer dans son être, et seulement poursuivre son plaisir, — qui n'est que la conscience même de cette tendance. Dire qu'un homme peut cesser de poursuivre son plaisir, ce serait dire qu'il cesse d'être lui; que la définition d'une chose pose une autre chose qu'elle-même. Mais il connaît aussi, s'il est raisonnable, son union avec la nature toute entière et avec Dieu même, principe de la nature; et en tant qu'il est raisonnable, il obéit nécessairement à la Raison, et ne voit d'utile que ce qui sert au développement de cette Raison même; il tend infailliblement à cette union avec le Tout, du moment qu'il est raisonnable. Sa joie est donc celle qui résulte nécessairement de son union avec l'ordre universel : c'est une joie intellectuelle, la joie de la contemplation, la sérénité parfaite qui s'achève par la conscience de son union avec le Premier Principe. De cette sérénité intellectuelle résulte dans la vie pratique le dédain et l'affaiblissement des passions, le désir aussi d'élever à cette connaissance les êtres dépendant comme nous de l'universelle nécessité, et dont la joie multiplie notre joie.

Tel est le sage. L'honnête homme, au sens courant du mot, est celui qui, sans connaître la déduction universelle telle qu'elle s'achève en Dieu, saisit cette déduction à un moment déterminé de la série des choses et comprend la nécessité partielle de son union avec les autres hommes et la nature; celui qui comprend son intérêt bien entendu. Mais déjà celui-là a un sens quoique imparfait de l'Eternel; car connaître quoi que ce soit, Dieu étant la Raison éminente de l'Intelligible, c'est connaître Dieu. De plus ne peut-on admettre qu'il est des hommes qui ont comme un sentiment confus de Dieu, qui sous une forme corporelle ou d'imagination se représentent Dieu? car on comprend que Dieu étant l'Etre de tout, puisse être saisi sous une forme déterminée (1). Ce n'est pas là encore la sagesse, mais il ne faut pas traiter l'honnête homme avec le dédain de Platon, qui lui assigne après la mort, comme séjour, le corps d'animaux diligents. L'honnêteté courante est l'imitation lointaine encore intéressante de la sagesse, de la béatitude.

Quant au péché, il n'est rien de plus que l'erreur ou l'ignorance. Celui qui fait mal se trompe sur la vérité des choses, ou il l'ignore, ou il manque du sentiment confus du divin qui n'est pas donné à tous. L'homme veut toujours son bien qui n'est autre que son intérêt (2); s'il fait le mal, c'est qu'il se trompe sur le véritable bien, ou qu'il l'ignore, ou qu'il l'entrevoit seulement. Ceux qui disent qu'ils voient le bien et ne le font pas ne le voient pas réellement et tel qu'il est dans sa vérité. Le plaisir même qu'ils prennent au mal est un désaveu de leurs paroles. La vérité doit entraîner l'esprit, et c'est un sacrilège de douter de sa puissance. Le péché est donc l'erreur; et il n'entre dans l'erreur rien de positif.

Cependant l'orgueil du stoïcien ne nous est pas permis, et il ne faut pas nous étonner que notre sagesse puisse être emportée par l'infini des choses. Tout d'abord l'honnêteté courante est bien fragile; la connaissance de ce qui est utile et nuisible qui la constitue toute entière est incertaine puisqu'elle s'applique à des faits dont nous ne pouvons achever de comprendre la série indéfinie et dont les rapports avec une existence limitée, partie infiniment petite de la nature, peuvent nous échapper. Dès lors il n'est pas étonnant qu'une connaissance qui ne peut être absolument claire ne puisse toujours nous entraîner, que la prévision d'un mal futur cède aux sentiments d'un bien présent (3). Même on peut comprendre qu'une connaissance absolument claire et le sentiment

---

(1) Voy. le *Tract. theol. pol.* sur la foi. Cf. notre thèse latine.
(2) Voy., plus haut, p. 98.
(3) Voy. *Ethique*, p. IV.

qui y correspond, que l'amour de Dieu, par exemple, ne détermine pas nécessairement nos actes, car la puissance d'une idée sur nous-même se mesure non à sa valeur en soi mais à sa force en tant que sentiment, et la force de nos passions n'est pas déterminée uniquement par notre nature, mais par la comparaison de notre nature avec celle des autres choses. La sagesse ne peut donc être qu'un idéal, et la vérité peut n'avoir pas sur l'âme humaine la toute-puissance qu'elle mériterait d'avoir, puisque nous sommes des forces comparables aux autres forces de la nature et que celles-ci peuvent surmonter. Nous sommes raisonnables, il est vrai, mais nous sommes aussi sensibles, et l'union que nous sommes d'une raison avec une sensibilité, par laquelle nous sommes liés à un ordre naturel incompréhensible, fait que nous ne pouvons savoir si notre réalité complexe est destinée à toujours demeurer dans le sens de la Raison. La Raison en nous-même n'est pas cette Pensée infinie qui explique et les êtres raisonnables et la nature, également dépendants du décret incompréhensible de Dieu. Elle est une vue limitée et qui se reconnaît nécessairement telle et que l'infinité de la nature peut écraser. Mais cependant cette impuissance de la vérité vient de notre imperfection, et le seul moyen de la diminuer est de tendre de plus en plus à la connaissance claire à laquelle nous associons par cela même notre vie et notre joie. Nous sommes ainsi dans le même rapport avec le Bien qu'avec l'Etre : deux termes en somme identiques. Nous n'atteignons pas l'Etre en soi, et nous admettons par la même nécessité et que l'Etre est l'intelligible, et que l'Intelligible dépasse l'Intelligible que nous connaissons.

L'Intelligible en soi, si nous l'atteignions, nous communiquerait sa toute-puissance; notre Raison imparfaite n'est pas assurée de vaincre les passions parce qu'elle n'atteint pas l'Etre en soi. Le monde n'est pas fait uniquement pour elle, et le monde la dépasse. Pour employer le langage théologique de Leibnitz, Dieu a dû avoir égard dans la création aux intérêts de l'univers comme à ceux de l'homme, et il se peut que l'intérêt de l'univers tout entier exige l'engloutissement dans l'universelle nécessité de la faible lueur de ma Raison (1). L'homme est faible et la perfection est difficile. Mais cependant le véritable sage tend nécessairement au sacrifice, même s'il ne l'accomplit pas toujours « comme la pierre tend à descendre, même si un obstacle l'arrête » (Leibnitz).

Ainsi, nous avons construit un système analogue à celui de Spinoza, en essayant de lui donner le caractère le plus rationnel et en même temps le plus conforme au système où nous nous acheminons. L'intellectualisme bien entendu nous semble devoir être ainsi déterminé pour s'adapter à la réalité, pour devenir concret, ce qui semble impossible à ceux qui le conçoivent plus d'après Platon, qui cependant échappe au Nécessitarisme, que d'après Spinoza. A vrai dire, c'est à peine si nous avons altéré le système de Spinoza lui-même ; à coup sûr, nous n'avons pas dépassé le principe même du géométrisme. Or, nous avons pu voir, — et nous allons le dégager de notre exposé, — dans le spinozisme ou le géométrisme, des germes d'un système de l'immanence et de la liberté.

VIII

D'abord, que signifient ces termes : un monde d'Idées ? L'Idée, c'est l'*aeternum quid* de toute chose, comme la notion du triangle l'est des triangles sensibles ; c'est la formule vraie de la réalité donnée, cette réalité même « ajustée au niveau de la Raison. » Y a-t-il, à proprement parler, un ordre d'objets transcendants distincts des réalités sensibles ? Il est vrai de dire que l'Etre est transcendant en ce sens qu'il ne se développe pas seu-

---

(1) La morale de Spinoza est éminemment *positive*, tenant un compte exact de la faiblesse et de la puissance de l'homme.

lement par les choses, mais qu'il se prolonge, pour ainsi dire, dans un au delà impénétrable, Raison profonde de l'Etre même et du devenir. Mais peut-on dire, à proprement parler, qu'il soit distinct des choses, et, comme un objet indépendant, éternel? Peut-on dépasser le mode d'intuitions sensibles pour affirmer un autre mode d'existence? Si l'on peut affirmer ce mode d'existence, nous ne savons quel il est. Et, dans un système même géométrique, étant donnée l'ignorance des raisons profondes et transcendantes de l'union de l'éternel et du devenir, de ce que Platon appelait la cause du mélange du πέρας et de l'ἄπειρον, c'est non la Notion éternelle, la définition géométrique qui peut servir de type de la Réalité, mais bien l'union concrète de l'éternel et du donné. La notion est type de certitude, non de réalité. Aussi, dès qu'il s'agit de dépasser la réalité donnée pour affirmer la persistance de l'âme sous une forme nouvelle d'intuitions, et autrement que comme une participation impossible à déterminer, — personnelle ou impersonnelle, — aux éternelles vérités, les métaphysiciens sont-ils obscurs et indécis, ou, comme Platon, se servent de mythes.

De plus, nous avons vu que ce système d'absolue nécessité n'implique nullement que nous apercevions cette nécessité. Nous affirmons la Nécessité par le seul fait que nous distinguons ce qui est et ce qui apparaît; nous pouvons même dire que le principe de cette nécessité est dans le sens de la Raison et non pas absolument indéterminé, comme semble le dire Spinoza lui-même. Mais, cependant, nous ne voyons pas cette nécessité. Nous ne pouvons exprimer cette nécessité ni en termes de matière, ni en termes de pensée irréductibles les uns aux autres; s'il y a une raison dans les choses, elle est impénétrable. L'incompréhensible est donc très raisonnablement tenu pour le principe même des choses, dans un rationalisme bien entendu.

Il résulte de ce caractère de l'Etre que la tendance à persévérer dans l'être qui enveloppe à la fois la Raison, la sensibilité et la vie même du corps, peut symboliser l'essence des choses mieux que la Raison toute seule. *Tam quatenus adaequatas quam quatenus inadaequatas ideas habemus...* Le désir, la joie et la douleur ne tendent-ils pas à nous apparaître dès lors comme l'essentiel même des êtres? Le spinozisme pourrait être ainsi interprété dans un sens *volontariste*, comme une sorte de théorie du *monisme du sentiment et de la volonté*. Il serait ainsi vraiment le prolongement du naturalisme, et quoique un tel système ait bien des dangers, comme nous verrons plus loin, et risque de nous montrer la Raison humaine comme un accident dans l'Infini des choses, cependant le mystère tenu pour éminemment rationnel, la tendance d'un tel système au volontarisme, la place que par suite le sentiment proprement dit pourrait tenir dans une philosophie semblable, nous l'avons vu chez Spencer, tout cela est un acheminement à une doctrine de la vie, empreinte d'un autre mystère.

Ce système est-il proprement destructif de la finalité? La finalité intérieure, c'est-à-dire la notion posée avant les parties, l'idée directrice, Spinoza l'admet comme Aristote, sauf qu'il lie les phénomènes au principe par le lien de principe à conséquence. L'idée n'est pas pour lui comme une « image sur un tableau, » mais quelque chose de vivant, l'être même des choses. Dieu ne se propose pas, à vrai dire, de but en dehors de lui-même ; mais c'est qu'étant la source même des choses, il ne se les propose pas comme fins, mais il les produit comme effets. Aristote ne dit-il pas, lui aussi : La nature n'a pas de choix à faire ; pour employer l'expression de M. Ravaisson, sa forme, c'est elle-même dans sa réalité concrète. Dieu est, dans un tel système, non au-dessous, mais au-dessus de l'intention consciente, étant comme une Raison encore qu'incompréhensible, qui produirait elle-même ses objets par une nécessité intérieure.

Dès lors, une telle doctrine ne supprime pas, en un sens, l'individualité ni la liberté. D'abord, la dépendance des natures par rapport à Dieu est un ordre de dépendance idéale qui n'est pas une contrainte. Les êtres sont des conséquences, il est vrai ; mais les conséquences sont coéternelles au principe, et il n'est pas peut-être de comparaison plus inexacte que celle par laquelle Spinoza, d'après saint Paul, caractérisait son propre système : l'homme est entre les mains de Dieu comme l'argile entre les mains du potier ; car l'argile est extérieur au potier et comme un objet entre ses mains, au lieu que, par rapport à Dieu, les *modi* sont comme des conséquences subordonnées idéalement à Dieu, mais participant de la même existence et coéternelles à Dieu. Etre en soi, comme disait Leibnitz, n'entraîne pas nécessairement être conçu par soi. Ce n'est pas sans raison que Pascal assimilait les définitions géométriques aux connaissances que donne le cœur ; elles sont en effet premières et elles restent premières et spontanées en quelque sorte quand elles seraient dépendantes idéalement. En elles-mêmes, dans une telle doctrine, les choses ne sont pas des phénomènes, des séries indéfinies de mouvement, mais des *modi aeterni*. Et ces *modi aeterni* ne se confondent pas plus en Dieu que la conséquence avec le principe. Il n'y a pas un Etre et des apparences, mais un Etre universel. Comment l'Etre se développerait-il par des apparences qui ne seraient pas aussi des Etres ? Cela supprimerait toute continuité, partant toute nécessité. Peut-être sommes-nous seulement des *species infimae*, mais nous sommes. Dans Spinoza, l'âme se développe par sa propre vertu, *definitio ponit rem non autem tollit*, et si elle est détruite par des causes mécaniques, ces causes mécaniques ayant pour source des *modi aeterni*, en réalité tout suit nécessairement de la nature des choses dans leur rapport idéal avec les autres natures, au sein de l'Etre universel.

On comprend, dès lors, le sens profond de cette parole de Spinoza : Nous n'avons pas à nous plaindre à Dieu de ce que nous sommes, pas plus que le cercle n'a à se plaindre de sa nature. La nécessité de Dieu est la nôtre, mais non pas comme s'il nous soumettait à une nécessité étrangère. Dans l'ordre éternel, nous faisons partie, non pas au même degré, mais au même titre que Dieu, de Dieu même. « L'âme trouve en elle-même, et dans sa nature idéale antérieure à l'existence, comme disait Leibnitz, les raisons de ses déterminations réglées sur tout ce qui l'environne. Par là, elle était déterminée de toute éternité, dans son état de pure possibilité à agir librement, comme elle fera dans le temps lorsqu'elle parviendra à l'existence. » Dieu est cause de l'essence des choses comme de leur existence, mais en ce sens qu'il est la raison idéale de cette essence. Il ne rend point, comme disait encore Leibnitz, impossible ce qui était possible en soi, ni nécessaire ce qui était contingent, ou pour transformer cela en langage spinoziste, ce qui était par nature fini. Il ne change pas la nature des objets. « Quod vero ais me homines a Deo tam dependentes faciendo, ideo elementis, herbis et lapidibus similes reddere, id sufficienter ostendit te meam opinionem perversissime intelligere et res quae intellectum spectant cum imaginatione confundere. Si enim puro intellectu percepisses quid sit a Deo dependere, certe non cogitares res quatenus a Deo dependent mortuas, corporeas, et imperfectas esse. Quis unquam de ente summè perfecto tam viliter ausus est loqui (1)? » Déjà donc le géométrisme nous sauve de la nécessité proprement dite : la nécessité mécanique. Ce n'est pas dans la différence que mettrait Spinoza entre la nature de Dieu et la nôtre que gît l'erreur du Spinozisme, s'il y en a une, mais bien dans la conception en un sens unique qu'il se forme et de nous-mêmes et de Dieu. Nous subissons le sort de Dieu ; libres s'il l'est, nécessités s'il l'est. Nous ne sommes libres que par la liberté divine, comme disait Duns Scot. Il faut délivrer de la nécessité géométrique Dieu aussi bien que nous-mêmes.

Mais non seulement c'est une même nécessité qui

(1) Lettres de Spinoza, l. XXXIV, p. 246, éd. Bruder, vol. II.

s'applique à nous-même et à Dieu ; on peut se demander encore si cette nécessité peut être dite à proprement parler géométrique. On oublie trop dans les critiques que l'on adresse à Spinoza et au spinozisme que la forme seule de l'Etre est le géométrisme, et l'on attribue aux choses avec la forme de la nécessité l'imperfection des choses que nous connaissons comme nécessitées. Mais la nécessité des choses n'empêche pas qu'elles soient telles ou telles. Dieu n'est donc pas nécessairement une définition morte sans pensée, mais étant « un objet immédiat interne » parent de la Raison, parent de l'acte par lequel nous le posons, et de cet acte dans sa plénitude, il est le prolongement à l'infini de la joie que nous ressentons à penser raisonnablement, de l'*amor intellectualis* et il peut être appelé un amour intellectuel infini, dont nous sommes comme les parcelles. De plus, l'amour par lequel Dieu aime les hommes est le même que celui par lequel nous aimons Dieu. Toutes choses étant pénétrées de Dieu ne sont-elles pas dès lors des parties de cet amour (1)? Notre nature à nous-mêmes change ainsi avec celle même de Dieu. Nous sommes en tant que raisonnables des parents de Dieu et la connaissance que nous en avons est joie, amour. Est-ce là un simple rapport de notions? Dieu, amour intellectuel infini, détermine nécessairement des âmes raisonnables et jouissant de la Raison.

Même Dieu peut-il être dit cause nécessaire ? Il est commencement absolu, *causa sui*, ce au delà de quoi on ne peut remonter ; il est libre en ce sens seulement, il est vrai, que la nécessité de sa nature n'est pas empruntée. Mais cette nécessité est première, elle s'est faite en quelque sorte. A ce point ne rejoint-elle pas la Liberté? Et si, comme nous avons fait voir plus haut, nous sommes coéternels à Dieu, et si nous sommes libres et nécessités selon qu'il est lui-même nécessité ou

---

(1) Voy. la cinquième partie de l'*Ethique*.

libre, ne s'ensuit-il pas que la source de notre être peut à peine s'appeler nécessité?

Le géométrisme bien entendu coïncide donc presque à la limite avec un système de radicale liberté et nous entrevoyons déjà cette vérité que nous établirons plus tard plus complètement, que seule la Liberté remplit les conditions qu'exige pour se compléter la Nécessité même.

Si tel est le géométrisme, la morale qui y correspond n'est pas précisément celle que l'on entend d'ordinaire.

D'abord un tel système, de même qu'au point de vue spéculatif, il n'assimile pas nécessairement l'intelligible à l'intelligible que nous connaissons, n'attribue pas non plus à la Raison la toute-puissance que lui attribuaient les anciens. Spinoza est beaucoup plus positif dans sa morale que les stoïciens. Il sait que la Raison, même dans un homme raisonnable, n'est pas tout l'être de l'homme; qu'il y a une tendance à être enveloppant la Raison et la sensibilité, puissance confuse qui dépasse la Raison et peut la dominer; par laquelle l'âme est en rapport avec toutes les forces de la nature qui la dépassent infiniment (1).

Dans un tel système, le sentiment moral peut avoir sa place et même la place prépondérante. *Falsitas non tollitur praesentia veri quatenus verum*, dit déjà Spinoza; il faut opposer au sentiment un sentiment plus fort. Il y a donc dans les choses une force supérieure à l'intelligence, celle qui s'exprime et par la sensibité et par la Raison. Or, de cette force obscure, le sentiment, connaissance confuse antérieure à l'intelligence claire, n'est-elle pas souvent l'expression supérieure à la Raison? Si l'être est antérieur au connaître et si la joie est le signe de la perfection de l'être, la perfection même en tant que consciente, la joie n'est-

---

(1) Voy., plus haut, p. 99 et suiv.

elle pas en un sens perfection? Et dès lors, la joie conforme à la Raison (car la Raison ne se peut éliminer); la Raison incarnée, vivante, sentie ou la moralité même n'est-elle pas plus proche de l'Etre que la connaissance proprement dite? Etre moral, avoir le sens de l'universel, c'est littéralement vivre la vie divine, car la pensée de Dieu n'est pas comme la connaissance posée en face des objets; elle est les choses elles-mêmes; et le sentiment qui fait les choses nôtres, qui se réalise par sa propre force relie la nature à l'homme, fait cesser l'opposition de l'esprit et des choses et symbolise la création. Si le système de Descartes tendait au Rationalisme par sa doctrine de l'entendement, par sa doctrine de la volonté, qui devient celle de l'Incompréhensible dans Spinoza, il tend à la justification du mystère, et du sentiment impossible à analyser. L'Etre, dans ses profondeurs, dépasse l'intelligence et puisque l'on ne peut nier la Raison comme faculté première et législatrice universelle, le sentiment moral ou la Raison incarnée en est l'expression plus que la connaissance, extérieure et limitée.

La vie contemplative n'est pas ainsi nécessairement non plus la seule vie que glorifie un tel système. Si l'homme reproduit dans sa vie l'ordre même des choses, on ne peut pas plus séparer de la béatitude, de l'*amor intellectualis*, la vie pratique, la vie pour les autres qu'on ne peut séparer de la notion de Dieu les conséquences qui en découlent. Bien agir est une conséquence naturelle de bien penser. Le sage est en même temps et nécessairement honnête homme; cela fait partie de sa sagesse, comme les conséquences de la définition. Nous affirmons bien, nous l'avons vu, un objet Eternel transcendant, en ce sens que la Notion est antérieure à tout ce qui en dérive et en diffère absolument en étant la Raison éminente. Mais nous ne connaissons cet Eternel transcendant que par ses effets et en tant qu'il communique son être à tous les êtres. Le sage qui l'imite tend donc à se répandre et à se donner; il tend aux vertus sociales et humaines par la même nécessité par laquelle Dieu s'est répandu.

Ainsi l'intellectualisme approfondi semble tendre à une sorte de *monisme volontariste*, pénétré de l'idée d'infini et de mystère. Le *O altitudo sapientiae* de saint Paul nous apparaît dès lors selon le mot de Leibnitz comme souverainement raisonnable. La vie, en général, la réalité concrète d'une part, le sentiment moral, la vie morale proprement dite d'autre part qui nous semblaient en contradiction avec le géométrisme et devoir échapper à ses prises, peut ainsi rentrer dans ce système et Spinosa nous a fourni, au moins sur le premier point, l'exemple d'un essai d'intellectualisme concret. Cet essai est même complété dans sa philosophie, nous semble-t-il, par une sorte de symbolisme moral et religieux (1).

IX

Mais cependant nous ne pouvons nous tenir à ce système. L'universelle nécessité ne peut être établie et nous ne pouvons accepter le type de moralité qui y correspond.

D'abord une doctrine de Nécessité absolue admettant l'identité absolue est insoutenable : nous avons vu déjà que les êtres, même dans le spinozisme, ne se confondent pas à proprement parler dans l'Etre. Or une doctrine de Nécessité absolue serait une doctrine de l'Unité absolue comme celle de Parménide, doctrine comme l'a si fortement et si subtilement montré Platon, impossible même à exprimer. Il serait déjà trop, selon un tel système, d'admettre des εἴδη ἀκίνητα ; il faudrait une Unité qui s'affirmât elle-même sans que cette affirmation pût être distinguée de cette unité même. Si dans cette unité on peut distinguer seulement des réalités possibles, si ces notions sont distinctes, nous dépassons la pure nécessité. Dire si telle chose est, elle sera telle ou telle,

---

(1) C'est ce que nous avons essayé d'établir dans notre thèse latine.

c'est déjà dépasser la logique pure. Il entre du multiple jusque dans le monde intelligible, comme disait Platon, et ce multiple est intelligible. La distinction des notions est objet d'entendement, autant que leur unité. A supposer même que ces distinctions se confondent à la limite dans l'Unité, l'homme les comprend; et cela même doit être expliqué; de sorte que, quoi qu'on fasse, il faut faire entrer du multiple dans l'Unité absolue. La nécessité, — du moment qu'elle n'est pas telle pour tous, — n'est plus nécessité.

Non seulement le multiple idéal, la distinction des notions est intelligible; mais aussi le multiple sensible. La raison y découvre quelque nécessité, partant quelque réalité, et quand, par je ne sais quelle méthode de limite, nous arriverions à le réduire à un rapport de notions, cela ne supprimerait pas la connaissance purement sensible que nous en avons; pas plus que la vue du triangle ne disparaît quand nous le connaissons par sa définition. Nous serions toujours obligés de passer de l'illusion à la réalité; et l'illusion devrait avoir elle aussi une explication radicale. Il faut donc faire entrer en Dieu un principe de contingence.

Non seulement il faut que le relatif, mais il faut aussi que l'errreur entre dans la trame des choses. Qu'on attribue l'erreur à notre liberté, qu'on en attribue l'origine à la fois à Dieu et à nous-mêmes, — ce qui nous conduit aux antimomies de la prédestination et de la liberté, difficultés à la fois théologiques et philosophiques — ou à Dieu seul, il faut admettre que l'erreur est un élément réel et qu'ainsi il y a dans les choses un principe de dépravation et d'absurdité. L'erreur ne peut résulter ni du fait sensible, de l'objet, cause d'une impression qui est ce qu'elle est, ni de Dieu considéré du moins comme intelligence parfaite. En d'autres termes, ni l'entendement ni les sens ne peuvent nous tromper. L'erreur, si elle vient de nous, si nous voulons justifier Dieu ne peut s'expliquer que par une disposition dépravée de notre volonté, de nos tendances, lesquelles, comme voulait Descartes, dépassent infiniment l'entendement. Il y a en nous dès lors une véritable source de dérèglement, et c'est au libre arbitre de retenir la volonté dans les limites de l'entendement. L'erreur est une *privatio cognitionis*, nous dit Spinoza, mais à cette connaissance tronquée, nous appliquons nécessairement l'idée d'absolu. Nous élevons à l'infini tous nos états de conscience, quels qu'ils soient, par une sorte de dérèglement naturel. L'erreur ne résulte pas de la privation d'une connaissance du même ordre que la connaissance incomplète que nous possédons ; mais l'homme qui se trompe ou bien est incapable de passer de l'ordre des sens ou de l'imagination, à l'ordre de l'absolu, de voir les choses *sub specie aeternitatis*; ou bien il dépasse nécessairement la connaissance limitée qu'il possède. Le paysan qui voit le soleil grand de quelques pieds élève nécessairement à l'absolu cette connaissance. Là est la dépravation. Ainsi l'erreur suppose en nous, si nous en sommes cause, un pouvoir d'aller ou de ne pas aller à la vérité, c'est-à-dire la liberté morale. L'erreur se ramènerait dans une telle doctrine au péché. Cela ne voudrait pas dire d'ailleurs que l'on pût pratiquement traiter toute erreur comme un péché, et qu'on pût faire voir en toute erreur le résultat d'une dépravation de la volonté. C'est là une explication métaphysique radicale, nécessaire pour expliquer le système des choses, mais qui ne peut se poursuivre dans le détail, ce qui impliquerait la connaissance exacte du monde et de ses lois. Il faut s'en tenir dans la vie aux apparences et à la distinction que, conformément aux apparences, nous faisons de l'errreur et du péché.

Ou bien nous pouvons voir en Dieu la cause de l'erreur, mais Dieu n'est plus alors source seulement de la vérité : l'erreur comme le péché sont son œuvre et ont leur raison profonde. Celui qui ne va pas à la vérité ne s'en éloigne pas par un simple effet de sa nature, comme il est de la nature des trois angles d'un triangle d'être égaux à deux droits. « Si tamen ulterius quaeras, » dit Spinoza, « quid te queat movere ut magis hoc opus quod virtutem nuncupo quam aliud facias, dico me non posse scire quâ viâ ex infinitis Deus utatur ut te ad hoc opus determinet (1). » Mais dès lors celui qui choisit la vérité la choisit par une sorte de grâce inexplicable de Dieu ; et cette nécessité qui fait la perte de l'un, le salut de l'autre, qui refuse à l'un l'intelligence de l'ordre, et le découvre à l'autre ne peut être assimilé à une Nécessité purement géométrique, surtout si l'on songe que dans une telle doctrine l'Etre tend à nous apparaître comme un amour intellectuel infini dont nous sommes les parties (2). La différence entre la doctrine de Descartes et celle de Spinoza sur l'erreur est que le passage des perceptions confuses aux perceptions claires se fait, selon Descartes, par notre volonté ; selon Spinoza par l'impression même de Dieu ; mais il reste un mystère dans les deux cas, un mystère que l'un met en l'homme, ou plutôt à la fois dans l'homme et Dieu, l'autre en Dieu. Dans les deux cas, l'erreur et le péché empêchent de considérer les choses d'un point de vue purement naturel. Il y a des croyances qui n'ont pas droit à l'existence. L'Etre ne peut se concevoir comme un tout quantitavement ou géométriquement déterminable : il y a des choses possibles ou existantes qui ne devraient pas être. Que si l'erreur et le péché sont encore regardés comme nécessaires, une nécessité dont ils font partie n'est plus géométrique ; l'anormal, l'absurde lui sont des moyens, et d'un point de vue naturel que signifient ces termes ?

De plus la moralité que justifie un tel système n'est pas celle que nous prétendons justifier.

Le sage est, selon cette doctrine, celui qui contemple l'ordre éternel et sait la relativité de tout ce qui est humain, de la moralité même : sa vertu essentielle est la sérénité ; et c'est par une naturelle conséquence de cette sérénité qu'il agit honnêtement, étant sans passion, sans amour et sans haine. Mais quoiqu'il agisse pour

(1) Voy. Spinoza, Lettre 36, p. 257, vol. II, édit. Bruder.
(2) Voy., plus haut, la critique de la morale naturaliste, p. 20.

les hommes, étant au milieu des hommes, le dévouement et le sacrifice ne sont pour lui que vertus secondaires. Non seulement pour toute doctrine nécessitaire mais pour toute philosophie objective, considérant l'ordre universel des choses plus que les individus qui y collaborent, la contemplation est la vertu suprême. Ou quand le sage se dévoue, ce n'est pas en vertu de cet intérêt vivant qui nous attache à chaque individu, en tant que capable de joie et de douleur, surtout de résignation et de sacrifice; ce n'est pas par l'effet de cette pitié qui voit en toute âme quelque chose d'intéressant par soi, mais pour des raisons d'ordre universel et spéculatif, pour maintenir son âme en conformité avec l'ordre éternel et par là même en paix. Ce sacrifice même n'est exempt à l'égard de celui qui en est l'objet, par celle obscure et inconsciente de cet ordre que le sage comprend, ni d'orgueil ni de dédain. Le sujet ne peut avoir pour le sage cette incommensurable valeur qu'il possède aux yeux de celui pour qui la joie et la douleur, le sentiment moral proprement dit sont les véritables liens des hommes. Par suite, la pitié, la charité, la « religion de la souffrance humaine » ne peuvent être pour le sage qu'effort de raison. La pitié, le respect même de l'individu peuvent céder aisément à des raisons d'ordre supérieur. « Laissez crier la machine, » dit quelque part Malebranche, à propos de la nécessité du châtiment. C'est là souvent aussi la pensée de l'homme politique pénétré de l'idée d'un ordre idéal qui n'a pas besoin des individus pour se développer, et qui les écrase s'ils ne le suivent pas.

Par suite, il est vrai de dire que, dans un tel système, le sacrifice, la souffrance, ne peuvent avoir cette place qu'elles doivent avoir dans la morale. Le sacrifice, la souffrance, sont comme des scandales dans une doctrine qui n'admet qu'un ordre *naturel*, *normal* des choses. De là l'optimisme de Spinoza. *Bene agere et laetari*, telle est la règle de la morale selon toute philosophie nécessaire et même toute philosophie objective. Or la douleur n'est pas un accident dans l'univers; elle fait, comme l'a admirablement vu Pascal, partie de la trame même des choses. Il faut glorifier, sanctifier, bénir la souffrance, le péché même, condition de la vertu, en arriver à comprendre et à sentir la beauté de la joie conquise par le sacrifice. *O felix culpa, o felix Adamae peccatum !*

Cette joie même qui accompagne l'exercice de la Raison, selon le sage stoïcien ou spinoziste, et qui, achevée par la contemplation de Dieu, s'appelle l'*amor intellectualis*, n'est pas celle où nous voulons unir tous les hommes. Elle n'est qu'un surcroît dans un pareil système, un ἐπιγέννημα de la Raison. Elle n'est pas l'essence même de l'acte rationnel : c'est la Raison claire qui constitue la connaissance. Or, ce que nous voulons justifier, c'est une joie qui soit par elle-même connaissance, la lumière du sentiment. Cette joie ne peut s'expliquer clairement, car elle ne résulte pas de la contemplation de l'ordre nécessaire. Ce n'est pas une joie intellectuelle, aristocratique, réservée à peu d'élus, mais où tous peuvent communier, et qui sort de nos entrailles.

Le sage lui-même, le penseur, n'est pas, selon une telle philosophie, ce qu'il y a de plus élevé dans l'ordre des choses, écrasé qu'il est par cet ordre qui le dépasse. L'union en un même être de pensées confuses et de pensées claires n'est pas intelligible. C'est un donné dont nous ne voyons pas la raison profonde. Ce qui est vraiment intelligible c'est l'absolument absolu, c'est-à-dire l'incompréhensible. La moralité proprement dite qui se compose des lois applicables à l'unité que nous sommes ne peut être que relative. L'*exemplar vitae humanae* que construit Spinoza est purement humain. Si l'*amor intellectualis* ne peut être détruit par rien, c'est en tant qu'on le considère indépendamment du corps : et nous ne le connaissons pas ainsi. Mais lié au corps, il est fragile comme tout le reste. En soi les choses sont ce qu'elles doivent être. Ce qui intéresse le penseur c'est l'ordre éternel, non l'homme qui s'y sacrifie ; et cet ordre même nous échappe. On peut dire sans doute que l'Etre est une Raison incompréhensible selon Spinoza, mais cette Raison universelle incompréhensible c'est pour nous, en somme, absence de Raison. La raison humaine n'est, pour Spinoza, qu'un possible entre des possibles : ces vérités que nous connaissons dérivent de l'essence divine impénétrable. Aussi, si l'on peut admettre que la raison est la plus forte dans le système de Spinoza, il ne faut pas entendre par là le triomphe de la raison humaine, de notre individualité morale, mais bien de la Raison universelle qui diffère de celle qui nous apparaît, comme « le chien, signe céleste du chien animal aboyant. » Notre raison forme en somme, avec notre sensibilité, une unité naturelle comparable aux autres forces de la nature, et rien ne nous prouve que l'intérêt de l'univers et celui de l'homme soit le même.

Dès lors l'idée de cette Raison incompréhensible peut nous conduire à justifier le fait; car, en somme, cette Raison incompréhensible se manifeste par la réalité qui dépasse infiniment nos jugements. L'idée du rationnel s'alliait du moins, dans la philosophie de Spinoza, à celle de l'incompréhensible ; et le Dieu nécessaire est en somme toujours pour lui Raison nécessaire, quoique mystérieuse. Mais de nos jours, à mesure que disparaît le sentiment du rationnel, que l'idée de l'incompréhensible grandit par le sentiment de plus en plus vif de l'infini des choses et par l'affaiblissement de plus en plus marqué du sens métaphysique, le respect du fait accompli, des « lois de la vie » devient de plus en plus superstitieux : de là cette attitude passive en présence de la nature que semble recommander la philosophie naturaliste et que justifie en partie toute philosophie objective. L'idée de l'incompréhensible tend par là dans un tel système à être non seulement, comme c'est son rôle légitime, restrictive et limitative, mais déprimante et d'une efficacité positive. Dieu, dans une telle philosophie, est Puissance encore plus que Raison.

Si même on peut arriver, du point de vue de ces philosophes, à donner une place au sentiment moral, entendu comme le sentiment inconscient de l'ordre universel, ce sentiment est un sentiment passif, brutal en quelque sorte, empreint de cette horreur sacrée, *sacer horror*, qui le caractérisait selon l'antiquité : c'est une poussée irrésistible venue de je ne sais quelle profondeur d'une sagesse mystérieuse et effroyable. Or ce que nous voulons justifier, c'est non pas une Raison incompréhensible qui m'écraserait, mais *ma* raison, *mon* individualité morale.

Ainsi cette philosophie intellectualiste, malgré les germes qu'elle contient d'une philosophie plus vraie, nous sauve du mécanisme physique, mais non d'une nature plus haute. Il faut faire entrer dans les choses le relatif, l'erreur et le péché même. C'est ce qu'ont entrevu en partie d'autres philosophies qui, sans justifier encore l'individualité morale et la mettre hors de pair, ont cependant dépassé le point de vue de l'Absolue Nécessité et fait une place dans l'homme à la moralité, dans la nature à la finalité. De tels systèmes peuvent nous approcher de très près de celui qui peut justifier la moralité, et qui est le vrai.

Cependant il reste quelque chose de l'intellectualisme : il faut maintenir, — et cette conclusion reste intacte et définitivement établie dans tout système métaphysique :

— Que le réel c'est l'intelligible, c'est-à-dire ce qui entre dans un système dialectique posé par la Raison. Mais dialectique ne veut pas dire nécessairement déduction géométrique, et il se peut que l'ordre exigé par la Raison même nous apparaisse comme d'une autre nature ;

— Que la connaissance n'est pas une opération « extérieure et mécanique, » mais implique l'union immédiate avec le Principe de l'Etre, encore que celui-ci nous dépasse en soi ;

— Que la véritable connaissance et qui fonde toutes

les autres est l'affirmation immédiate de l'Etre enveloppée dans toute affirmation ;

— Que rien n'est donc plus sûr que l'Idée, l'Invisible, et que je ne puis être assuré de *mon* existence même en tant qu'*individu* qu'une fois établie l'existence de l'absolu.

Toutes ces conclusions nous les maintenons, et nous les retrouverons plus tard éclaircies à l'aide de Kant, quand nous aurons traversé d'abord la philosophie finaliste et le kantisme.

CHAPITRE III.

LE FINALISME.

I

On ne peut déduire par une nécessité absolue les choses du Premier Principe, ni de l'*aeternum quid* de tels phénomènes, ces phénomènes eux-mêmes : autrement dit, nous croyons nécessairement sans le voir à l'existence de cet *aeternum quid*. Non seulement on ne peut faire cette déduction, ce que l'intellectualisme lui-même admet, mais il est inconcevable que cela soit possible en soi, et l'impossibilité d'une telle déduction est aussi certaine que l'absolu même. On ne peut donc tenir pour le type de l'Etre la notion géométrique, où les conséquences sont homogènes au principe et liées à ce principe par le lien de nécessité absolue. L'unité immanente, incarnée dans les phénomènes, l'unité de *vie* est ainsi plutôt le type de la réalité que l'unité de *notion*. L'unité dans le changement, l'unité du multiple sensible est substituée à l'unité absolue ou à l'unité d'une multiplicité idéale. De cette unité du multiple, l'unité de conscience est un exemple, et un exemple que nous connaissons directement ; l'unité de conscience, c'est-à-dire l'unité de la tendance à être, que la conscience saisit. L'Unité fondamentale de l'univers que la pensée suppose, comme nous avons vu, n'est donc pas une unité de notion, une unité nécessaire, mais une unité de vie.

Dieu cesse d'être ainsi l'Unité de substance nécessaire pour devenir l'unité d'Harmonie. Et dès lors, *les lois de convenance* dans la nature qui, appliquées à l'homme sont les lois morales, sont superposées aux vérités logiques, métaphysiques, relatives aux essences incomplètes, ou tout au moins juxtaposées aux lois de ces essences, comme elles semblent l'être pour Leibnitz. Nous admettons bien toujours avec l'intellectualisme, ou plutôt le géométrisme, que les conditions d'intelligibilité sont celles même de la réalité, mais ces conditions exigent elles-mêmes, puisque nous ne pouvons ramener ni le relatif à l'absolu, ni l'absolu au relatif, que nous fassions du réel, c'est-à-dire de l'unité concrète de l'Idée et du relatif le type de l'intelligible, et non du pur intelligible, de l'Essence ou de la Notion, le type du réel. A coup sûr, le réel ne peut être tenu pour l'intelligible ; nous ne pouvons assimiler à l'Etre la réalité même que nous déclarons première dans l'ordre des réalités : nous ne connaissons pas les choses telles qu'elles seraient pour une intelligence suprême. Seulement nous admettons que l'intelligible en soi est dans le sens, non de la nécessité, mais d'une harmonie supérieure. De même nous ne supprimons pas la notion d'un Etre transcendant, pur Intelligible, mais cet « Acte pur » est la Raison éminente de l'union concrète du relatif et de l'Idée.

Tels sont les principes fondamentaux du système que l'on peut appeler finaliste, si l'on entend par fin, conformément à la terminologie kantienne, l'idée directrice des choses qui ne peut être réduite aux phénomènes, exprimée en langage d'espace ou de temps, mais que l'on ne connaît cependant que par ces phénomènes, dans l'espace et dans le temps.

II

Dans un tel système, l'harmonie et la beauté des choses et de leur Premier Principe, lien plus souple et plus lâche que celui de la vérité nécessaire, attire le sage comme dans le premier l'absolue vérité le contraint : ainsi dans la philosophie d'Aristote. Même une telle doctrine peut ne pas absorber l'homme en Dieu ; elle peut faire une place à la liberté de la Raison, comme chez Leibnitz et les philosophes modernes. Ou même encore elle peut aller jusqu'à justifier, comme chez M. Ravaisson, semble-t-il ; — encore qu'il se mêle à sa philosophie bien des éléments esthétiques et que la beauté y semble la vraie loi, et l'attrait de la beauté le vrai mobile, — comme la plus approximative expression de l'Etre, la Raison incarnée, vivante, non pas la connaissance claire de l'ordre universel, mais le sentiment moral proprement dit, le sentiment du divin et de son incarnation dans les choses ; et avec ce sentiment, la liberté morale proprement dite, ou plutôt « la liberté irréfléchie de l'amour » se manifestant par la résignation et le sacrifice. Nous essaierons de montrer comment d'un point de vue finaliste on peut s'élever à la justification non seulement de l'amour intellectuel et contemplatif, mais du sentiment moral, de la Raison incarnée et vivante.

Et d'abord, si déjà dans la philosophie géométrique, les notions qui constituent les êtres sont des commencements absolus, à plus forte raison dans une philosophie où l'unité du multiple a pour symbole la conscience. Les consciences ou les « expressions » dont nous peuplons l'univers ne peuvent être déterminées les unes par les autres comme des mouvements. Elles dépendent idéalement les unes des autres ; elles ne peuvent « avoir de fenêtres sur le dehors, » étant en elles-mêmes des « lois internes. » L'ordre de ces unités est ainsi une « Harmonie préétablie » et spontanée dont la source est Dieu.

De plus, parmi ces unités, indépendamment des différences de clarté dans la conscience qu'elles peuvent présenter, il en est qui s'élèvent absolument au-dessus des autres : ce sont les unités raisonnables qui conçoivent l'universelle Harmonie. La Raison élève en quelque sorte à l'absolu le *moi*, la *notion* qui me constitue ; elle le fait participer à la Lumière souveraine, à l'Eternel même. Elle le fait ainsi libre ; car si la liberté est un commencement absolu, être libre ne peut consister que dans la participation par la connaissance aux principes absolus des choses : la certitude intérieure est la véritable certitude, et il faut, pour l'avoir, être en quelque façon ce que l'on connaît. Connaître Dieu, c'est donc participer à sa nature, être uni à lui, être à la source même de la réalité, être libre.

Cette Raison nous fait donc semblables à Dieu ; et nous ne sommes plus dès lors par rapport à lui comme un ouvrage par rapport à l'ouvrier, mais comme des sujets, ainsi que disait Leibnitz, par rapport à leur Prince. Comment se fait-il que nous renoncions à la Raison, ou que nous la choisissions ? Question négligée par Spinoza, ou pour la solution de laquelle il a recours aux abîmes de la Nécessité divine ; à vrai dire, question insoluble, mais qu'il ne faut résoudre pas plus à l'avantage de la toute-puissance de Dieu que de la liberté de l'homme. Si l'unité de conscience ne peut s'absorber dans l'Unité suprême, à plus forte raison l'unité raisonnable. Certes, je ne puis comprendre le rapport de l'absolument absolu à cet être relativement absolu que je suis. Mais je suis sauvé et du mécanisme et même du géométrisme ; ce rapport n'est pas d'objet à objet, mais, autant qu'on peut l'exprimer, de Raison à Raison. Le rapport de Dieu à moi est inintelligible, mais il faut admettre à la fois et ma liberté et Dieu, ne pas nier l'une au profit de l'autre, et s'en tenir à l'affirmation impossible à préciser de cette union mystérieuse : elle est en quelque sorte objet de foi. Un tel système peut donc nous conduire à comprendre, ou plutôt à admettre l'absurdité, le scandale moral ; il tend à nous dégager de l'explication naturelle des choses : le choix de la Raison n'est pas mécaniquement ou même naturellement explicable.

III

Mais nous n'avons pas précisé la nature de cette Raison, ni par suite de la Raison suprême à laquelle elle est unie. On peut aller jusqu'à établir, du point de vue d'une telle philosophie, que ce n'est pas la Raison spéculative qui nous met surtout à part dans l'univers, mais bien plutôt la Raison vivante, sentie, c'est-à-dire le sentiment moral.

D'abord l'exercice de la connaissance elle-même, et surtout la connaissance suprême qui s'achève en Dieu est accompagnée d'une joie infinie. Par là le sentiment entre dans l'ordre des choses à côté de la Raison. La Raison ne peut être séparée de la joie qui l'accompagne. Si la vérité est « parente » de l'entendement, elle l'est aussi de cette joie qui la couronne. Si l'absolu est semblable à l'acte par lequel on le pose, il l'est à cet acte dans sa plénitude, il est joie raisonnable : *amor intellectualis infinitus*.

Non seulement cet amour est la suite de la connaissance, mais il en est la condition : pour que nous cherchions la vérité ne faut-il pas l'aimer? Et pour que nous l'aimions, toutes les puissances de notre être ne doivent-elles pas être mises en jeu ; ne faut-il pas « aller à la vérité de toute notre âme? » Ne faut-il pas que notre mémoire, notre imagination, nos sens même et notre corps tout entier soient pénétrés et transfigurés par cet amour? Ne devons-nous pas nous détacher des choses extérieures et avoir, en même temps que le désintéressement de pensée du sage, les vertus de l'honnête homme que Platon ne séparait pas de la sagesse, conditions et conséquences également nécessaires de la pensée vraie? Par suite, en même temps que nous glorifions la Raison, nous glorifions la joie et l'amour divin, et avec la joie et l'amour divin la moralité proprement dite qui en est la suite ou la condition. Nous pourrions reprendre ici, mais cela serait oiseux et nous y renvoyons, les belles pages de Platon ou de M. Ravaisson sur l'amour, l'universel mobile et l'universel lien. Nous pourrions encore, avec Pascal, faire voir jusqu'à quel point il est nécessaire à la raison de s'incarner dans l'imagination, dans la mémoire, dans le sentiment si elle veut agir sur nous-mêmes, devenir vraiment nôtre; étaler son impuissance en face de l'imagination, de la joie et de la souffrance, montrer ce qu'il y a dans toutes ces profondeurs de la sensibilité et de l'organisme de plus essentiel à l'homme que l'intelligence, de plus « foncier ». « La mémoire entre dans toutes nos opérations intellectuelles; » — « quelle différence il y a de connaître Dieu à l'aimer! » D'où la nécessité de règles matérielles, d'habitudes organiques qui s'imposent à la personne toute entière, et communes à l'humble et au penseur. De tout cela il résulterait que toutes les puissances confuses de l'homme, ce qui n'est pas proprement intellectuel, la personnalité empirique qui sent, imagine, aime, participerait en quelque façon de l'éternité des vérités et de la suprématie de la Raison.

Ce n'est pas tout : il ne suffit pas de montrer qu'on peut faire participer au triomphe de la Raison la sensibilité même et les facultés inférieures qui font notre individualité propre, parce que ces opérations sont nécessaires en fait à l'exercice de la Raison ou l'accompagnent constamment. Il ne suffit pas d'établir que, pratiquement, la Raison n'agit que si elle se fait sentiment et vie, ou même qu'il y a en nous des sentiments plus raisonnables que la Raison, et que l'intelligence proprement dite est impuissante à analyser. Tout cela montrerait seulement que tel sentiment peut être la forme enveloppée de raisons que la raison humaine n'atteint pas; mais le type de la certitude demeurerait toujours la certitude capable de s'analyser, la certitude de la Raison claire, spéculative; encore que nous ne puissions toujours nous y élever. Mais on peut encore montrer qu'*en droit* la joie, le sentiment, et non pas celui qui résulte de la connaissance claire, mais le sens confus du divin et aussi l'action raisonnable, la vie dans l'ordre, la vie morale réalise les conditions qu'exige de la certitude et de la réalité première la Raison même.

On peut dire d'abord, en effet, que l'ordre même dans lequel nos facultés se conditionnent, — l'ordre non point mécanique de causalité, mais bien logique, — est l'ordre même de l'être ; car l'Etre en lui-même, puisque la connaissance suppose l'union avec l'Etre, est le prolongement à l'infini des puissances mêmes de notre être : la plus haute de nos puissances est la plus haute des puissances de l'Etre. Or d'une part, pour connaître, il faut être ; de sorte que la tendance à être, la *cupiditas*, qui produit, selon qu'elle est ou non favorisée, la joie ou la tristesse, dépasse et comprend la Raison même. « La force qu'a notre âme de déterminer ses inclinations, » dit Malebranche, « renferme donc nécessairement celle de porter l'entendement vers les objets qui lui plaisent. » Mais, d'autre part, nous ne pouvons pas, du moment que nous prenons conscience de la Raison, que nous concevons l'ordre universel, ne pas appliquer à cette puissance d'être la faculté de l'universel. Par suite, le désir, la joie, l'amour conforme à la Raison, « l'amour dominant de l'ordre immuable, » mais l'amour antérieur à la connaissance claire, exprime le mieux l'absolu même dans sa source profonde. Ce qui est dans le sens de l'absolu, c'est l'union concrète de la Raison et de la vie, se manifestant par nos actes. L'Etre est d'abord la Raison profonde de la vie, de la vie morale.

On peut dire encore, examinant *a priori* les conditions de la réalité et de la certitude première : la notion de l'Etre, — cela résulte de l'impossibilité que nous avons constatée de réduire l'intelligible à l'unité, ou même à la multiplicité idéale, — se compose de deux notions : celle d'abord de détermination, d'ordre, le πέρας des anciens : comment ce qui est sans fin et nous jette dans un progrès à l'infini, où la pensée ne peut se fixer, pourrait-il être dit être ? D'autre part, toute détermination est une négation, comme voulait Spinoza, et l'infini, l'inépuisable, est un des éléments de la notion d'être ; et non pas seulement l'infini intensif, d'où l'infini donné serait exclu ; mais il faut qu'il y ait dans l'Etre l'origine radicale du relatif et de l'erreur même : il y faut de l'ἄπειρον, du non être et même du *mal être*. Dès lors, quelle est la forme de la Raison qui exprime le mieux l'Etre? car il faut admettre dans tout système idéaliste que la Raison est parente de l'Etre. Il résulte de là que l'union concrète, immanente de la Raison, expression de l'ordre, avec la vie ; que la Raison, mêlée à l'infini de la réalité donnée est l'approximation la plus parfaite de l'Etre. La Raison spéculative veut toujours des notions déterminées auxquelles elle s'efforce de réduire l'infini même : elle est donc incapable de saisir la réalité, qui, par son infinité, échappe aux notions déterminées. Elle ne fait pas d'ailleurs véritablement corps avec les choses et la vie, qui vont leur train sans elle. Or, la Raison, qui exprime véritablement l'Etre, doit réaliser l'unité de la vie et de l'ordre, qui constitue la notion de la réalité, où nous a conduit le principe même de l'intellectualisme ; ce ne peut donc être la Raison contemplative, extérieure à la réalité, mais la Raison incarnée, vivante, l'amour de Dieu s'exprimant par l'amour des hommes et de l'univers, le sentiment religieux et moral. Telle est la véritable réalisation de l'unité concrète de l'infini dans l'ordre.

Et, avec le sentiment moral et religieux, est justifiée la vie morale avec ses luttes, ses oppositions, ses contradictions même ; ou, du moins, si l'idéal pour l'homme et si le type de la Réalité suprême se trouve toujours dans la paix du sentiment se développant harmonieusement, s'incarnant spontanément dans l'humanité et le monde, cependant l'effort qui achemine à cet idéal tire sa dignité de celle même de cet idéal et de la réalité suprême où il tend. Dieu nous apparaît non plus seulement comme la source d'une harmonie universelle qui se déroulerait comme un organisme ; mais avec le sentiment moral, il semble que le péché même doive trouver place dans la trame des choses et avoir sa signification dans le concert universel. En approfondissant donc la notion d'Etre, telle que le finalisme la modifie par suite de l'impuissance de l'intellectualisme, on arrive à justifier la *vie morale* elle-même.

Au lieu de nous placer au point de vue de l'Etre, plaçons-nous au point de vue de la connaissance, — ce qui, d'ailleurs, revient au même dans un système où, la certitude intérieure étant le type de la certitude, être ce que l'on connaît est le chef-d'œuvre de la connaissance comme de la réalité. Nous dirons alors, examinant les conditions de la certitude première : l'unité, dans un même être, d'une Raison capable de pécher avec une sensibilité capable de dominer cette Raison, ne peut être saisie d'une certitude que l'on puisse traduire en langage de connaissance ; c'est un *sentiment.* C'est encore un sentiment qui ne se peut exprimer en langage de connaissance que celui du rapport de notre Raison à la Raison divine. C'est un sentiment, enfin, que celui du rapport de l'absolu avec la réalité donnée : quoique nous puissions saisir quelque trace d'une harmonie universelle, cependant la connaissance du rapport de Dieu aux choses est toujours mêlé de foi, l'absolu et le relatif étant incommensurables.

Mais ce sentiment confus est-il simplement une connaissance enveloppée, imparfaite, une foi qui complète la connaissance spéculative, comme celle par laquelle nous affirmons toute réalité sensible? Ou le véritable sentiment par lequel nous affirmons le rapport de notre Raison à l'absolu, le rapport de notre Raison à la sensibilité et le rapport de l'absolu au donné, n'est-ce pas plutôt un sentiment proprement dit, plaisir ou amour, le sentiment de notre Raison vivante, le sentiment d'un Dieu vivant et se communiquant ; en un mot, le sentiment moral et religieux? Et ce plaisir, cet amour, est simplement un sentiment confus complétant la connaissance, mais que la connaissance telle que nous l'atteignons, sous la forme d'un système de notions, compléterait pour un être absolu? Ou, plutôt, ce sentiment confus n'est-il pas le type de la vraie certitude dont la connaissance serait comme l'expression incomplète?

Ce sentiment est le type de la certitude. En effet, la certitude que nous pouvons avoir de Dieu ne peut être une connaissance, quelle qu'elle soit; toute connaissance correspondant à une relation de notions, et la relation dont il s'agit étant, en quelque sorte, de Raison à Raison. Si insuffisant que soit le symbolisme par lequel on peut exprimer un tel rapport, celui de personne à personne en est plutôt une approximation, c'est-à-dire que la véritable certitude d'union ne peut être réalisée que par une certitude d'amour. Et cet amour n'est pas intellectuel, contemplatif, car Dieu est la Raison profonde de l'unité dans l'infini et même dans le multiple donné. Dès lors, d'une telle unité incarnée, concrète, la joie contemplative, spectatrice de son objet plus qu'elle ne communie avec lui, la joie qui ne s'incarne pas dans les hommes et les choses ne saurait être une image. Dieu ne peut être connu, mais aimé, et cet amour, puisque Dieu est la Raison profonde de la vie, de la réalité concrète, a d'abord son expression dans l'amour des hommes, des personnes morales et de l'univers. Par cela même aussi, l'unité de notre Raison avec la sensibilité ne peut être, dans son fond, celle de notre Raison spéculative avec un donné qu'elle ne peut complètement réduire à des notions qu'elle comprenne. L'union d'une Raison avec une sensibilité qui lui est proposée, pour ainsi dire, comme objet d'étude, n'est pas la véritable unité de notre être; ce ne peut être la Raison contemplative qui, unie à notre sensibilité, constitue la véritable unité de notre être, mais bien la Raison créatrice faisant siens, par l'amour, les hommes et les choses. Sans doute, la connaissance, la lumière peut compléter ce sentiment intime, et l'idéal de la certitude serait l'amour traduit en langage de connaissance. Mais l'amour dont nous parlons ici et que la connaissance même suppose, — puisqu'il faut, avant tout, admettre notre rapport à Dieu et prendre conscience du rapport de notre Raison avec les choses, — dépasse infiniment la connaissance que nous pouvons atteindre, et diffère tout à fait de cette joie de pure contemplation qui résulterait de nos connaissances imparfaites.

L'amour de Dieu résulte donc d'une union de Raison à Raison, non de notion à notion, et le rapport de notre raison à notre sensibilité n'est pas un rapport extérieur de contemplation, mais une relation vivante et concrète.

IV

D'ailleurs, si nous examinons les différentes espèces du sentiment, nous pouvons, les prenant chacune à part, voir qu'elles réalisent dans leur forme, plus que toute autre faculté, les conditions mêmes que l'idéalisme finaliste exige de la première certitude ; et si nous joignons cette forme à la Raison, si nous jouissons, si nous désirons, si nous aimons conformément à la Raison, si nous mêlons notre vie individuelle à la vie universelle, à celle-ci telle surtout qu'elle se concentre dans les individualités analogues à la nôtre, nous sommes vraiment dans le sens de l'absolu.

Et d'abord, l'image de l'absolue réalité, n'est-ce pas le plaisir, cet état au delà duquel on ne demande rien, selon la brutale et forte expression des épicuriens? L'Etre doit être à la fois fermé, impénétrable, tout entier en soi, n'ayant pas besoin, pour exister, d'autre que soi, vraiment *un*; et cependant il doit être hors de soi, étant l'être de toute chose. Cela résulte de la critique même que nous avons faite du géométrisme, d'où résulte l'impossibilité de l'absolue unité. Or, dans le plaisir, nous sommes ainsi à la fois nous-même et hors de nous-même. Qu'y a-t-il de plus inaliénable que la joie, et qu'y a-t-il aussi qui nous fasse à ce point sortir de nous-même? Ou bien encore, l'être ne doit-il pas réunir ces deux conditions d'être à la fois fermé, tout en soi, et infini, inépuisable? Or, seul, le sentiment d'une intensité infinie réalise cette condition de ne pouvoir s'épuiser, sans sortir de soi. Platon a donc bien raison de faire entrer la joie en Dieu, et Leibnitz de dire : « La félicité est aux âmes ce que la perfection est aux êtres ; » ou, encore, et cela se peut prendre dans un sens littéral : « Rien n'est plus heureux que la vérité ; rien n'est plus vrai que le bonheur. » Il est vrai que cette joie d'une intensité infinie ne se suffit pas à elle-même ; si elle s'absorbe en soi, elle devient égoïsme monstrueux ou mysticisme insensé. Et, à vrai dire, pour jouir d'une chose en elle-même ou de Dieu en lui-même, il faut que cette joie se répande dans les autres êtres auxquels cette chose est unie et où Dieu même s'est répandu. La vraie joie est ainsi celle qui vient de la réalité comprise et vue *sub specie aeternitatis ;* elle n'est pas mystique, mais concrète. Mais, cependant, la joie infinie s'absorbant en elle-même, cette joie que nous procure soit une affection en elle-même périssable, soit la contemplation de la source infinie de la réalité, nous révèle aussi, comme dans un éclair, ce que peut être la joie divine, à la fois impénétrable, et trouvant en elle-même une inépuisable fécondité d'existence.

Seul aussi, l'amour symbolise l'union des existences en elles-mêmes fermées les unes aux autres : rapport que l'union des notions réductibles à l'absolue nécessité ne peut exprimer. L'union des êtres avec les êtres, de la vie avec la vie, — puisque le type de la réalité est la vie et non pas le rapport nécessaire des notions, — exprime la véritable solidarité. L'unité du monde n'est pas l'unité abstraite d'une formule, mais, comme voulait Aristote, le lien vivant d'une réalité. Dès lors, ne peut-on dire, en vérité, qu'aimer les hommes et l'univers dans leur unité vivante, c'est-à-dire Dieu, c'est le connaître? Être ce que l'on connaît, c'est là le chef-d'œuvre de la certitude, et l'on ne peut être vraiment la réalité que l'on connaît que si on l'aime. L'amour réalise donc les conditions mêmes de la connaissance parfaite ; et la vraie lumière est donc l'amour divin. La philosophie de l'intelligence doit ainsi aboutir à une philosophie justifiant « le cœur, » comme la véritable expression de la certitude, et cela en vertu même des principes de l'intellectualisme. La certitude intérieure, comme l'avait vu si profondément Pascal, dont le premier type est la certitude de démonstration ou d'intuition, s'achève par la certitude du sentiment.

Mais l'amour, la joie infinie, ne peuvent être que des limites. Si intense que puisse être le sentiment qui nous remplit, il faut qu'il soit dans un mouvement continuel et indéfiniment renouvelé. Le désir, l'inquiétude infinie, symbolisent donc, pour l'homme, l'amour parfait. L'amour de Dieu devrait s'appeler le désir de Dieu.

L'individualité, l'unité de conscience, où convergent comme en un centre toutes ces puissances, réalise mieux encore les conditions de l'Etre. L'individu est *unum per se*, et l'Etre, comme nous avons dit, doit posséder avant tout l'indépendance. Et en même temps, l'individu, comme l'Etre inépuisable, et cependant tout en soi, concentre en lui-même, dans une unité de conscience, une infinie série de phénomènes qui se perdent dans l'univers, et dont nous ne pouvons retrouver la source. Si, de plus, nous sommes raisonnables, si nous jouissons de participer à la vérité et à son principe, nous participons ainsi, en une conscience unique et fermée, à l'amour infini. Par là est aussi justifié l'effort, la lutte nécessaire à l'homme pour la réalisation de cet idéal, et cet effort tient sa dignité de l'idéal où il tend ; dignité d'autant plus réelle, que notre individualité ne peut être absorbée dans l'universelle individualité.

Ainsi, la Réalité doit devenir nôtre pour être connue ; elle n'est telle que si elle fait partie de nous-même, comme notre joie (1). — Ce n'est plus dès lors une con-

---

(1) On pourrait tirer de Pascal d'admirables arguments pour ce procès fait à l'intelligence. M. Ravaisson a aussi montré que l'habitude réalisait à nouveau l'immédiation primitive de l'être et de la nature.

naissance, dit-on ; toute connaissance suppose un objet.
— Sans doute ; cela prouve précisément que le « cœur, » réalise les conditions qu'exige de la certitude parfaite la connaissance même. La connaissance proprement dite ne se complète qu'en se supprimant.

Nous pourrions aussi opposer à la connaissance rationnelle, à la certitude de démonstration, les modes inférieurs de connaissance, tels que la mémoire, l'imagination, la sensation. Ou plutôt la Raison concrète et vivante symbolisant l'Etre, ces facultés dites inférieures et qui correspondent à l'infini des choses sont justifiées du moment qu'elles s'unissent aux sentiments raisonnables, aux sentiments moraux. C'est ainsi que les sensations relatives à notre sensibilité, moins intelligibles par suite à première vue que les notions mathématiques et mécaniques distinctes, susceptibles de démonstration, expriment cependant mieux, dans leur infinie variété, la réalité, en elle-même qualitative, comme voulait Leibnitz. De même l'imagination, cette puissance ennemie de la Raison, qui effrayait Pascal, nous donne, par les perspectives infinies qu'elle nous ouvre, par ses écarts, par ses folies mêmes, le sentiment des possibilités indéfinies de combinaisons que la nature peut produire, et nous garde contre le défaut d'élever à l'absolu nos expériences limitées. Nous sommes donc vraiment, par ces puissances, en communication avec l'infini de la réalité ; de là la valeur de ceux qui ont la sensation des choses, le sens du détail, de ceux surtout qui sont capables d'agir sur le monde. Même indépendante de la moralité, l'action a, par elle-même, quelque chose de grand ; elle témoigne de l'harmonie où nous sommes avec l'univers, harmonie qui ne peut être que sentie ou devinée à l'aide d'une connaissance incomplète jointe au tact, à une sorte de divination. La pensée confuse, l'inspiration de l'homme d'action, atteint d'un bond l'unité même de la réalité ; elle trouve par elle-même les moyens de se réaliser, image de l'absolu éternellement auteur et maître de ses moyens ; au lieu que la connaissance reste comme extérieure à la réalité. L'homme d'action devine et pénètre cette « immense subtilité des choses qui enveloppe toujours un infini actuel (1), » et par là il imite vraiment la puissance divine. A plus forte raison ceux qui réalisent dans la nature le règne de la charité, qui ordonnent l'infini, sont-ils les vrais savants. « La science est belle, sans doute, mais la réalité est bien au-dessus de la science, l'assimilation de la volonté à la pensée, l'empire de l'esprit sur le monde extérieur, la réalisation et, pour me servir d'une expression technique mais excellente, l'incarnation de la vérité, c'est là la grande œuvre de l'homme... Indépendamment de leur importance pratique, et en écartant toute idée d'application, par cela seul que ces entreprises embrassent tout l'homme et se saisissent non seulement de son intelligence mais de sa volonté, il est indubitable qu'au fond, sous une forme moins claire, sans doute, et moins précise, ces entreprises contiennent bien plus de vérité que des travaux d'un but plus restreint (2). »

Ne peut-on dire cependant que, si cette lumière du sentiment est la vraie, elle est la récompense et le couronnement de la connaissance? Mais, nous l'avons vu, elle est d'un autre ordre que la connaissance; elle peut donc nous venir par une autre voie : et lors même que la connaissance, c'est-à-dire la considération de l'ordre géométrique ou naturel des choses en est l'occasion, le sens du divin et de son incarnation dans l'homme et dans la nature dépasse, d'abord, comme nous avons vu, infiniment la connaissance; et de plus, rationnellement, nous l'avons vu aussi, l'amour non conscient de soi est antérieur à la connaissance proprement dite.

Si tel est le type de la réalité, nous pouvons être assuré de découvrir dans les choses des germes de contingence et de synthèse. Nous pouvons et nous devons,

---

(1) Leibnitz.
(2) Guizot, *Méditations et études morales*, p. 192.

sans doute, chercher la nécessité, forme parfaite de la certitude, mais en étant assuré de ne pas atteindre cette absolue nécessité. Dans le mécanisme lui-même, dans les mathématiques elles-mêmes, comme Kant l'a montré, nous ne pouvons atteindre l'identité absolue. La vie, la spontanéité, les commencements absolus, sont dans toute la série des choses, par suite la foi, le sentiment (1).

Ainsi, nous trouvons dans la métaphysique de « merveilleux fondements pour la morale. » La morale est l'achèvement de la métaphysique ; le sentiment moral, « la lumière du sentiment, » est justifiée et réalise précisément les conditions métaphysiques que la spéculation exige de l'Etre. Une théorie prenant pour type de la réalité, non l'unité de notion, mais l'unité de vie, peut ainsi nous donner, pour justifier la moralité, de belles et solides raisons ; et nous retrouverons plus tard tous ces développements dont nous avons indiqué le sens. Mais il nous faut d'abord sauver l'individualité morale ; car cette philosophie, du point de vue où elle se place, ne peut encore justifier l'acte moral proprement dit.

V

Une telle philosophie peut, en effet, comme celle d'Aristote, dégager des choses une loi de beauté et d'harmonie à laquelle l'homme participe et le sage consent. Mais la perfection morale est alors rapprochée de la perfection naturelle, de l'adaptation à une fin. L'homme, avec la nature, est enveloppé dans un ordre qui le dépasse. Le sage réalise la perfection par une sorte d'attraction naturelle vers la beauté, comme l'animal ou la fleur.

Il est vrai de dire que, mieux que Socrate ou Platon,

---

(1) Voy., dans la dernière partie, le caractère de cette déduction. Devant reprendre, plus tard, cette justification du sentiment moral, — non pas seulement *du* sentiment, mais de *mon* sentiment, — nous avons seulement indiqué ici une preuve qui ne peut être complète que la philosophie objective une fois dépassée.

Aristote a eu le sens de la moralité proprement dite, de la φρόνησις, de cet ordre où, selon lui, la vertu est la condition de la connaissance. Mais c'est la Raison contemplative qui demeure pour lui la vraie Raison; la θεωρία est la véritable occupation du sage. Et si le sage est contraint d'étudier le sensible sous la forme duquel lui est donnée la réalité, et en dehors duquel il ne saisit que des formes incomplètes, et non l'Essence réelle des choses, Dieu ne voit pas la réalité donnée: tant il est vrai que le donné, même dans un système de l'immanence, comme celui d'Aristote, est encore accepté comme un pis aller.

Celui qui a le sens du divin, que vaut-il? Sans doute, il semble qu'il ait sa place dans la morale d'Aristote, plus que chez Platon et même Socrate, quelque difficulté qu'il puisse y avoir à discerner la valeur exacte qu'Aristote attribue aux croyances religieuses courantes. Même il semble que sa doctrine politique, moins aristocratique que celle de Platon, accorde une dignité à l'individu, — indépendamment de sa valeur intellectuelle, — puisque le gouvernement par la masse est en somme pour lui pratiquement le meilleur. Mais ce n'est là encore qu'un pis aller pour Aristote, une concession aux nécessités de la réalité. Le roi demeure l'idéal pour lui, et non pas un roi qui, communiant avec son peuple dans une soumission commune à un Dieu adoré de même façon, serait, en tant que croyant, l'égal de ses sujets; mais un roi dont le génie seul justifierait la toute-puissance, et qui dominerait ses sujets par le seul droit de l'intelligence. L'esclavage est justifié, selon lui, par ce fait seul qu'il y a des êtres supérieurs à d'autres, et il s'agit là d'une supériorité de nature, la moralité même étant considérée comme une qualité naturelle. Or une telle théorie pourrait s'appliquer aussi bien à tout homme qui ne philosophe pas, même à celui qui possède les vertus pratiques. Aristote, en sa qualité de grec, a le respect du citoyen libre; ce respect, peut-on dire, à un certain point de vue, n'est pas dans le sens de sa doctrine. Si d'ailleurs il accepte comme substitut de la royauté idéale le gouvernement de tous les citoyens, c'est qu'alors les facultés de chacun sont comme multipliées par la vie commune, tant il est vrai que l'universel a seul une dignité dans une telle doctrine. Ce qui pèse plus qu'un génie, ce n'est pas une âme, c'est une multitude. Quand la raison du sage, — le sage étant difficile à discerner, — ne peut nous guider ; quand la vérité universelle ne nous apparaît pas sous la forme d'une sagesse individuelle qui la saisit dans la complexité infinie de ses applications, nous nous contentons des décisions du nombre.

Ce qui montre à quel point Aristote n'a pas encore eu l'intelligence vraie du sentiment moral, c'est qu'il n'a pas mis en lumière la dignité de la souffrance et du sacrifice, mais glorifié plutôt la joie, la paix, la grâce souveraine des choses. Si le sage renonce à la vie pour fuir le déshonneur, c'est comme par un dégoût d'artiste, à qui la vie est odieuse s'il ne peut plus jouir de l'art auquel il l'a consacrée. Le type des relations sociales est, selon Aristote, la φιλία, mais l'idéal de cette amitié c'est l'amitié entre sages ; amitié pénétrée d'un sentiment d'harmonie et de paix où les amis, jouissant du spectacle qu'ils se donnent l'un à l'autre de leur sagesse, se reposent dans la sérénité de cette contemplation mutuelle. La bienfaisance résulte naturellement de l'amitié, comme le fruit de la fleur : ne manque-t-il pas à tout cela le sentiment plus âpre de la souffrance et de la misère humaine ?

Il ne semble pas qu'Aristote ait davantage admis la liberté morale au vrai sens du mot. La comparaison fameuse par laquelle il assimile nos actions à nos enfants témoigne précisément qu'il caractérisait la liberté, non comme un véritable *acte*, mais par analogie avec une spontanéité toute relative (1). Il est vrai que c'est là peut-être une preuve un peu exotérique qui a sa

---

(1) Ce n'est pas que nous rejetions la preuve morale de la liberté. En un sens, c'est la seule vraie, mais sous une autre forme.

place dans un ouvrage de morale. Mais il n'en est, à vrai dire, pas d'autre dans la philosophie d'Aristote, car la Raison ne peut être dite libre, étant déterminée par l'intelligible comme par un objet, ou plutôt attirée vers Dieu comme vers une fin. Qu'il y ait eu des germes d'une doctrine de la liberté dans Aristote, cela est certain : l'idée même de puissance, de virtualité, y est un acheminement. Mais la Raison, et particulièrement la Raison pratique, y est toujours considérée comme une *chose*, une *nature*.

On peut, il est vrai, comme Leibnitz et les philosophes modernes, essayer de faire une place à la liberté dans un système finaliste. Mais d'abord il ne faudrait pas croire que, chez un philosophe comme Leibnitz, par exemple, l'unité de l'individu est tenue pour réelle en vertu du simple témoignage de la conscience. Le *moi* est l'exemplaire d'une notion, de la notion de l'un dans le multiple nécessaire pour l'explication de la nature. Il faut qu'il y ait des « simples, » et d'autre part on ne peut nier que les choses changent; de cette unité dans le changement, la conscience *multorum in uno perceptio* est un exemple. Les unités dans le multiple qui constituent les choses ne peuvent même pas être dites des consciences, mais des « expressions » (1).

Même le *je pense* ou le *je dois agir*, c'est-à-dire le *moi raisonnable* et *moral*, n'est pas, pour ces philosophes, ce qu'il y a de plus sûr au monde, mais bien Dieu qui fonde l'affirmation de ce *moi*. Ou plutôt la liberté ou l'individualité morale sont toujours le scandale, le désordre, et la notion universelle le type de la réalité. Il ne suffit pas, dit Bourdaloue quelque part, que Dieu soit ma fin par la nécessité de son être, il faut qu'il le soit, et il veut l'être par mon choix. La première de ces nécessités est la seule vraiment intelligible dans ces systèmes; le choix de l'absolu, la nécessité du devoir

---

(1) Voy. la Monadologie, les Lettres à Arnauld et à Foucher.

ne l'est pas ; les raisons en sont cachées en Dieu, et on ne sait si notre action est due à l'influence divine ou à la liberté. Ou si on accorde à l'homme la liberté, la seule forme de liberté qu'il serait logique de lui accorder dans un tel système, ce serait, avec Malebranche, la liberté du mal : nous aimons le bien d'un amour naturel, le mal par choix. Aussi « le salut » peut-il être fondé, selon ces philosophes, sur des raisons étrangères aux considérations purement morales. Dieu, comme dit Leibnitz, considère l'intérêt de l'univers, et non pas seulement celui de la personne ; et qui peut pénétrer les abîmes de sa sagesse ? Notre dernier refuge, nous dit Leibnitz, est en somme la miséricorde divine. Le choix raisonnable de Dieu, dit Malebranche, n'est fondé ni sur la différence des natures, ni sur l'inégalité des mérites. Dès lors, il est aisé de comprendre que le même philosophe glorifie la Puissance : « rien n'est plus sacré que la Puissance, rien n'est plus divin ; » c'est toujours l'ordre Incompréhensible manifesté par le fait qui est la notion essentielle. Voyez, comme dans Leibnitz, la notion de la liberté est encore peu nette. La liberté morale, dans Leibnitz, n'est encore que spontanéité. On en trouve l'origine radicale dans notre nature, en tant que possibles ; la liberté est contenue dans l'essence des êtres libres, et ces essences passent à l'existence dans la mesure de leur perfection ; de sorte que la liberté n'est autre qu'une spontanéité conforme à la raison. La Raison n'est pas un *acte*, c'est une nature ; nous ne choisissons pas la Raison : nous *sommes des natures raisonnables*. Que si le rapport entre Dieu et l'homme est assimilé par lui à celui d'un prince avec ses sujets, cette assimilation n'exprime pas encore l'immédiation de cette unité ; immédiation telle que Kant a pu supprimer un des deux termes du rapport.

La liberté morale n'entre ainsi, dans un tel système, que comme honteusement et par la porte basse ; or il faut lui donner la place maîtresse. Il résulte de là, qu'en réalité, la morale de ces penseurs est celle même des philosophes anciens. La vertu suprême est encore, d'après eux, la sagesse des anciens, et la lumière de la Raison, la vraie lumière. S'ils admirent l'humble, c'est en tant que chrétiens, non en tant que philosophes. Descartes même, quoiqu'il y ait à coup sûr dans sa philosophie bien des germes d'une philosophie de la liberté (1), ne développe, dans les quelques pages qu'il a écrites çà et là sur la morale, d'autres principes que ceux de la sagesse antique. *Bonum naturale quum est voluntarium fit bonum morale*, dit aussi Leibnitz, suivant en cela la doctrine de l'antiquité. Sa morale est fondée sur la distinction des perceptions confuses et des perceptions claires. La morale de Malebranche nous montre bien aussi à quel point la lumière de l'intelligence reste l'idéal de la philosophie objective. Malebranche fonde sa morale sur un ordre de perfections qui correspond à l'ordre des grandeurs ; la foi n'est pour lui que le substitut de la lumière, du moins dans les choses qui ne touchent pas aux mystères, lesquels ne sont pas susceptibles d'idées claires : « la foi.. sans aucune lumière... ne peut rendre solidement vertueux. C'est la lumière qui perfectionne l'esprit et le cœur... Ceux qui n'ont point assez de lumière pour se conduire peuvent acquérir la vertu parce que la grâce de sentiment ou la délectation prévenante peut suppléer à la lumière et les tenir fortement attachés à leur devoir... Mais je soutiens que l'amour de l'ordre, qui a pour principe plus de raison que de foi, je veux dire plus de lumière que de sentiment, est plus solide, plus méritoire qu'un autre amour que je lui suppose égal... Dans le fond, le vrai Bien de l'Esprit devrait s'aimer par Raison, et nullement

---

(1) Il n'y a, chez Descartes, que des germes d'une telle philosophie : il suffit de rappeler que la difficulté de la prédestination et de la liberté se pose encore pour lui, ce qui ne doit point avoir lieu dans une philosophie de la liberté (Voyez, plus loin, le Système de la Liberté). D'ailleurs, n'est-il pas permis de dire que Descartes, qui n'a jamais consacré « que fort peu d'heures par an aux pensées qui occupent l'entendement seul, » n'a jamais cru devoir amener à la dernière clarté ses doctrines métaphysiques ?

par l'instinct du plaisir... L'état où le péché nous a réduits rend la grâce de la délectation nécessaire (1).. » Le philosophe chrétien n'a donc pas justifié philosophiquement le sentiment moral proprement dit, la lumière du sentiment, l'humble.

Même on peut dire que toutes les philosophies objectives, qui prennent pour point de départ une notion et non point un « fait métaphysique, » oscillent entre une doctrine de la spontanéité et une doctrine de la nécessité. L'idéal de la connaissance est toujours, pour ces philosophes, la certitude géométrique. C'est que, tant que l'on ne considère les choses que d'un point de vue naturel, on ne peut s'élever à la liberté.

Si même une philosophie, qui part de la notion de vie, peut, comme nous avons essayé de le montrer, aboutir à la justification de l'amour, du sentiment confus, glorifier, comme le type de la plus haute réalité et de la plus haute certitude, « l'immédiation antécédente » de la pensée encore enveloppée ou conséquente de la pensée organisée ; si même elle peut faire quelque place dans les choses à l'effort, au sacrifice, moyen pour la réalisation de l'amour, cependant le type de la réalité est toujours l'universel amour ; le sacrifice est le scandale provisoire et inintelligible par lequel l'homme retrouve la « liberté irréfléchie » de l'amour. N'y a-t-il pas, dans la philosophie de M. Ravaisson, un peu trop de la sérénité antique ? Dieu y est encore conçu comme l'objet de la contemplation et de l'amour intellectuel. Or, il ne suffit pas de faire place au moral proprement dit dans le système des choses : il faut que le sacrifice et le péché, qui en est la condition, soient non pas tenus pour des anomalies, mais comme les moyens nécessaires du divin et en dehors desquels le divin ne saurait être conçu.

Pascal seul peut-être, avant Kant, a eu le sens de

---

(1) Malebranche, *Traité de morale*, édit. Joly, p. 21, 22.

la vraie philosophie de la volonté, qui doit se substituer à la métaphysique rationaliste ; et il a vu en même temps que les principes de l'intelligence, — eux aussi connus « par le cœur, » — si nous les entendons bien, devaient nous conduire aux principes mêmes de « la charité. » Il a compris l'infinie différence qui sépare la morale antique, celle de toute la philosophie jusqu'à Kant, la morale de la Raison, de la nature, du point de vue de laquelle le péché est inintelligible, morale aristocratique et orgueilleuse, et la morale chrétienne posant le péché comme le principe même sans lequel les choses sont incompréhensibles. De là cette glorification constante des puissances non intellectuelles de l'homme, l'imagination, la joie, la souffrance, en face des misères de la Raison. Par là même il préparait l'intelligence à accepter le Dieu Homme à la place du Dieu Force ou du Dieu Raison métaphysique des choses. Mais le Dieu de Pascal absorbait encore la liberté et agissait encore en nous comme du dehors. A la nécessité incompréhensible ou à l'harmonie cachée, qui était, selon les anciens, la loi de l'univers, il substituait un autre mystère, mystère de miséricorde ou de damnation où s'abîmaient encore la liberté et la moralité humaines.

Kant a vraiment, le premier, tiré, de l'hétérogénéité du relatif et de l'absolu, toutes les conséquences philosophiques qui s'en pouvaient tirer ; il a, le premier, substitué à la certitude de la notion la certitude de l'acte (1). C'est l'Universel, c'est Dieu, qui, depuis Kant, a besoin d'être défendu, et il était nécessaire qu'il courût ce risque pour que l'individualité fût sauvée.

(1) L'intérêt de ces études sur Kant nous semble renouvelé par la critique brillante, mais fort injuste, et d'où ne ressort pas, selon nous, le caractère propre du kantisme, faite par M. Fouillée de la morale kantienne, dans les *Systèmes de morale contemporains*, p. 127.

CHAPITRE IV.

LE MORALISME.

Du fait on ne peut déduire le droit, quoi qu'en dise le matérialisme ; mais, du droit, on ne peut davantage déduire le fait. Au point de vue de la connaissance spéculative, nous ne pouvons dès lors, dit Kant, affirmer que les idées de la Raison sont des choses éternelles. Notre entendement n'est pas spontané, et ses objets lui sont *donnés ;* nous ne connaissons pas de *Res aeternae*, d'objets intellectuels. Nous ne sommes pas, par suite, d'un point de vue strictement spéculatif, autorisés à affirmer le spiritualisme, puisque nous ne voyons dériver du « je pense » ni le phénomène intérieur ni le phénomène extérieur. Nous ne connaissons non plus l'absolu sous forme de chose, mais seulement d'idée. Nous ne pouvons dire qu'il est, en ce sens qu'il serait une *chose* éternelle, l'existence ne nous étant donnée que sous forme sensible. La certitude des mathématiques est une analogie illusoire qui a trompé les métaphysiciens ; car l'objet des mathématiques est encore un donné subjectif, encore qu'*a priori*, et qui n'a de sens que par rapport aux choses sensibles. L'argument ontologique est donc faux, puisqu'il tend à établir un absolu autre que l'Absolu-Idée, puisqu'il tend à attribuer à cet absolu l'existence d'une *Res aeterna*, toujours posée devant l'esprit comme une chose sensible. Nous pouvons dire seulement que nous agissons *comme s'il y avait* un rapport entre le sensible et l'intelligible, le physique et le métaphysique. Admettre ce rapport est sans doute aussi nécessaire qu'admettre les vérités purement intelligibles, spéculatives, mais d'une autre nécessité. Cette nécessité est *pratique*, *morale*. La Raison nous commande de la réaliser elle-même dans les choses, sans que notre connaissance soit étendue par là.

Leibnitz avait préparé ces deux thèses de Kant, et il disait déjà que, du moment que nous pensons, nous admettons, par une nécessité physique, non logique ou métaphysique, un rapport entre le physique et le métaphysique. Nous en savons assez pour croire, disait-il encore, pas assez pour comprendre.

De plus, cette nécessité physique se résout, pour lui, en nécessité morale ou d'harmonie, et la moralité est l'obéissance à cette harmonie.

Mais Kant ne se bornait pas à admettre cette impossibilité de tirer le physique du métaphysique, ou à affirmer plus nettement cette hétérogénéité, et à résoudre en nécessité d'harmonie la nécessité géométrique. D'une part, il niait, — ce qu'affirmaient au contraire tous les métaphysiciens antérieurs, — que la sensibilité fût simplement un entendement « confus ; » il affirmait qu'il y avait, entre le sensible et l'intellectuel, une différence non pas seulement de degré, mais de nature. Le phénomène, analysé jusqu'au fond, ne peut donner que le phénomène (1).

D'autre part, il transformait la notion de cette nécessité morale, telle que l'entendait Leibnitz, ordre de perfection enveloppant les choses et nous-mêmes, fondé sur une hiérarchie des existences que la Raison établit. L'absolu que Kant affirme est d'un autre ordre que celui de l'ancienne métaphysique. La notion d'*existence* ne s'y applique pas : ce n'est pas un Etre qui se développe. Ce que nous affirmons comme réel, c'est la spontanéité de ma Raison pratique ; c'est un *moi* absolu enveloppé « dans la même unité numérique » que le phénomène,

---

(1) *Critique de la Raison pure*, I, p. 99, trad. Barni.

et non pas un Etre posé en face de moi, distinct de moi. Cette nécessité morale n'est pas, comme celle dont parlait Leibnitz, une nécessité extérieure que connaîtrait ma Raison, appliquée en même temps à l'univers et à moi. Je n'aperçois du monde ni une unité géométrique ni une unité d'harmonie. L'une et l'autre sont, à des titres divers, des besoins de la Raison spéculative que, par suite de l'hétérogénéité de la Raison et de la sensibilité, je ne puis transformer en intuitions. Si j'affirme, par exemple, une nécessité d'harmonie, le principe de finalité, si je suspens cette nécessité à un principe inconditionnel, c'est à une nécessité *pratique*, inconditionnelle, non à une *loi de nature*, inconditionnelle. La nécessité que je connais est la nécessité du devoir qui s'impose à moi, ou plutôt la nécessité de ma Raison qui se contraint elle-même : cela seul est immédiat, certain. Nous faisons donc littéralement *comme si nous connaissions* le rapport du sensible et de l'intelligible, et, par une nécessité pratique, la Raison, dont le caractère est la nécessité, admet ce rapport. Nous affirmons ainsi pratiquement la liberté et le devoir, et même, quoique en un sens différent, comme nous verrons, l'immortalité de l'âme et Dieu.

Ainsi, Kant substituait un autre type de certitude à la certitude géométrique, restée, malgré tout, l'idéal de l'ancienne métaphysique. Seulement, Kant opposait à la philosophie de la connaissance, sa philosophie qui en est en réalité l'achèvement nécessaire, comme nous verrons, et comme nous avons déjà pu l'entrevoir. De plus, et par suite même de cette opposition, Kant n'osait, semble-t-il, substituer le nouveau type de certitude à l'ancien. Encore fasciné par la certitude géométrique, il laissait planer un doute sur l'existence possible d'une *Res aeterna*, d'une notion éternelle qui envelopperait la liberté et les choses. Il n'osait dire que la liberté était réelle, non pas de la même façon, — ce qui eût été absurde, — mais au même titre et bien plus que les objets de connaissance. Il ne subordonnait pas nettement le connaître au vouloir, et ne montrait pas la connaissance aboutissant, par une démarche naturelle, à l'ordre de la volonté ; la volonté réalisant, mieux que la connaissance, l'idéal de certitude de la connaissance elle-même. Ou plutôt, esprit réservé et rigoureux, il prétendait déterminer ce qui est strictement certain et donné, à savoir l'affirmation de *moi* raisonnables, et, en tant que raisonnables, moraux ; s'en tenir, par suite, à une sorte de positivisme métaphysique, comme nous disions au début. Et au-dessus de ce positivisme, — c'est pour cela même que Kant ne le dépasse pas, — demeure le point d'interrogation posé par l'ancienne métaphysique, et auquel Kant croit que l'on ne peut répondre que dans les termes de l'ancienne métaphysique.

Nous essaierons, dans cette étude, de caractériser exactement le kantisme (1) ; — d'y montrer les germes d'une doctrine qui le dépasse, germes que Kant n'a pas développés, et qui servent, par le développement qu'ils ont reçu plus tard, à mieux caractériser encore l'attitude positiviste de Kant ; — d'établir qu'il faut substituer franchement un autre type de certitude à la certitude de l'ancienne métaphysique, en supprimant le doute relatif à l'existence d'une *res aeterna* immobile et donnée ; — de déterminer, enfin, comment peut se justifier rationnellement le passage de la certitude métaphysique à la certitude morale.

I

Rapport de la critique de la Raison pure et de la critique de la Raison pratique.

Quelle est l'utilité de la critique de la Raison pure pour la critique de la Raison pratique ? En quel sens la

---

(1) Ceci n'est point une étude historique, mais un essai de commentaire de Kant. Aussi ne nous sommes-nous pas astreints à nous servir toujours de sa terminologie.

Raison pure pratique rétablit-elle ce qu'a détruit la Raison pure spéculative?

Ce que la Raison pure spéculative n'a pas établi, c'est l'existence transcendante des idées, en tant qu'intuitions intellectuelles. Il n'y a pas de ressemblance entre l'entendement et la sensibilité : d'où il résulte que nous ne savons pas ce que sont les *choses en soi*; ce qui signifie que nous ne connaissons pas de *Res aeternae*, — analogues à des définitions géométriques, — objets purs d'entendement.

Ce que la critique de la Raison pure spéculative a établi, *c'est qu'il y a une Raison*, ce qui résulte de la seule constatation des jugements nécessaires et de l'impuissance du mécanisme; — c'est aussi, si l'on veut, qu'il faut admettre nécessairement des noumènes. Mais cette affirmation est, en somme, identique à la première; car le concept des noumènes est un concept purement négatif, limitatif, utile en ce sens qu'il empêche d'élever à l'absolu le mécanisme phénoménal. Ces noumènes seraient les objets mêmes de la Raison, si les intuitions naissaient de la Raison, si la Raison se créait à elle-même ses objets. Dans l'état actuel de l'homme, l'idée du monde noumènal reste indéterminée, comme une limite au mécanisme; elle ne prend un sens que par la *Raison pratique*.

La Raison que je découvre, en effet, et qui donne un sens aux noumènes n'est pas *une* Raison universelle qui se réalise dans les phénomènes par une nécessité que nous voyions; c'est *ma* Raison. Et ma Raison se réalise dans les choses, — si elle obéit à elle-même, — non comme une *notion*, mais comme un *acte*. Je ne saisis donc, du monde intelligible, qu'une *loi morale*, au lieu des *Res aeternae* que j'espérais atteindre; et la *Res aeterna*, le noumène demeurant toujours l'idéal de la connaissance, la Raison pratique n'étend pas notre connaissance. Elle donne seulement un sens à des notions qui n'auraient eu, au point de vue strictement spéculatif, qu'un sens purement négatif : nous découvrons une Raison qui, n'étant plus uniquement contemplative, rétablit un rapport entre le donné et l'Idée, mais un rapport bien différent de celui qu'exigerait une intuition intellectuelle, un rapport de *fait* quoique *nécessaire*, c'est-à-dire *pratiquement nécessaire*.

Il suit de là que la critique de la Raison pure est absolument nécessaire, mais aussi tout à fait suffisante pour l'usage de la Raison pratique : par exemple l'idée de liberté ou de causalité inconditionnelle n'a un sens possible, dans la critique de la Raison pratique, que parce que la causalité a été justifiée en général comme objet d'entendement dans la critique de la Raison pure (1) ; et cette justification est acquise : la critique de la Raison *pure pratique* n'est pas à faire (2). La critique de la Raison pure spéculative a établi qu'il y a une Raison : or la moralité n'est autre que la Raison appliquée au désir, et cette application est nécessaire, du moment que nous prenons conscience de la Raison, dont le caractère est la nécessité (3) ; et l'usage de la Raison, étant ici tout à fait immanent (4), est par cela même légitime (5).

En quel sens admet-il donc le primat de la Raison pratique? La Raison pratique a la suprématie en ce sens seulement qu'elle détermine ce que la Raison spéculative était incapable de déterminer, et ce surplus de détermination est donné avec la Raison même. La Raison spéculative n'a donc aucun droit à ne pas l'accepter, puisque l'usage de la Raison est ici purement immanent, et que c'est en somme toujours la même Raison qui

---

(1) *Critique de la Raison pratique*, tr. Barni, p. 214-218.
(2) *Ibid.*, p. 129 et encore p. 143.
(3) *Ibid.*, p. 173.
(4) *Fondements de la Métaphysique des mœurs*, trad. Barni, p. 118.
(5) Kant parle bien de *la nécessité d'une critique de la Raison pure pratique* dans les *Fondements de la Métaphysique des mœurs*, mais cette critique consiste, — comme on peut le voir dans la 3ᵉ partie de cet ouvrage, — à tracer les limites dernières de la Raison pure pratique, à amener l'esprit à l'intelligence complète de l'incompréhensibilité dernière. Voy. *Fondements de la Métaphysique des mœurs*, p. 126.

limite ses affirmations dans le domaine spéculatif et les étend dans le domaine pratique. « ...Il n'y a toujours qu'une seule et même Raison qui, sous le rapport théorique ou sous le rapport pratique, juge d'après des principes *a priori*, et il est clair alors que si, sous le premier rapport, elle ne va pas jusqu'à pouvoir établir dogmatiquement certaines propositions qui pourtant ne lui sont pas contradictoires, dès que ces mêmes propositions sont inséparablement liées à son intérêt pratique, elle doit les admettre (1)... »

La Raison pratique a donc bien la suprématie, « car, en définitive, tout intérêt est pratique, et celui même de la Raison spéculative est conditionnel, et n'est complet que dans l'usage pratique (2). » Mais cette suprématie est, peut-on dire, purement pratique. La Raison ne doit pas oublier qu'il ne s'agit pas ici, pour elle, d'une « *vue* plus pénétrante. » Sans doute, Kant nous dit que rien ne l'empêche d'étendre même aux noumènes (3) les conclusions de la Raison pratique. Mais cela signifie simplement que la Raison spéculative ne contredit pas ces conclusions; que, du point de vue même de la Raison pure spéculative, *cela pourrait bien être*. A vrai dire, la Raison ne peut répondre à la question de l'*Etre*, mais seulement à celle de la *connaissance* et de l'*Acte*. Répondre à la question de l'*Etre* ce serait déterminer la *Res aeterna*; ce qui est impossible par suite de l'hétérogénéité de la sensibilité et de l'entendement.

Kant laisse donc, comme nous voyons, planer un doute sur la valeur de la Raison pratique, au point de vue de la connaissance, c'est-à-dire, pour lui, de la *Réalité*. Ou plutôt il ne pose plus la question insoluble de la réalité, conçue encore par lui à la manière de l'ancienne métaphysique. On ne peut même pas dire, si l'on veut être strictement kantien, que la spéculation

---

(1) *Critique de la Raison pratique*, p. 327.
(2) *Ibid.*, p. 328.
(3) *Ibid.*, p. 218.

présuppose l'affirmation de la moralité, qu'une connaissance. quelle qu'elle soit, est, à un certain degré, une *croyance*. D'une part il admet, comme condition de toute affirmation spéculative, le *je pense*, c'est-à-dire le *moi pur*, le sujet pensant en général. D'autre part, *je dois agir;* et ce *moi pur*, appliqué au désir, s'appelle la Raison pratique. Mais Kant ne nous dit pas si, dans toutes les affirmations où entre le *je pense*, entre aussi le *je dois agir*. Il constate les conditions nécessaires de la spéculation, puis de la pratique, et les laisse en présence sans en déterminer le rapport. Il admet bien le primat de la Raison pratique ; il dit bien que tout intérêt est en somme pratique, par suite celui même de la Raison spéculative ; — et en cela il semble incliner, et il incline même au néo-criticisme ; — il dit encore que l'idée de liberté est la clef de voûte des deux critiques, et nous verrons que cette idée n'a, en effet, qu'un sens pratique. Mais, comme nous le disions plus haut, ce primat est purement pratique et ne modifie pas, comme pour le néocriticisme, la *nature* de la *connaissance*. Kant ne traduit pas la connaissance en langage de croyance, tandis que le primat de la Raison pratique devient, chez les néocriticistes, la transformation de la Raison spéculative elle-même en Raison pratique.

Nous voyons aussi par là que l'affirmation de la moralité n'est pas un « acte de foi » dans Kant, qu'il n'y a pas là de crise, de « coup d'Etat » violent. La conscience même de la Raison nous en fait connaître la nécessité ; et cette Raison, du moment que nous en prenons conscience, nous apparaît comme législatrice du désir aussi bien que de la connaissance : cela est *donné*, c'est un *fait de la Raison pure*. La moralité est un besoin, si l'on veut, mais un *besoin rationnel*; et encore Kant n'applique ce terme qu'aux conséquences transcendantes des principes moraux (1), car la moralité proprement dite est pour lui un fait. Ce qui est objet de foi, ce sont les

---

(1) *Critique de la Raison pratique*, trad. Barni, p. 363.

affirmations transcendantes de l'*immortalité de l'âme* et de l'*existence de Dieu*, qui supposent un autre monde d'*intuitions*, et qui ne constituent pas la moralité même : nous en verrons plus loin le sens.

Que si on demande à Kant : cette Raison pratique, ainsi substituée à la Raison spéculative, atteint-elle l'Etre même? il ne répondra pas à cette question dont la Raison spéculative a montré l'inanité. Il faut nous en tenir à ce que nous savons. Nous atteignons l'*acte*, non l'*Etre*; et en constatant l'*acte*, nous ne répondons pas à la question de l'*Etre*, de la *Res aeterna*, posée par la Raison spéculative.

Ce premier exposé nous montre déjà le sens du kantisme, et aussi qu'il faut tenter de substituer la certitude morale à l'autre ; prolonger nettement la moralité à l'infini de façon à ne pas en rester à cette opposition des deux Raisons, ou plutôt à cette indétermination de leur valeur respective. Nous préciserons cette conclusion par l'étude des rapports de *la liberté*, de *la loi morale* et du *devoir*.

II

La liberté, la loi morale et le devoir.

La question fondamentale qui se pose à propos de ces rapports est celle-ci. La liberté est en un sens justifiée par la loi morale et le devoir ; car, sans la Raison pratique, l'idée de *causalité inconditionnelle*, qui est celle de liberté, demeurerait vide, et nous ne saurions où la fixer, en nous ou hors de nous, ni même comment la déterminer. Seule la *loi morale*, le fait de la Raison pure, ou plus précisément le devoir (car nous ne nous connaissons pas comme des Raisons pures pratiques, mais comme des Raisons unies et opposées à des sensibilités), seul le *devoir* donne un sens à cette causalité, qui devient dès lors une causalité *pratique* que nous ne saisissons pas directement, que nous concluons du devoir.

D'autre part, si nous ne connaissons la liberté que par le devoir, c'est cependant l'idée de la liberté que présuppose le devoir et l'idée de la liberté, de la spontanéité de la Raison, dans un monde absolument intelligible, sans détermination *pratique*, semble-t-il. Sans cela, la moralité ne serait pas justifiée, et l'on pourrait croire que « nous n'avions pris pour fondement l'idée de la liberté qu'en vue de la loi morale, pour conclure ensuite celle-ci de celle-là ; et que, par conséquent, de cette loi même nous ne pouvions donner aucune raison, mais que nous l'avions mise en avant comme un principe que les âmes bien pensantes nous accorderaient aisément, quoique nous ne puissions l'établir sur aucune preuve (1). »

Telle est la difficulté que Kant discute dans la troisième partie des *Fondements de la métaphysique des mœurs*. La moralité, le devoir, l'application à nos actes de la forme de l'universalité, de la Raison, n'est justifiable que si la Raison est établie *a priori* comme cause efficiente. Mais nous ne connaissons cependant la Raison comme cause que parce que nous la connaissons comme *pratiquement obligée*. Kant semble ne pouvoir se tirer de cette difficulté que par l'une ou l'autre de ces deux voies. Ou il devrait revenir à l'ancien dogmatisme pour justifier la liberté comme causalité intelligible, ce qu'il a montré impossible. Ou plutôt il faudrait qu'il devançât la philosophie de Fichte, en accordant que la liberté pratique se justifie par elle-même, que l'Être est dans le sens de l'Acte, qu'il n'y a plus de question à poser relativement à cette Raison pratique ; et cela, non par impuissance de la Raison incapable d'atteindre le noumène, mais parce que la certitude noumenale exigée par la Raison spéculative serait, en réalité, secondaire. Ou justifier théoriquement la liberté, ou élever, sans laisser planer au-dessus l'idéal d'une certitude noumenale, la

---

(1) *Fondements de la Métaphysique des mœurs*, trad. Barni, p. 109.

Liberté à l'Etre, telle est l'alternative où, semble-t-il, se trouve placé Kant. S'il penchait vers la seconde partie de l'alternative, la philosophie de Kant changerait pour nous tout à fait d'aspect. Peut-être alors Kant n'aurait-il pas nié la possibilité d'atteindre à l'affirmation d'un Dieu, car si la Liberté était vraiment substituée à la *Res aeterna*, on ne pourrait lui opposer l'idéal spéculatif; en établissant ainsi la Liberté radicale, ne la poserait-on pas comme infinie, comme Dieu? Les objections de Kant ne seraient peut-être alors opposées qu'à l'affirmation d'un Dieu chose, d'un Dieu objet, se développant comme une notion géométrique ou un organisme vivant, au lieu d'être la limite idéale de la moralité, limite certaine mais impossible à immobiliser, à moins de ruiner la moralité même. Et ainsi Kant affirmerait nettement qu'il y a des raisons de penser que la moralité est dans le sens de la réalité; il supprimerait le doute relatif à la *Res aeterna*, et assimilerait cette *Res aeterna* à un sujet, à une liberté en mouvement, collaboratrice de l'homme, et travaillant à l'intérieur des choses. Comme tout novateur, il aurait seulement exprimé sa doctrine dans des termes qui semblent inconciliables avec la thèse qu'il réfute; allons au fond des choses : il transforme la notion de Dieu plus qu'il ne la supprime.

Il y a à coup sûr, dans Kant, des germes d'une telle philosophie, mais nous verrons que lui-même ne les a pas développés, et qu'il en est resté à cette attitude de réserve que nous avons essayé de caractériser au début; il n'a regardé comme nécessaire pour justifier la moralité, ni de justifier théoriquement la liberté, *ni d'en élever à l'absolu la conception purement pratique*. Nous verrons en même temps plus nettement, à propos de cette question, jusqu'à quel point il est impossible de se tenir à ce point de vue, et comment on peut le dépasser sans revenir ni au *spinozisme*, ni au *finalisme leibnitzien*.

Nous allons successivement étudier en quel sens, selon Kant, le *devoir fonde la liberté*, en quel sens la *liberté fonde le devoir*.

A

Le devoir fonde la liberté.

En un sens la liberté est connue par la loi morale, ou plutôt par le *devoir*; — et ces connaissances sont des *constatations*, des *données pratiques*.

L'idée de liberté est *celle d'une causalité inconditionnelle*.

Nous ne pouvons admettre cette causalité dans le temps; la nature même du temps implique le déterminisme. Même au point de vue de la spéculation, l'idée vraiment féconde est celle de l'Etre nécessaire, idéal de l'unité de la connaissance. « Personne, » dit Kant, « ne se serait jamais avisé d'introduire la liberté dans la science, si la loi morale, et avec elle la Raison pratique, n'était intervenue et ne nous avait imposé ce concept (1). » La preuve de la liberté par le témoignage de la conscience, si l'on entend par là la conscience de mon individualité empirique, ne vaut pas, étant donnée l'ignorance possible des causes de mes actes; c'est la liberté « *du tournebroche* (2). »

Je me connais, il est vrai, d'après les métaphysiciens, *sub specie aeternitatis;* par le « je pense » j'atteins mon âme elle-même hors du temps. Mais le « je pense » n'est qu'une forme relative aux phénomènes, indéterminée en elle-même, et que détermine le contenu empirique de la conscience. Pour me connaître comme veulent les métaphysiciens, il faudrait me produire moi-même ou me connaître par un concept *a priori* (3).

Théoriquement, je ne puis donc prouver que je suis libre; et l'idée de liberté reste ainsi *celle d'une causalité intelligible inconditionnelle* que nous ne savons où fixer,

---

(1) Kant, *Critique de la Raison pratique*, trad. Barni, p. 173.
(2) *Critique de la Raison pratique*, p. 286.
(3) *Fondements de la Métaphysique des mœurs*, trad. Barni, p. 106.

ni comment déterminer. Le *je pense* n'est qu'une forme, l'unité des catégories, et cette forme ne peut être convertie, par la Raison pure, en *cause*. L'idée de liberté n'a, au point de vue spéculatif, qu'une valeur limitative.

Mais la loi morale, c'est-à-dire la forme de l'universalité appliquée au désir, nous commande de la réaliser elle-même, sans connaître l'universel en tant que réalité : de là résulte la liberté, qui n'est autre que la causalité de la Raison, en tant que soumise à la loi morale (1), ou plutôt à elle-même.

Approfondissons le sens de cette loi pour bien comprendre celui de la liberté.

Cette loi, c'est la Raison se contraignant à elle-même, consentant à elle-même (2); et l'on ne peut remonter au delà de la Raison, ni spéculativement : elle n'a pas d'intuitions qui lui soient propres; ni pratiquement : cela rendrait l'action morale intéressée, lui donnerait une autre fin qu'elle-même. « L'homme n'est soumis qu'à une législation qui lui est propre et qui est en même temps universelle, et il n'est obligé d'obéir qu'à sa propre volonté, mais à sa volonté constituant une législation universelle (3). » On ne connaît donc pas, on ne voit pas la loi morale ; on la *constate*, on en prend conscience en même temps que de la Raison, car elle n'est autre que la Raison appliquée au désir.

Voici qui nous fera mieux comprendre encore le caractère de cette loi : d'être un *fait de Raison*. Que l'on considère la loi morale en général, ou en tant qu'applicable aux êtres sensibles, c'est une proposition d'une nature telle qu'elle ne peut passer pour une *connaissance*. La loi morale peut être considérée en elle-même en tant qu'applicable à tous les êtres raisonnables ; car la Raison, en même temps qu'elle se saisit elle-même comme unie à une sensibilité, conçoit aussi l'idéal d'une Raison

---

(1) *Fondements de la Métaphysique des mœurs*, p. 99.
(2) Voy. *ibid.*, p. 74 et 89.
(3) *Ibid.*, p. 77.

absolument pure, l'idéal de la sainteté de la volonté, comme type de toute action (1). En tant qu'applicable aux êtres dont la volonté s'accorde nécessairement avec les principes de la Raison, aux êtres dont « toute maxime est en même temps une loi objective, » la loi n'est pas un *commandement*. Ou bien la loi peut être considérée comme appliquée à la volonté humaine ; elle est alors un commandement, un *impératif catégorique*. Or, dans ces deux sens, la loi est une *proposition synthétique a priori*, et d'un ordre tel qu'elle ne satisfait pas aux conditions que la critique de la Raison pure impose à ce mode de connaissance.

La loi morale en elle-même n'est autre que la forme de l'universalité, et nous assimilons, en l'affirmant, une volonté qui ne peut agir que conformément à une législation universelle, à une volonté absolument bonne ; nous disons : la soumission à la loi, c'est la perfection de la volonté. Mais c'est là une proposition synthétique *a priori* (2), car le concept d'une volonté absolument bonne dépasse, semble-t-il, celui d'une législation universelle, ou, plus précisément, dans l'idée d'une volonté dont la maxime peut s'ériger toujours en principe universel, n'est pas analytiquement contenue celle de la causalité de cette volonté : caractère qui seul ferait de cette volonté une volonté absolument bonne, puisque elle deviendrait cause absolue, inconditionnelle. Et pour unir deux concepts synthétiquement, il faut un troisième terme, selon la *Critique de la Raison pure*, qui soit une intuition : cette intuition ne pourrait être ici que la liberté ou la causalité de la Raison qui, attribuée à la Raison, la ferait absolument bonne. Or cette intuition nous manque, car la liberté ne peut être cherchée parmi les intuitions sensibles, qui n'ont que faire d'ailleurs dans le domaine de la Raison pure ; et nous n'avons pas d'intuition intellectuelle : l'idée de liberté n'est que

---

(1) *Critique de la Raison pratique*, p. 178.
(2) *Fondements de la Métaphysique des mœurs*, p. 99.

l'idée d'une causalité pratique que tout être raisonnable prend nécessairement pour fondement de ses actes, mais qui n'est pas une connaissance. L'affirmation de la loi morale en tant qu'applicable à tous les êtres raisonnables, ou l'assimilation d'une volonté absolument bonne avec une volonté dont toutes les maximes sont des principes objectifs, est donc un principe synthétique *a priori* d'ordre à part, puisqu'il unit sans intuition un prédicat et un sujet distincts ; ce n'est pas une *connaissance*, c'est un principe synthétique *a priori* d'une valeur purement pratique (1).

A plus forte raison si je considère la loi morale sous la forme de l'*impératif catégorique*, en tant qu'elle s'applique à des êtres sensibles, est-ce une proposition synthétique *a priori*. Alors, en effet, non seulement je me sers de l'idée d'une causalité purement pratique pour unir la Raison à l'action, mais l'action *peut être* ou *ne pas être* conforme à la Raison. Et, par suite, je me considère en tant que doué de Raison comme un autre être, que quand je me considère en tant qu'affecté par des désirs sensibles. « Le devoir catégorique suppose une proposition synthétique *a priori*, où à l'idée de ma volonté affectée par des désirs sensibles s'ajoute celle de la même volonté, appartenant au monde intelligible, pure et pratique par elle-même, et contenant la condition suprême imposée à la première par la Raison (2). » Il est vrai que je réalise la loi dans le monde sensible ; mais ce monde ne peut passer pour un « schème » de la loi : la loi qui est objet de Raison pure ne peut être schématisée ; le monde sensible n'est pas pour la loi morale un « schème, » mais seulement un « symbole » de l'idée ; il ne la figure

---

(1) Quoique Kant n'ait pas toujours distingué nettement ces deux concepts de la loi, il nous semble que cette distinction est tout à fait dans le sens de la doctrine et sert à l'éclaircir. Il n'a pas non plus aussi longuement expliqué pourquoi la *loi morale*, prise en elle-même, est une proposition synthétique *a priori* ; cependant notre commentaire ne fait que développer les indications de Kant que l'on trouve surtout dans la 3ᵉ partie des *Fondements de la métaphysique des mœurs*.

(2) *Fondements de la Métaphysique des mœurs*, p. 111.

pas comme le mouvement et le temps figurent la causalité ; il reçoit une règle de la Raison, mais ne peut représenter le Bien moral dont l'objet est supra-sensible (1). Et d'autre part il n'y a pas d'intuition intelligible qui corresponde au devoir : posséder cette intuition, ce serait *voir* la causalité de la Raison, la liberté, et tout au contraire, c'est par la loi que nous pouvons déterminer celle-ci ; la Raison pratique *emploie l'idée de causalité* pour réaliser des objets en vertu de l'impératif catégorique.

La *loi morale* et l'impératif catégorique sont donc des propositions synthétiques *a priori*, c'est-à-dire dont il faut admettre, *sans la voir* analytiquement, la nécessité ; et de plus des propositions synthétiques *a priori* d'ordre à part, étant *purement rationnelles*, et par suite distinctes des propositions synthétiques *a priori* de l'entendement auxquelles correspond une intuition sensible par l'intermédiaire du schème.

Nous sommes entrés dans ces subtilités de la critique kantienne pour mieux dégager le caractère *positif*, de pure *constatation*, que Kant attribue à la *loi morale* et *au devoir*. Ce n'est pas qu'il donne cette constatation pour une *connaissance* ; c'est un *fait*. Il ne faut donc pas reprocher à Kant, comme le fait M. Fouillée, de n'avoir pas « *démontré* l'existence de la Raison pure pratique, tâche à laquelle il avait cru devoir finalement se borner (2). » Kant n'a jamais prétendu *démontrer* l'existence de la Raison pratique, mais seulement *constater* cette existence ; et cette constatation a sa valeur et demeure inattaquable, du moment que, par la critique de la Raison pure, la Raison a été sauvée et de l'*empirisme* et du *dogmatisme*, qui font également dépendre la Raison de choses soit *sensibles*, soit *éternelles*. Ainsi s'explique ce qu'il y a, en effet, d' « exceptionnel, » comme dit

---

(1) Voy. la *Typique de la Raison pure pratique*, *Crit. de la Raison pr.*, p. 238. *Critique du Jugement*; sur le symbole, vol. I, p. 335-36.
(2) Fouillée, *Critique des systèmes*, etc., p. 196.

M. Fouillée dans les propositions synthétiques *a priori* de la loi morale et de l'impératif catégorique : ce ne sont pas là des *objets de connaissance*.

Ainsi s'expliquent aussi les différents termes par lesquels Kant désigne la loi morale, et que M. Fouillée trouve contradictoires, faute, semble-t-il, d'avoir saisi le caractère propre du kantisme. « La réalité de la loi morale est un axiome, » dit quelque part Kant (1), quoique cet axiome ne puisse être exposé en « intuition » comme tous les autres : c'est que précisément elle ne prétend pas être une connaissance. C'est, d'autre part, un « *fait de raison* (2), » même un « *fait de conscience* (3). » Ce n'est, en effet, ni une *res aeterna* intelligible au sens géométrique ou même finaliste du mot, ni, non plus, une simple *idée* purement régulatrice, législatrice de faits dont l'existence lui est donnée, et peut être indépendante d'elle-même. Bien au contraire, elle détermine ces faits, se réalise en eux, sans que d'ailleurs cette détermination soit intelligible : elle est seulement donnée. Ce n'est ainsi ni une *chose*, ni une simple *idée*, extérieure en quelque sorte aux choses. C'est la Raison même agissante, sans que l'on voie comment elle agit ; c'est donc un *fait de Raison*. C'est par là même, en un sens, un *fait de conscience*, car la Raison ne peut se dépasser elle-même ; elle est *forme* au point de vue spéculatif ; elle devient Raison pratique en tant qu'elle s'applique au désir, à la volonté ; elle ne connaît donc qu'elle-même par elle-même : c'est une *conscience*. C'est encore un fait, parce qu'il n'est rien au delà d'où il puisse être dérivé (4), et qu'il n'est pas plus explicable qu'un fait empirique donné qu'on peut rattacher, par le lien de causalité, à d'autres faits, mais dont on ne peut expliquer la caractéristique qualitative propre. Mais Kant l'appelle aussi une *idée*. Dans

---

(1) *Log. Trad.*, Tissot, p. 135, cité par M. Fouillée, p. 180.
(2) *Critique de la Raison pratique*, p. 175.
(3) *Critique du Jugement*, t. II, p. 83.
(4) *Critique de la Raison pratique*, trad. Barni, p. 175.

une volonté comme la nôtre, en effet, qui n'est pas essentiellement morale, l'idée de notre Raison, comme législatrice universelle, peut être dite seulement une *idée*, quoique en un autre sens, puisque nous nous donnons cette loi, elle soit le *moi* intelligible et, par suite, un fait. Tous ces termes seraient contradictoires ou difficiles à concilier, s'il s'agissait ici de *connaissance*.

Tel est le sens de la loi morale et du devoir ; la loi morale n'est connue d'ailleurs que sous la forme de l'impératif catégorique, s'appliquant à des êtres sensibles et faillibles.

Nous pouvons comprendre mieux maintenant comment la loi morale, ou plutôt le devoir, donne seul un sens à la liberté ; et, d'autre part, cette idée de liberté éclairera celle du devoir. Négativement, l'idée de liberté est celle de l'indépendance à l'égard des mobiles sensibles, indépendance que le déterminisme phénoménal ne rend pas impossible : la critique de la Raison pure l'a montré. Positivement, elle serait la loi morale elle-même considérée comme efficiente, la volonté *autonome* ou la Raison se contraignant elle-même, si nous étions des êtres saints : alors le *vouloir* ne se distinguerait pas du *devoir ;* toutes nos actions seraient toujours conformes à l'autonomie de la volonté (1), et la moralité ne serait autre que le mode d'action de la liberté : il suffirait d'analyser le concept de moralité pour y trouver celui de liberté (2). Dans une telle volonté, la liberté pratique serait le principe de la moralité ; car les actions seraient toujours conformes aux principes, et, pratiquement, nous saisirions d'abord la liberté : d'êtres saints, on pourrait dire que, *pratiquement*, ils connaissent la liberté avant la loi, ou, plutôt, la conscience de la liberté ne se distinguerait pas pour eux de celle de la loi. D'ailleurs, en concevant des volontés absolument

---

(1) *Fondements de la Métaphysique des mœurs*, p. 111.
(2) *Ibid.*, p. 99.

libres ou saintes, nous ne concevons pas par là la liberté théoriquement. Une volonté sainte ne réalise pas encore, pour Kant, la causalité intelligible ; car l'action extérieure y serait encore reliée à la Raison par un Acte.

Mais cette liberté pratique absolue, nous ne pouvons même pas nous l'attribuer. « Nous ne connaissons la liberté, telle qu'elle nous est révélée pour la première fois par la loi morale, que comme qualité négative, en ce sens que nous ne sommes nécessités à agir par aucune détermination sensible (1). » Nous ne pouvons avoir de la liberté, comme causalité de la Raison, une conception *positive*, c'est-à-dire montrer *théoriquement* la Raison pratique nécessitante par rapport à l'arbitre sensible. Et, d'autre part, nous ne sommes pas des êtres saints chez lesquels les maximes seraient nécessairement conformes aux principes objectifs. L'homme fait preuve d'une faculté de choisir conforme aussi bien que contraire à la loi ; mais cela ne peut nous servir de principe d'explication ou de définition du libre arbitre. « La liberté, par rapport à la législation intérieure de la Raison, n'est proprement qu'une faculté ; la possibilité de s'écarter de cette législation n'est qu'impuissance. Comment donc pourrait-on expliquer la première de ces choses par la seconde (2) ? » Dès lors la conscience de la loi n'est pas identique en nous, comme chez des êtres saints, à celle de la liberté ; mais nous connaissons la liberté par le devoir ; nous la *concluons* : l'action *objectivement*, mais *pratiquement* nécessaire, et qui serait dans une volonté sainte *réellement* nécessaire, est, pour notre conscience empirique, *subjectivement* contingente. On voit à quel point le *libre arbitre* proprement dit, c'est-à-dire la faculté d'agir conformément ou contrairement à la loi, est chose obscure et peu susceptible de définition.

Dès lors on ne peut dire, à proprement parler, que je

---

(1) *Pr. mét. du droit*, trad. Tissot, p. 28.
(2) *Pr. mét. du droit*, p. 29.

suis libre, expression que l'on ne pourrait même appliquer à des êtres saints ; car nous ne pouvons leur attribuer qu'une causalité pratique : nous ne concevons que le rapport de « leur Raison à leur volonté. » Aussi Kant se borne-t-il à admettre la liberté comme une *idée* que les êtres raisonnables donnent pour fondement à toutes leurs actions (1) ; et tout être qui ne peut agir que sous la condition de l'idée de la liberté est par là même, au point de vue pratique, réellement libre. Dire que je suis libre, ce serait dire que je *vois* la liberté. La liberté est donc une idée sous l'influence de laquelle je constate que je suis obligé d'agir, du moment que je prends conscience de la Raison. Et il faut entendre, par cette idée de la liberté, l'idée d'une *volonté autonome*, dont les maximes s'accorderaient nécessairement avec les principes de la Raison, d'une volonté sainte. Je puis donc me représenter, si j'en reste à la simple constatation des faits, comme une sensibilité, un *moi* empirique soumis à l'idée d'une volonté pure pratique, la liberté ne pouvant être conçue que pratiquement. Cet idéal d'une volonté sainte, transformé en réalité, s'appelle Dieu ; mais Dieu doit être conçu lui-même, « comme ne pouvant juger la valeur des êtres raisonnables que d'après la conduite désintéressée prescrite par cette idée même (2). » La liberté, en ce sens, est donc une idée.

Mais Kant la qualifie encore autrement, et, pas plus qu'entre les divers termes par lesquels il exprime la loi morale, il n'y a contradiction entre les différentes désignations de la liberté.

Quoique je ne puisse dire en un sens que *je suis libre*, cependant la Raison n'atteint qu'elle-même ; elle est, pour employer l'expression de M. Lachelier, contenue dans la même unité numérique que le *moi* empirique. Le « *je pense* » qui, théoriquement, est une pure forme, devient un *moi pur pratique*, se réalisant dans les cho-

---

(1) *Fondements de la Métaphysique des mœurs*, p. 101 et note.
(2) *Critique de la Raison pratique*, p. 88.

ses en vertu d'un commandement. Je puis donc dire que je suis composé d'un *moi intelligible*, uni à un *moi* empirique. L'idée d'une *causalité* intelligible devient, en quelque façon, *mienne* par le devoir, lequel, précisément, établit un lien entre le *moi* pur et la sensibilité.

C'est, par suite, une *chose de fait* (*Thatsache*), comme la loi morale, et pour les mêmes raisons (1). C'est une idée dont on connaît la possibilité *a priori*, par la loi morale, et qui a son objet dans *des actions réelles, dans l'expérience*. C'est donc plus qu'une idée purement spéculative, qui n'a ni intuition intellectuelle correspondante, ni, non plus, une réalité pour ainsi dire expérimentale; car une idée purement spéculative, tout en exprimant l'unité systématique de la connaissance, est en quelque façon extérieure aux choses, ne se réalisant pas en elles (2).

Ainsi l'idée d'*une causalité intelligible inconditionnelle* trouve un objet dans l'expérience. Nous ne savions comment la déterminer; elle devient, du moment que nous prenons conscience de la Raison, l'autonomie de la volonté. Les intuitions ne sont plus, comme à la Raison pure, simplement données; la Raison pure pratique réalise ses objets. Nous rendons ainsi les idées, en quelque sorte, *créatrices;* et nous nous construisons, au *point de vue pratique, un véritable* κόσμος νοητός.

Mais cela n'étend en rien notre connaissance. La conception d'une liberté en partie négative ne peut passer pour une connaissance. Connaître la liberté, ce serait en avoir une *intuition intellectuelle positive*. Même une volonté sainte ne remplirait pas ces conditions, car l'hétérogénéité subsisterait toujours entre la sensibilité et la Raison, encore que la Raison s'imposât sans lutter, à la sensibilité. A plus forte raison, ne peut-on connaître une faculté par une impuissance, comme dit Kant. L'âme raisonnable est connue spéculativement comme

---

(1) *Critique du Jugement*, t. II, p. 202.
(2) La liberté est aussi quelquefois rangée, quoique Kant l'en distingue profondément d'ordinaire parmi les *postulats* pratiques.

une *forme;* pratiquement, comme une Raison soumise au devoir ; jamais comme liberté, c'est-à-dire *comme une causalité inconditionnelle intelligible,* ce qui signifie, pour Kant, comme une *Res aeterna.*

Nous voyons par là qu'il est, en un sens, peu exact de dire que nous sommes, selon Kant, libres *dans le monde des noumènes*, ou, comme dit M. Fouillée, dans un monde inconnaissable et mystérieux. Ce monde est mystérieux en tant que nouménal (1), c'est-à-dire objet d'entendement pur ; mais nous saisissons la liberté comme fait, sous la forme de Raison pratique qui agit sur ce monde. En dehors de cette signification pratique, le noumène ne signifie autre chose qu'impossibilité d'élever à l'absolu le phénomène et absence de contradiction entre la Raison spéculative et la Raison pratique.

Il ne faut, dès lors, non plus représenter l'homme, selon le kantisme, comme appartenant à deux mondes : celui des phénomènes, celui des noumènes, quoique Kant se soit souvent servi de l'opposition de « l'homo-phœnomenon » à « l'homo-noumenon. » Mais le sens de cette expression est simple. La liberté ne descend pas d'une région supra-sensible pour se mêler aux phénomènes. Il n'y a pas deux mondes, mais un seul; seulement, cette unité du sensible et de l'intelligible est purement *pratique;* c'est un idéal que nous devons réaliser. L'opposition du sensible et de l'intelligible existe bien aussi, mais dans ce monde même. Dire qu'il y a des noumènes, c'est dire qu'il y a autre chose que les phénomènes, mais cette « autre chose » n'est pas un autre monde : c'est la Raison pratique elle-même, le moi intelligible se réalisant dans les faits. Il y aurait un autre monde, si nous connaissions les choses en soi, c'est-à-dire telles qu'elles seraient pour un entendement pur, les essences de l'ancienne métaphysique. Nous ne

---

(1) Nous avons employé, indifféremment, les termes *noumène* et *chose en soi;* le terme *noumène* nous semble indiquer plus précisément dans Kant une hypothèse *spiritualiste.*

vivons pas de deux existences, mais d'une seule, qui est la vie considérée d'un point de vue moral.

Nous en restons donc à l'*idée d'une causalité inconditionnelle* que le devoir détermine et applique, pour ainsi dire, à mon moi empirique, ou encore à la constatation d'un *moi intelligible* s'imposant à un moi empirique, ou, ce qui revient au même, à l'idée d'une volonté autonome, comme supposition nécessaire pour un être doué de raison.

D'une telle constatation, l'empirisme ne peut rendre compte : la critique de la Raison pure a suffi pour l'établir ; d'autre part, les difficultés que le dogmatisme pourrait soulever sur les rapports de la liberté avec Dieu ne sont pas à soulever, car vous ne pouvez faire ni de moi ni de Dieu des choses éternelles. L'empirisme et le dogmatisme, également impuissants, nous laissent donc en présence, si l'on peut s'exprimer ainsi, de moi purs unis à des moi empiriques, renonçant à eux-mêmes par le péché ou, au contraire, construisant au-dessus de la cité terrestre une cité idéale, une république des fins. La doctrine théologique de la chute et de la rédemption est peut-être l'expression la plus exacte du kantisme (1). Mais Kant l'admet comme une conception positive, exprimant l'état actuel de l'homme ; il ne prétend pas par là avoir répondu à la question de l'*Etre*, qui demeure la question insoluble, *mais toujours posée*.

« Comment se reconnaître, » dit M. Fouillée, « dans ce dédale de moi différents et pourtant inséparables, dans cette mythologie de noumènes et de phénomènes ? » On ne s'y reconnaît pas, en effet, parce qu'il n'y a pas là *de connaissance* : c'est une conception pratique, qui n'est qu'une constatation, la constatation des données de la Raison pratique. Mais ces données il n'y a aucune raison de les révoquer en doute, à moins qu'on n'élève le mécanisme à l'absolu. Quant aux difficultés méta-

---

(1) Voir la *Théorie de la Religion dans les limites de la Raison*, trad. Lortet. Lyon, 1842.

physiques qu'on peut opposer à Kant, la critique de la Raison pure a montré que, du point de vue spéculatif, il n'y a pas de telles objections à poser, puisque l'on ne peut donner de sens aux questions relatives aux noumènes. L'erreur de M. Fouillée, dans la critique de Kant, a été, semble-t-il, de discuter toutes les difficultés théoriques du Kantisme comme des difficultés dont Kant ne se serait pas douté, au lieu que Kant regarde l'impossibilité de résoudre ces difficultés comme la preuve même de son système. Ce qu'il eût fallu établir, c'est que Kant ne demeure pas lui-même au point de vue où il s'est tout d'abord placé, et lui reprocher, — s'il y avait lieu, comme une contradiction, — non de n'avoir pas résolu certaines difficultés théoriques, mais bien, au contraire, d'avoir tenté de les résoudre.

C'est cette dernière conclusion qui semblerait, en effet, résulter de certains points de sa doctrine de la Liberté et de quelques textes par lesquels on peut éclairer cette doctrine. Si, en un sens, l'idée de liberté ne prend une signification que par l'impératif catégorique, en un autre sens Kant ne dit-il pas que la liberté fonde le devoir? Ne veut-il pas justifier le « devoir » et, dès lors, ne dépasse-t-il pas son positivisme pratique?

B

En quel sens la liberté fonde le devoir.

En soi, c'est-à-dire théoriquement, si le rapport de la Raison aux choses était connu autrement que pratiquement, en un mot intelligible, la liberté fonderait la moralité. Le mode d'action de la Raison serait déterminé par sa nature de causalité intelligible. Il suit de là que l'idée de liberté fonde, en réalité, le devoir; antérieurement au devoir, ne faut-il pas supposer cette causalité intelligible, c'est-à-dire le pouvoir? Il est vrai que je connais la liberté, c'est-à-dire la causalité de la Raison, uniquement par le devoir, que je ne la *vois* pas; mais, cependant, la moralité n'est possible que si j'ai admis cette causalité de la Raison. Il semble, dès lors, qu'il y ait là un cercle vicieux dont il soit impossible de sortir : d'une part, pour être obligé, il faut pouvoir ; d'autre part, je sais que je puis, parce que je dois. Et la seule solution possible semble être ou bien de justifier la causalité de la Raison, la liberté théoriquement, — ce qui est impossible ; d'ailleurs, au point de vue de la Raison spéculative, il semble bien plutôt que le spinozisme soit le vrai, — ou bien de déclarer nettement que cette causalité *pratique* que nous ne *voyons* pas, mais que le devoir nous révèle, n'a pas besoin de justification. Dès lors, en atteignant la causalité pratique révélée par le devoir, nous atteindrions le symbole le plus approximatif de la réalité ; il n'y aurait pas à chercher de justification théorique du devoir, le noumène serait la Liberté *pratique*. Il serait, dès lors, faux que Kant laissât planer l'ombre de la *Res aeterna* au-dessus de la Liberté pratique : il substituerait nettement ce type de certitude à celui de la certitude spéculative.

Il semble, par endroits, que l'on puisse interpréter Kant en ce sens. La solution même qu'il donne du cercle vicieux relatif à la liberté et au devoir est un argument, — en apparence, — en faveur de cette thèse. Il se tire du cercle vicieux par la distinction de l'*ordo essendi* et de l'*ordo cognoscendi*. En soi, dans l'ordre de la réalité, la liberté fonde le devoir : c'est parce que l'homme est libre en tant que raisonnable, parce que sa raison est spontanéité pure, qu'il est moral. Mais nous ne connaissons la liberté que par le devoir. Donc, Kant admet que la Liberté est l'explication radicale. Elle se révèle à elle-même, il est vrai, dans le monde sensible, mais elle est en elle-même spontanéité pure, et il n'y a pas à concevoir au-dessus d'elle la possibilité d'un ordre nouménal ; il ne faut pas lui opposer un autre type de certitude, qui, tout en demeurant inaccessible, serait le véritable idéal de la connaissance. Le système de Kant aurait pour objet vraiment d'abaisser la connaissance pour faire place à la foi, non pas à une foi incapable de saisir la réalité, acceptée comme un pis-aller par impuissance de la connaissance, mais à une foi qui se substituerait entièrement à la connaissance. Kant dépasserait donc le strict positivisme que nous avons essayé de définir, positivisme dominé par l'idéal de la certitude spéculative, pour s'acheminer à un système de la liberté.

Cette conclusion paraît pouvoir se justifier encore par d'autres textes. Il semblerait, à les interpréter d'un certain point de vue, que Kant n'eût pas renoncé à toute métaphysique, mais seulement à la conception de la *Res aeterna*. Il n'aurait même pas, à vrai dire, détruit le Dieu des métaphysiciens, mais la conception que s'en fait le vulgaire ; car, pour les métaphysiciens, Dieu n'est-il pas « objet immédiat interne, » et ne cesse-t-il pas, dès lors, d'être objet, pour devenir la Liberté, c'est-à-dire comme le prolongement incompréhensible de la première puissance de notre être ? Kant ne dit-il pas, en effet, nettement qu'il devait « abolir la science *pour faire place* à la foi ? » ou encore, que l'idée de liberté est « la clef de voûte des deux Critiques ? » qu'il doit bien y avoir en somme « une unité des deux Raisons ? » N'admet-il pas la « spontanéité absolue de la Raison ? » N'est-ce pas son dernier recours dans la question de la liberté et du devoir ? Ne dit-il pas aussi : « La loi morale, quoique elle ne nous en donne non plus aucune vue (des noumènes), nous fournit un fait absolument inexplicable par toutes les données du monde sensible et par toute notre raison théorique qui nous révèle un monde purement intelligible, et qui même le détermine d'une manière positive et nous en fait connaître quelque chose, *à savoir une loi* (1). » Il semble, d'après ce texte, que le noumène ne reste plus à l'état d'indétermination, mais que la loi morale soit comme le phénomène du noumène, — de même que les attributs de Dieu, selon l'ancienne métaphysique, ne nous révèlent

---

(1) *Critique de la Raison pratique*, p. 195.

pas Dieu même; — et que la doctrine du noumène soit simplement la doctrine de tout temps admise de l'existence d'un au delà incompréhensible prolongeant la Réalité fondamentale que nous atteignons. Même la théorie de la finalité, dans la *Critique du Jugement*, ne rattache-t-elle pas nettement la nature à la moralité et à la Raison, de sorte que la Raison pratique s'exprimerait en quelque façon dans les choses ? Nous trouvons, dans la *Critique du Jugement*, des textes d'où il semble résulter que Kant ne nie pas que Dieu ne soit dans le sens de la Liberté, mais affirme seulement qu'il est la Raison éminente de la Liberté comme de la Nature. « Par cette possibilité intérieure qui se manifeste dans le sujet comme par la possibilité extérieure d'une nature qui s'accorde avec la première, il (l'homme) se voit lié à quelque chose qui se révèle dans le sujet même et en dehors du sujet, et qui n'est ni nature, ni liberté, mais qui est lié au principe de cette dernière, c'est-à-dire avec le suprasensible, dans lequel la faculté théorique se conforme avec la faculté pratique d'une manière inconnue, mais semblable pour tous (1). »

Malgré ces textes, il nous semble que Kant garde l'attitude que nous avons dite. La véritable doctrine de la *Critique du Jugement* est que nous n'atteignons l'Inconditionnel que sous forme de Raison pratique; et, par suite, la finalité naturelle qui se complète ainsi ne peut être considérée que comme la conséquence d'une finalité *pratiquement* inconditionnelle. Il faudrait, pour que le principe de finalité fût objectif, que l'on pût déduire la diversité des lois empiriques de l'unité supra-sensible inconditionnelle, ce qui ne se peut ; et non pas seulement les rattacher à une finalité inconditionnelle sans rapport avec la nature. Rattacher *la nature* à *la liberté* ce n'est pas résoudre la question de la réalité, de la *Res aeterna*. L'unité en quelque sorte morale de la nature, où semble nous conduire la *Critique du Jugement*, est

---

(1) *Critique du Jugement*, Barni, I, p. 337.

ainsi un besoin purement subjectif par rapport à la nature, qui exigerait, pour achever l'explication des choses, une fin inconditionnelle *naturelle*, une *Res aeterna*. La conception morale du monde est celle qui convient à un Etre doué d'une Raison pratique ; mais cette Raison pratique n'étendant pas notre connaissance, comme nous avons vu, et ne répondant pas à la question de l'Etre, nous n'avons pas de solution théorique sur la question de l'unité morale du monde. La source commune de la moralité et de la nature est-elle dans le sens de la moralité? Nous ne le *savons* pas : c'est seulement ce qu'il est raisonnable d'admettre, dans l'état actuel de l'homme, pour achever le système de la Raison.

Quant à la difficulté spéciale qui nous occupe : la solution du cercle vicieux, — et par là s'éclaireront les autres textes, — cette solution n'a pas, dans la philosophie de Kant, le sens que nous lui attribuions, en posant la difficulté. Il est bien vrai que Kant admet qu'en un sens la liberté fonde le devoir, et qu'en un autre sens le devoir nous fait connaître la liberté ; dans l'ordre de la réalité, la liberté est antérieure au devoir, dans l'ordre de la connaissance, postérieure. Mais quelle est cette liberté qui fonde le devoir? C'est l'idée d'une volonté sainte, autonome ; dans une volonté telle, nous l'avons vu, la Raison étant nécessairement efficiente, on peut dire que la conscience de la liberté serait celle même de la loi ; et Kant, se plaçant au point de vue des êtres raisonnables en général, ou mieux de la Raison absolument pure, justifie la loi morale par la liberté, en montrant que la liberté doit être supposée comme propriété de tout être raisonnable (1). Dès lors l'homme en tant que raisonnable, en tant que raison pure, doit être conçu comme libre ; en tant que membre d'un monde intelligible par sa Raison, il est libre ; en tant que soumis au devoir, il est considéré comme participant du monde intelligible

(1) *Fondements de la Métaphysique des mœurs*, p. 100 et suiv.

et du monde sensible : et ainsi disparait le soupçon de cercle vicieux, car je ne me place pas au même point de vue en me considérant comme libre, et en me considérant comme soumis au devoir. Mais, comme nous voyons, la solution du cercle vicieux n'a qu'un sens purement *pratique*, et pratique au sens strictement positiviste où l'entend Kant. Si Kant attribue la liberté à tout être raisonnable pour justifier la moralité, s'il pose la Raison d'abord comme efficiente *a priori*, — sans quoi la Raison ne serait pas pratique, — cette liberté qu'il attribue à l'être raisonnable, c'est une liberté pratique : « tout être qui ne peut agir autrement que sous la condition de l'idée de la liberté est par là même, au point de vue pratique, réellement libre. » Donc la liberté que je m'attribue dans l'ordre intelligible n'est qu'un point de vue de ma Raison. Cela signifie que, dans l'ordre de la *hiérarchie pratique*, l'idéal de la liberté pure est antérieur à celui de la liberté déchue. La meilleure manière d'exprimer la doctrine de Kant sur ce point est, en somme, de lui donner la forme théologique que Kant lui-même lui donne parfois : nous pouvons nous représenter moralement comme fait le dogme du péché originel, comme des volontés saintes déchues par le péché. Mais cette primitive liberté que nous nous attribuons en tant que membres d'un monde intelligible n'est pas une causalité qui réponde à la question spéculative de la liberté. « Le concept d'un monde intelligible n'est *qu'un point de vue* que la Raison se voit forcée de prendre en dehors des phénomènes pour se concevoir elle-même comme pratique (1). » Aussi la Raison pratique ne peut-elle pas prétendre à *s'apercevoir*, à *se sentir* (2) dans ce monde. Où la Raison transgresserait ses limites, ce serait si elle entreprenait de s'expliquer comment la liberté est possible ; la liberté est une pure idée dont la réalité objective ne peut, en

---

(1) *Fondements de la Métaphysique des mœurs*, p. 118.
(2) *Ibid.*, p. 117.

aucune manière, être prouvée par des lois de nature (1).

Et cette impossibilité d'une preuve n'est pas, selon Kant, un motif de joie pour la Raison, comme si elle reconnaissait là le type de certitude qu'elle pourrait substituer absolument à la certitude spéculative : c'est une impuissance. Le texte suivant le montre bien, où Kant *se justifie* de ne pas donner d'explication de la liberté. « On ne peut reprocher à notre déduction du principe suprême de la moralité de ne pouvoir faire *comprendre* la possibilité, et encore moins la nécessité absolue d'un principe pratique inconditionnel tel que doit être l'*impératif catégorique ; c'est à la raison humaine en général* qu'il faudrait s'en prendre (2)... Toute notre pénétration nous abandonne dès que nous arrivons aux forces ou aux facultés premières, car rien ne peut nous en faire concevoir la possibilité (3). »

A vrai dire, la solution du cercle vicieux ne touche en rien au fond de la doctrine ; elle fait disparaître une apparente incorrection de forme. La liberté est donc bien connue uniquement par le devoir ; nous ne sommes même pas des volontés saintes qui, sans *se voir* libres, agiraient du moins raisonnablement, sans lutte. La liberté est la faculté qu'a le moi empirique d'obéir au moi pur, ou plutôt qu'a le moi pur de vaincre le moi empirique : faculté que la Raison spéculative ne peut non seulement établir, mais même définir. Et au-dessus de cette liberté, telle que nous la constatons, au-dessus même de l'idéal d'une volonté sainte qui s'imposerait sans effort à la sensibilité, est l'idée d'une causalité inconditionnelle que, sans la Raison pratique, nous ne saurions déterminer, et qui n'a d'autre objet, — prise dans un sens indéterminé, — que de limiter le mécanisme phénoménal. Kant ne dépasse pas la liberté pra-

---

(1) Page 119.
(2) *Fondements de la Métaphysique des mœurs*, p. 126. De même *Critique de la Raison pratique*, p. 290. *A défaut* de cette intuition (l'intuition intellectuelle du sujet), la loi morale nous certifie, etc.
(3) *Critique de la Raison pratique*, p. 202.

tique, et cette liberté, il ne l'élève pas à l'absolu (1).

Nous croyons donc que l'on peut maintenir comme la véritable philosophie de Kant le positivisme que nous avons tenté de définir; sorte de conception strictement morale des choses, à laquelle s'oppose non la certitude spéculative, puisque cette certitude ne peut atteindre son objet, mais l'idéal de cette certitude.

Or il faut avouer que le doute relatif à la possibilité des noumènes rend cette doctrine difficilement soutenable. Kant a recours, pour justifier les difficultés que soulève la question de la liberté, à l'incompréhensibilité des facultés dernières. Mais l'on peut se demander précisément si la liberté est *dernière* dans son système, puisque pour lui l'idéal de la connaissance reste toujours la *Res aeterna*. Le doute relatif à la valeur de la liberté et du devoir n'est pas seulement, dans le système de Kant, ce doute banal qui résulte de ce qu'il y a, dans toute pensée humaine, un au delà transcendant, impénétrable, la prolongeant à l'infini. Les exigences de la connaissance n'étant pas celles de la Raison pratique, ou même étant en un sens opposées à celle-ci, — car l'idéal de l'Etre nécessaire est le véritable idéal spéculatif, — on peut presque dire que, dans le système de Kant, nous avons la *certitude de ne pas avoir atteint la réalité* par la Raison pratique; et cette certitude ressort du système lui-même. Il faudrait pouvoir substituer la Raison pratique à la Raison spéculative, élever à l'absolu l'acte moral même, et en retrouver l'image dans les choses; de sorte que l'intelligible, tel que le concevait l'ancienne métaphysique, fût franchement subordonné à l'acte. Il se peut que l'Etre se prolonge au delà de nous-mêmes différent de ce qu'il est pour nous; mais au moins nous voudrions avoir le droit de dire que nous pensons ce qu'il est le plus rai-

(1) Ce qui montre à quel point, pour Kant, l'idéal de la *Res aeterna* demeure le type de la certitude, c'est qu'il nous donne encore pour symbole de la perfection morale, la *sainteté naturelle*, sans insister, semble-t-il, sur ce point que nous ne pouvons concevoir une *moralité naturelle*.

sonnable de penser. Nous ne pouvons pas le dire dans le système de Kant; la moralité est un besoin de la Raison auquel la réduit l'impuissance de la connaissance; nous ne savons si la connaissance la justifie : la science limitée où nous atteignons n'y contredit pas, il est vrai, mais cette science ne se complète-t-elle pas, pour l'Absolu, par la connaissance et l'intuition de la Nécessité? Non seulement cela se peut, mais cela serait beaucoup plus conforme aux tendances de la Raison spéculative; Kant le reconnaît. Nous sommes donc placés entre un idéal spéculatif impossible, il est vrai, à transformer, en réalité, mais qui, en somme, peut se justifier dans le monde nouménal, et un besoin de la Raison, tel qu'il nous est donné. Il est, à coup sûr, pratiquement raisonnable de s'en tenir à ce besoin, dans notre état actuel d'ignorance; mais, en face des terribles sacrifices qu'il exige, je voudrais, du moins, croire que ce choix n'est pas uniquement une nécessité de fait. Faut-il nous résigner à cette condition? Nous le verrons plus loin.

III

Le formalisme kantien.

Le formalisme kantien est une des conséquences du positivisme de Kant.

Ni *empirisme* ni *dogmatisme*, telle est la conclusion de Kant au point de vue spéculatif; ni *empirisme* ni *mysticisme*, telle est sa conclusion au point de vue pratique. Agir moralement, c'est agir conformément à la Raison; et si, d'une part, les motifs rationnels sont distincts des mobiles sensibles, d'autre part, la Raison ne nous introduit pas dans un monde intelligible. D'où Kant repousse également la morale mystique de l'*amour* et la morale du *plaisir*; nous sommes *soldats du devoir*, et nous ne pouvons dépasser le *formalisme*. La Raison ne reçoit pas de règle du dehors; elle se contraint elle-même.

De là la doctrine de l'*intention*. La valeur de l'individu se mesure à son indépendance à l'égard des mobiles sensibles, à son effort pour appliquer à ses actes la forme de l'universalité. L'action ne peut être le critérium de la moralité. Ce qu'il y a de plus sûr au monde, pratiquement, c'est la conscience de la Raison comme législatrice universelle, et, par suite, de plus méritoire, l'effort pour réaliser dans les choses la forme de l'universalité. Le succès ne peut justifier l'acte que selon une doctrine objective qui admettrait une harmonie universelle donnée, comme mesure du degré de perfection de nos actes. Pour une doctrine du point de vue de laquelle nous ne connaissons, comme absolu, que le sujet même dans sa lutte contre les choses, l'ordre des choses que prétend pénétrer orgueilleusement soit l'*empirisme*, soit le *dogmatisme* (celui-ci cependant, au point de vue moral, plus proche de la vérité), ne peut servir à mesurer la valeur de nos actes. Nous sommes certains de l'idéal, non du réel. Nous savons ce que *nous devons* faire, non ce qui sera. Par suite, ce n'est pas le fait, c'est l'intention, non l'intention empirique, visible, souvent différente des dispositions intimes, profondes, mais le degré de notre conformité intérieure au motif rationnel, qui est le vrai critère de la moralité, — encore que l'intention apparente, ou même l'action, puisse permettre de juger approximativement de l'intention réelle (1). D'ailleurs, il faut reconnaître que la doctrine de l'intention n'est pas développée dans Kant (2) : cela résulte de ce que sa doctrine est encore un *logicisme* moral ; il y a des règles précises de la morale dont l'observation constitue la moralité. Kant n'a pas encore justifié le pur *état d'âme*, le sentiment de l'universel (3).

A la même doctrine se rattache celle du *mal*, du *péché*

---

(1) Voy. *Théorie de la Religion dans les limites de la Raison*, trad. Lortet, Lyon, 1842, p. 22 et 31.

(2) Voir la thèse de M. Vallier sur l'*Intention morale*, 1882.

(3) Au reste, comme nous verrons, l'acte est peut-être le signe le plus approximatif de cet état.

radical (1). C'est du rapport de la Raison à la sensibilité que résulte la moralité. Le jugement que nous portons sur un homme ne porte donc pas sur telle de ses actions, mais sur le rapport de sa raison et de sa sensibilité, relation inexprimable en langage de temps. L'homme est coupable en tant qu'il est non pas hors du temps, mais sans relation avec le temps. La vertu comme le vice résultent, chez l'homme, de l'union essentielle de deux natures, union qui ne se fait point dans le temps. L'homme, en tant qu'il pèche, doit être considéré *sub specie aeternitatis*, comme noumène, en ce sens que l'on ne peut rendre compte de ce rapport suivant une loi naturelle. Par suite, quoique pratiquement nous puissions admettre des circonstances atténuantes; les jugements que nous portons sur les hommes dépendent de la valeur intrinsèque de l'acte, non des circonstances qui peuvent l'avoir déterminé.

Nous comprenons aussi la doctrine du *moi intelligible* jugeant le *moi empirique*, doctrine qui exprime les *données mêmes de la Raison* (2). Je ne suis pas soumis à un Etre extérieur à moi, auquel cas ma raison ne serait pas véritablement première; je ne connais pas de Raison universelle qui m'apparaîtrait en moi comme dans l'univers. Ce que je constate, c'est l'union d'un *moi pur* à un *moi empirique*; de sorte que je ne comparais pas, quand j'ai mal fait, devant un tribunal extérieur à moi, mais devant moi-même considéré en tant que raisonnable et consentant à la loi. C'est Kant qui a, le premier, soutenu que l'homme n'obéit qu'à lui-même. L' « homo-phaenomenon » comparaît devant l' « homo-noumenon » vraiment réel, non pas en tant qu'objet intelligible, mais pratiquement, par rapport aux choses.

Tel est, dans sa rigueur, le formalisme kantien. Kant

---

(1) Voy. *Théorie de Kant sur la Religion dans les limites de la Raison*, p. 9.

(2) Voy. *Eléments métaphysiques de la doctrine de la vertu*, trad. Barni, p. 70.

dépasse-t-il ce formalisme? M. Fouillée le prétend : selon lui, le kantisme est un ontologisme déguisé. Que le kantisme doive être logiquement dépassé, cela est possible ; mais nous croyons qu'il est hasardé d'accuser Kant d'inconséquence, et de surprendre dans son système, comme fait M. Fouillée, des équivoques de langage, le « passage d'un sens à un autre. » On ne peut non plus faire une objection à Kant de l'inintelligibilité du rapport du noumène au phénomène, comme s'il n'avait pas reconnu cette inintelligibilité, qui est précisément le principe de son système. Il faut non pas tenter de montrer que Kant n'a pas fait ce qu'il a voulu faire, mais bien caractériser l'état où il laisse l'homme, et le dépasser, s'il se peut.

Il ne nous semble pas que Kant dépasse son formalisme, sinon *pratiquement*, et cela n'est pas contraire à son système.

D'abord, l'homme, être sensible, doit avoir, dit-on, selon Kant même, quelque attrait à agir conformément à la loi ; et n'est-ce pas dépasser le formalisme que de joindre à la Raison un phénomène de la vie, et de faire ainsi rentrer la Raison dans la nature?

Sans doute, il faut que l'homme ait, comme dit Kant, un intérêt à agir raisonnablement. Mais ce plaisir qu'il éprouve est déterminé *a priori*. Ce n'est pas le plaisir en tant que tel qui nous détermine, mais en tant que rationnel, et il faut être moral pour l'éprouver. Comment, d'ailleurs, une forme peut-elle avoir un intérêt? C'est là une question à laquelle nous ne pouvons pas plus répondre qu'à toute autre question relative au rapport de la Raison et des choses ; cela est *donné*, c'est un *fait*; nous ne pouvons *comprendre*, mais seulement *constater* le rapport de la Raison et de la sensibilité.

C'est encore dépasser le formalisme, d'après M. Fouillée, que de transformer la première formule, purement formelle de la loi, en la formule relative au respect des êtres raisonnables considérés comme fins en soi, et en la troisième qui unit les deux premières dans le concept d'un royaume des fins. Par ces deux formules, Kant rapproche, comme il dit lui-même, la première de l'intuition et par là même du sentiment. Comme le dit très bien M. Fouillée, la notion abstraite d'universalité devient ici l'union des personnes, d'autant que l'objet de notre devoir envers les autres est *le bonheur des autres* : d'où il faut bien que nous les prenions *tout entiers* pour objets du devoir, en tant qu'êtres vivants et sensibles. On peut dire encore : pour justifier l'impératif catégorique, Kant n'est-il pas obligé d'établir qu'il y a *des êtres*, fins en soi, et que les êtres raisonnables sont tels? L'impératif catégorique n'est possible que s'il y a des êtres fins en soi : à eux seuls il peut s'appliquer. Or, nous connaissons, en effet, dit-il, comme tels les êtres raisonnables. Car il faut bien qu'il y ait des êtres fins en soi (cela va sans dire pour Kant ; il faut un terme dernier où mesurer la valeur de l'acte); et ces êtres ne sont évidemment ni les choses ni les êtres sensibles : ce sont donc les êtres raisonnables. D'où l'impératif catégorique est justifié par ce fait qu'il y a *des êtres* auxquels il peut s'appliquer. Le formalisme de Kant ne devient-il pas dès lors concret, par une extension peut-être illégitime de la première formule de la loi?

Mais le respect de la Raison implique, en somme, *pratiquement* le respect de l'*être raisonnable*, car nous agissons pratiquement comme si l'intelligible et le sensible se pénétraient. L'affirmation d'être fins en soi est donc contenue dans l'affirmation pratique d'un rapport entre la Raison et la sensibilité. Le respect *de la loi* devient ainsi le respect de *celui qui la conçoit*. Si, d'ailleurs, la loi nous commande de réaliser autant qu'il se peut un royaume des fins, nous n'avons pas d'intuition de ce monde.

Nous voyons par là comment le système de Kant se distingue de la morale métaphysique.

Déjà les anciens voulaient que le Bien suprême fût ἱκανόν, tel que l'on n'eût pas à chercher au delà de ce Bien. Mais Kant tire les conséquences de ce principe. Si tel est ce Bien, il ne peut être connu comme un objet ; mais la Raison, pour être vraiment législatrice suprême, ne doit obéir qu'à elle-même. Par suite, l'*acte* moral désintéressé et purement raisonnable s'oppose à l'action dictée par le plaisir ou l'amour mystique.

De là, d'autres différences ou plutôt d'autres formes de cette distinction fondamentale. Au point de vue spéculatif, les ontologistes admettent une relation d'analogie entre la sensibilité et l'entendement ; les sens sont la pensée confuse, enveloppée. De même, au point de vue pratique, ils n'admettent pas qu'il y ait hétérogénéité radicale entre la nature et la Raison ; ils conçoivent toute chose sous forme de nature ; l'idée de Bien s'applique à la fois aux choses et aux personnes, unité dont le système moral d'Aristote nous offre un bel exemple (1). Aussi Kant a-t-il, en un sens, raison d'envelopper dans la même critique l'*empirisme* et le *mysticisme*, prenant pour point de départ, l'un la réalité contingente, l'autre la réalité éternelle, toujours la réalité donnée ; ne dégageant pas assez le caractère propre et irréductible du *sujet moral*.

Tous ces systèmes ramènent par suite la morale à *une science* ou à *un art ;* l'action du Bien à la contrainte de la Vérité ou à l'attrait du Beau ; et ne caractérisent pas nettement ce qu'il y a de véritablement intime dans l'acte.

Dès lors, ces philosophes ne partagent pas le dédain de Kant pour le plaisir. « La félicité est aux âmes ce que la perfection est aux êtres, » dit Leibnitz. Le plaisir est l'expression consciente de la perfection. Ils ne regardent pas la moralité comme opposée à la nature : or, l'universel mobile que nous révèle la nature n'est-il pas le plaisir ? Par suite, cette confusion que Kant signale entre les divers sens des mots *bien* et *mal* (2) appartient, aussi bien qu'aux utilitaires, aux métaphysiciens qui prennent, pour

---

(1) Voyez, plus haut, sur le finalisme, ch. III, p. 118 et suiv.
(2) *Critique de la Raison pratique*, trad. Barni, p. 224.

point de départ de leurs spéculations, le concept d'un ordre donné (1).

Par suite aussi, ces philosophes attachent plus d'importance à l'*acte* qu'à l'*agent*, à la *hiérarchie éternelle* des choses qu'à l'individu qui *s'y conforme* ; le *fait* tend à y apparaître aussi comme plus essentiel que l'*intention*. Il est certain qu'un dogmatisme ou plutôt qu'une philosophie admettant, comme type de la Réalité, la notion donnée et toute faite, prétendant atteindre un ordre immobile dont nos volontés ne sont que des parties, ne peut justifier, par d'aussi belles raisons que la philosophie de l'Acte, la dignité de l'individualité morale.

Le caractère du kantisme nous apparaît plus net par l'étude de ce formalisme, et aussi son insuffisance. Par crainte des systèmes dérivant de la considération de l'ordre naturel des choses, une morale utilitaire ou métaphysique, selon laquelle l'individu en tant que raisonnable n'est pas véritablement premier, Kant s'en tient à l'affirmation de la loi, de la forme de l'universalité, étrangère au sentiment et à la vie, lesquels sont de l'ordre de la nature. Mais l'objection faite au Kantisme est juste, ou plutôt l'effort est justifié par lequel les métaphysiciens essaient de le dépasser. Comment se décider à vivre pour une pure forme dont nous ne savons si elle est l'être même des choses ? On ne peut aimer une forme, se sacrifier pour une forme. On ne peut *vivre* et se sacrifier que pour *ce qui est*. Si la Raison pratique n'est pas l'Etre même, ou la forme la plus approximative de l'Etre ; s'il y a hétérogénéité radicale entre nos puissances affectives et notre Raison, si elles sont seulement unies par un rapport de fait, et non d'analogie, d'intelligibilité ; si je ne puis renoncer non pas seulement pratiquement, mais de toutes les forces de ma

---

(1) Ce rapprochement du plaisir et de la moralité, de la nature et de la Raison est d'une signification profonde que nous essaierons plus loin de déterminer, et qu'il faut tenter de comprendre à nouveau.

Raison à l'hypothèse de la nécessité, mon individualité morale n'est pas justifiée. Il y a, dans ce formalisme de Kant, les germes du pessimisme qui, en effet, avec Schopenhauer, relève en partie du kantisme : n'est-ce pas le caractère du pessimisme d'établir une opposition absolue entre l'idéal et le réel ?

Il faut, pour que la moralité soit possible, admettre ces deux croyances également nécessaires, comme nous verrons ; à savoir, d'une part, que l'*effort*, la lutte est dans le sens de la réalité ; que le plus sûr au monde est non point un ordre de perfection dépassant la moralité, mais la moralité même, la marche vers l'idéal ; — et, d'autre part, cette croyance qu'il se fait indépendamment de nous une œuvre dans le monde. Et cette seconde croyance ne ruine pas l'autre, pourvu que, dans cette œuvre universelle, la moralité entre pour une part essentielle, et que le Dieu en qui nous l'incarnons nous apparaisse non comme immobile, mais comme la Raison même du devenir et de l'effort moral. Le danger est sans doute du moment que l'on rétablit la métaphysique universelle, que l'on édifie un système de choses, — et c'était la crainte de Kant, — de retourner à une philosophie de la perfection qui ne fasse pas sa place au sujet. Mais l'Infini, que nous supposons dépasser le donné, est un Infini vivant et comme en travail ; collaborateur sous une forme que la philosophie ne peut concevoir, mais dont la religion peut fournir des symboles, de l'homme moral, un Dieu-Homme, non un Dieu-Nature. L'erreur du spinozisme était, comme disait Schelling, non de faire entrer les choses en Dieu, mais de les faire entrer comme choses et non comme sujets. Il n'est pas nécessaire, parce qu'on prolonge, pour ainsi dire, au delà de l'homme d'une part, et qu'on étend à la nature, d'autre part, le principe de la moralité ; parce qu'en un mot, on retourne en quelque façon à une métaphysique de l'être, d'immobiliser Dieu sous forme de chose, de notion. Si même nous pouvons le représenter comme une Volonté sainte, cette représentation, qui l'immobilise encore, ne peut être acceptée que parce qu'elle figure comme la limite nécessaire où tend la moralité. Mais la véritable approximation en sera toujours la vie morale elle-même, tout au plus la sainteté, conquise et non naturelle, et encore une sainteté non pas immobile et se reposant dans sa paix, mais se dépensant et se répandant sans cesse.

Par ce retour à une doctrine de l'Etre disparaîtraient bien des conséquences pratiques exagérées du formalisme kantien.

La sensibilité et la joie même, conquise par la souffrance, doivent retrouver leur place dans un système moral. Ce qui nous unit aux autres hommes, le véritable lien entre l'humble et le penseur, ce qui est véritablement « foncier » en nous, ce n'est pas encore cette Raison pratique, sèche et froide, qui tient le compte exact de nos devoirs et n'accepte que de mauvaise grâce l'aide du sentiment, c'est la communauté de la joie et de la souffrance et, par là, du sacrifice et de la résignation. On est plus sociable, disait La Bruyère, par le cœur que par l'esprit; le cœur est le véritable lien des hommes. Tolstoï a retrouvé de nos jours le sens de cette unité profonde. L'état d'âme, le sentiment inexprimé du bien, voilà ce qui juge l'individu. La communion dans un même état d'âme, voilà l'idéal de la fraternité. Le sentiment, proprement dit, la joie et la douleur, χαίρειν οἷς δεῖ, καὶ μισεῖν ἃ δεῖ, tel est le fond même de la vie morale, au delà même de l'intelligence morale. En se rattachant à un système de la nature, la morale fait rentrer la sensibilité dans la vie.

De même le fait, l'action prise en elle-même, a sa dignité dans un système moral rattaché à l'ordre universel; au point de vue même de l'agent qu'elle ne justifie pas complètement peut-être, mais auquel elle communique cependant quelque chose de sa valeur. Et cela est juste. Kant juge l'homme uniquement d'après les données de son formalisme : l'agent qui n'est pas désintéressé d'intention n'a pas de valeur morale, quel que soit son acte. L'innocence naturelle, la grâce spontanée des vertus natives sont ainsi exclues de la morale. Le philosophe qui rattache la moralité à l'ordre universel est moins brutal, moins décisif dans ses jugements ; il se demande si, dans l'universelle harmonie, le fait n'a pas sa dignité, et si l'homme, naturellement bon, ne mérite pas notre admiration. C'est plutôt, dira-t-on, une admiration esthétique qu'un sentiment de respect, le seul vraiment moral, selon Kant. Sans doute, il ne faut pas glorifier tout ce qui est parfait en son genre, les « saints de l'alcoolisme et de la débauche, » ainsi que dit M. Renan. Mais qui peut exactement déterminer ce qui est naturel et ce qui est moral ? Tout en acceptant les distinctions approximatives de la raison humaine, ne leur donnons pas une rigueur absolue. L'idée de la nature et de son mystère enveloppant et dépassant la moralité même, — encore que la moralité soit la plus parfaite approximation de la réalité, — doit mettre dans nos jugements plus de mesure, de souplesse, de charité, et même d'esprit.

Kant est peut-être aussi trop confiant dans la logique de nos pensées, pas assez dans les inspirations du sentiment (1) et les conseils de l'expérience ; sa doctrine est un logicisme moral. Tout en n'essayant pas de pénétrer dans les desseins de Dieu, et d'agir d'après une prétendue connaissance toujours imparfaite de l'ordre des choses, tout en maintenant que nous sommes sûrs de notre devoir plus que de la réalité ; cependant, peut-être ne faut-il pas ignorer les variétés infinies des circonstances, et que l'idéal de l'homme doit être corrigé par la considération de l'histoire et de la nature. Il ne faudrait pas, par exemple, identifier toutes les libertés, introduire brutalement dans la vie les distinctions de la Raison : τοῦ γὰρ ἀορίστου ἀόριστος καὶ ὁ κανών ἐστιν. Il y a, dans le formalisme de Kant, quelque chose du simplisme

---

(1) Rappelons-nous sa théorie sur le mensonge.

révolutionnaire (1). En rattachant l'homme à l'ordre de la nature, nous avons chance d'apporter dans nos jugements pratiques moins de raideur, et plus de réserve.

IV

L'immortalité de l'âme et l'existence de Dieu.

L'étude du positivisme kantien, et particulièrement du formalisme, doit être éclairée par l'étude de ces deux postulats. Nous confirmerons par là ce que nous avons dit sur le caractère du pur kantisme, et aussi sur la nécessité de le dépasser, et de concilier avec le kantisme la métaphysique objective.

Kant, en admettant ces deux postulats, ne dépasse encore que pratiquement son formalisme.

D'abord il les distingue de la *liberté et de la loi morale,* qui ont une signification purement immanente, et qui sont vraiment *les principes* de la moralité : les postulats proprement dits sont, avant tout, des moyens d'agir sur nous ; ce sont des représentations utiles ou même nécessaires de la moralité sous forme d'intuitions. De plus, indépendamment de cette utilité, ces deux postulats suivent nécessairement de la nature de la Raison pratique, qui est de dépasser les affirmations de la Raison spéculative, et d'assimiler les *formes* à des *Réalités*. L'affirmation de la liberté n'épuise pas dès lors toute la puissance d'affirmation de la Raison pratique. Elle doit affirmer pratiquement que la moralité est dans l'ordre des choses : ce qu'exprime l'affirmation de *l'immortalité de l'âme* et de *l'existence de Dieu*. Elle supprime par là cette hétérogénéité de la sensibilité et l'entendement, d'où résultait l'impossibilité de transformer les formes de la Raison en intuitions. Ces deux objets de foi sont

---

(1) Il y a bien une casuistique dans Kant. Mais nous n'avons voulu indiquer ici qu'une direction possible et naturelle de son système.

donc simplement la forme parfaite de la Raison pratique, de la Raison réalisée.

Il est vrai que Kant nous dit que si Dieu était démontré faux, il n'y aurait pas de moralité; et par là, il donne comme une valeur spéculative aux postulats, et semble dépasser théoriquement son formalisme. Mais il n'en est rien. Du moment, en effet, que Kant réfutait le mécanisme et l'empirisme dans la *Critique de la Raison pure*, il établissait qu'on ne pouvait démontrer la non réalité des Idées. Or, cette réfutation est considérée par lui comme acquise, dans la *Critique de la Raison pratique*. Dès lors, il est vrai de dire qu'il faut établir que Dieu n'est pas impossible, — ce qui résulte de l'impuissance du mécanisme, et de la constatation de la Raison comme faculté du nécessaire, — pour qu'on puisse l'admettre comme pratiquement réel.

Ces deux postulats complètent donc nécessairement le positivisme kantien, et, plus que toutes les autres parties de sa doctrine, ils en marquent le caractère. C'est par suite de sa superstition, et en même temps de sa défiance, à l'égard de l'ancien type de certitude métaphysique (il le regarde, en effet, à la fois comme le type de la certitude idéale et comme destructif de la moralité), qu'il affirme Dieu comme une *Res aeterna*, tout au moins comme une personne. Affirmer l'existence de Dieu, c'est encore, pour lui, affirmer une réalité distincte de l'esprit, posée en face de l'esprit. Il considère encore comme le véritable type de la Réalité, non pas, comme le dit M. Ravaisson dans un article sur Pascal, l'objet des sens ou de l'imagination, mais la *chose éternelle*. On ne peut, semble-t-il, selon Kant, affirmer la Réalité que sous forme de chose; et il faut douter de l'Etre, si on ne peut lui donner cette forme.

Il est bien certain que si, en effet, le type de la Réalité est la Notion Eternelle, il faut renoncer à démontrer Dieu, et, par là, à trouver une unité des deux Raisons. Mais n'est-il pas un milieu à tenir entre une métaphysique·ontologique substantifiant, réalisant l'Etre sous forme de notion ou d'unité naturelle, ou même de personne sainte et parfaite (encore que ce soit infiniment plus juste, et la vérité même en un sens), — et une doctrine se bornant à l'affirmation de Raisons pratiques distinctes, pratiquement unies dans une cité idéale? Conception à laquelle s'oppose l'idéal de la Raison spéculative, et qu'on ne peut justifier positivement, mais seulement par la réfutation des prétentions contraires. Faut-il donc, pour affirmer l'*acte*, douter de l'*Etre*, ou, si on prétend connaître l'*Etre*, nier nécessairement l'*acte*? Il serait à souhaiter que l'on fit cesser le divorce des deux Raisons : ce qui ne se pourrait faire qu'en montrant, — au lieu d'opposer les deux Raisons, — la certitude de la Raison pratique réalisant les conditions que la certitude spéculative exige de l'absolue connaissance. Au lieu d'opposer l'Idée à l'acte, il faudrait établir que la certitude qu'exigeait de l'Idée la spéculation métaphysique antérieure à Kant n'est réalisée que par l'acte. On unirait ainsi les deux Raisons ; car la Raison pratique répondant à la question même posée par la Raison spéculative, et réalisant les conditions qu'elle exige de la première certitude, la Raison spéculative ne peut se retourner contre la Raison pratique qui la complète nécessairement.

V

C'est dans cette voie qu'il faut essayer de dépasser le kantisme.

Ce qui reste du kantisme, c'est la démonstration de l'impossibilité de transformer l'Idée en une *Res aeterna*. Les conditions d'intelligibilité ne sauraient être assimilées à des notions éternelles, étant hétérogènes aux phénomènes, et devant s'unir à des intuitions données pour constituer la réalité toute entière. C'est en raison de leur indépendance par rapport à l'esprit individuel que l'ancienne métaphysique assimilait les notions à des choses : cette indépendance est réelle, mais elle ne peut être exprimée en langage de « chose. » Nous ne connaissons pas de *Res aeterna*. Il résulte de là que si nous prenons pour type de la réalité la notion géométrique, on ne peut dire que le monde intelligible soit.

Ce qui reste encore du kantisme, c'est d'avoir substitué la notion de l'*acte* à celle de l'*Idée*, et d'avoir élevé l'*acte* au-dessus de l'*Idée*, la *moralité* au-dessus de la *connaissance*.

Là est le vrai titre de gloire de Kant. Justifier l'individuel sans justifier le pur relatif, tel est le but d'une philosophie morale, et telle est la merveille de Kant. L'Universel est notion, par suite incomplet : il n'est pas ; le fait, l'individuel est relatif : il n'est pas. Il faudrait trouver un *fait éternel*, un *fait métaphysique*, comme disait Maine de Biran : c'est ce qu'a trouvé Kant. J'*existe*, disent les spiritualistes cousiniens : c'est la vérité la plus sûre, — et ils disent vrai en un sens, — mais ils sont incapables de défendre cette réalité contre la philosophie objective ; et, de plus, ils ne distinguent pas nettement cette réalité des autres réalités. D'autre part, les intellectualistes disent : Seule la Notion universelle est vraiment. Kant combine ces deux vérités, et nous montre que nous n'atteignons ni un absolu-objet, ni une individualité purement empirique, mais un moi pur. Par là, il a rendu la liberté rationnelle, en un sens : l'objet de la Raison semblait nécessaire ; le contingent semblait irrationnel : il a montré, dans le fait de la Raison pure, la *Raison libre*, la *liberté identique à la conscience de la Raison même*. Tandis que, par une première μετάνοια, l'esprit passe du *fait* au *droit*, il passe, avec Kant, de la *notion* à l'*acte*. L'Intelligible était raison de l'Intelligence ; l'Intelligence devient raison de l'Intelligible. En ce sens, il a pu dire justement qu'il avait opéré une révolution analogue à celle de Copernic, faisant tourner l'objet autour du sujet. Et cela ne signifie pas uniquement, selon lui, que les formes relatives de notre esprit relativisent l'absolu et empêchent de le connaître, tel qu'il serait pour une intelligence pure; mais bien plutôt que l'absolu que j'atteins n'est pas une notion qui s'imposerait à moi, mais un moi en quelque sorte absolu.

La *vérité des choses*, leur intelligibilité conçue au sens mathématique du mot, voilà ce que l'ancienne métaphysique considérait comme indépendant de nous-mêmes et absolument réel. La *bonté des choses*, qui consiste, comme disait Malebranche, dans leur rapport avec nous-mêmes, ne peut être dite absolue, selon l'ancienne métaphysique, que si elle est elle-même ramenée à un ordre d'intelligibilité. La tendance de la philosophie, depuis Kant, est de faire passer le second rapport avant le premier. Kant a substitué, comme objet de la certitude la plus élevée, *la vérité à réaliser à la vérité constatée.*

Mais il pèse sur ces belles conclusions comme la menace constante d'une autre solution possible. Le noumène, la *Res aeterna* reste l'idéal inaccessible, mais toujours présent, de la connaissance; c'est cette menace qu'il faut tenter de faire évanouir. L'erreur de Kant est non d'avoir renoncé à la transcendance, mais, au contraire, de n'avoir pas poussé assez loin le système de l'immanence; d'avoir admis une Raison agissante, au delà de laquelle il pourrait bien y avoir, ou au delà de laquelle on ne peut pas affirmer, humainement, qu'il n'y a pas un *Aeternum quid* transcendant, enveloppant cette Raison. Or, il faut bien admettre un prolongement infini et mystérieux de l'immanent; mais il faudrait aussi établir qu'il n'y a pas de raison d'assimiler à une *Res* ce prolongement, limite du devenir sans doute, mais que le devenir seul exprime, et non la notion immobile et donnée. Alors, il serait aussi absurde de douter de la priorité de la moralité dans l'ordre des choses, que de se demander, la cause d'un fait une fois déterminée, si une cause quelconque, imaginée au hasard, eût bien pu le produire. Il ne resterait plus place qu'au vague sentiment du mystère ; au lieu qu'en somme, dans le kantisme, la moralité reste opposée à l'idéal de la connaissance ; et c'est cette opposition qu'exprime le concept du noumène, dominant toute la philosophie kantienne.

Pour se débarrasser de ce fantôme de la certitude géométrique qui a fasciné Kant lui-même, il n'est qu'une voie : montrer cette certitude elle-même exigeant, pour s'achever, la certitude qui semble la contredire. Déjà, du point de vue du finalisme, nous avions fait voir que, seul, le « cœur » réalise les conditions imposées à la réalité par la spéculation même ; mais une philosophie encore objective ne peut justifier l'acte. Renonçons nettement à la Notion, à l'Idée, et faisons voir dans l'Acte l'achèvement où tendait l'Idée. Le kantisme n'a pas, à vrai dire, contredit : il a précisé la notion d'absolu de l'ancienne métaphysique ; car l'immédiation qu'exige, entre l'esprit et l'Idée, l'intellectualisme même, n'est réalisée que si nous supprimons un des deux termes, l'Idée. C'est seulement quand nous aurons fait voir ce passage de l'Idée à l'Acte, que le kantisme sera justifié, et, par suite, le doute relatif au primat de la moralité définitivement supprimé.

A la rigueur, dit-on, et d'un point de vue strictement logique, ou, plutôt, si nous ne considérons que les lois de l'intelligence, on peut en rester à l'idée d'Etre, forme vide de l'affirmation : comme disait Leibnitz, en un sens, les possibles seuls sont intelligibles. En *droit*, nous pouvons nous en tenir à cette absolue nécessité qui, ne pouvant atteindre l'infinie variété du donné, reste purement formelle. Mais, en fait, nous vivons, l'existence est donnée, et nous affirmons l'existence, nous passons du possible à l'existence par un acte non d'intelligence mais de volonté.

Cette thèse, qui semble par endroits celle de M. Lachelier, est vraie en un sens. Mais s'il est vrai que le passage de l'intelligible, du possible à l'existence n'est pas *logique*, et qu'il y a du donné jusque dans l'intelligible géométrique, il faut aussi que ce passage ait sa raison d'être ; si, en fait, quelque chose reste inexpliqué, il faut que cette impossibilité d'une explication soit elle-même justifiée. Il entre de l'être et, par suite, de la Raison dans toutes nos idées, et nous ne sommes pas libres de ne pas expliquer la contingence même. Non seulement nous devons rendre compte de la contingence, mais nous devons, — si la moralité est la vérité, — la glorifier, et montrer dans la nécessité même des traces de contingence. On ne peut vraiment la justifier qu'en déplaçant l'axe de la certitude, en montrant les conditions de l'*essence*, de l'intelligibilité parfaite réalisées seulement par l'*existence*. Nous aurons justifié le *fait* métaphysique par opposition à la *notion*, quand nous aurons montré que ce fait est l'aboutissant naturel de la Notion même.

Quand, une fois, nous aurons fait voir le *droit* selon l'ancienne métaphysique, ne se complétant que par un *fait*, nous pourrons peut-être élever à l'infini ce fait, et le considérer, — sans le substantifier, — comme l'Essence radicale des choses. Le fait qui justifie le droit est bien plus que le droit; l'absurde, comme voulait Pascal, est suprême raison, si la Raison même y conduit ; et c'est la Raison spéculative qui est folie, si elle méconnaît son principe.

Si, d'autre part, de ce *fait* premier nous trouvons l'expression dans les choses, par une déduction qui *doit* être obscure et incomplète pour exprimer le caractère supra-intellectuel de ce premier fait ; si nous éclairons cette déduction par les conclusions où nous ont conduit les études relatives au géométrisme et au finalisme, le premier contenant des germes d'un système de la liberté, le second fournissant en faveur de l'amour, du désir raisonnable incarné les plus belles raisons, peut-être aurons-nous quelque droit de dépasser le pur kantisme, et, — supprimant le noumène ou la *Res aeterna*, ou, plutôt, le surbordonnant à l'acte, — de proposer la Liberté comme type de l'Etre.

CHAPITRE V.

LE SYSTÈME DE LA LIBERTÉ.

La métaphysique ontologique admettait que nous ne pouvons distinguer ce qui est de ce qui n'est pas que par un système, une dialectique : cela, nous semble-t-il, demeure vrai. Nous renvoyons à ce que nous avons dit sur ce point, au début de notre étude sur le géométrisme ; et cela résulte encore de l'insuffisance du kantisme.

Il est certain aussi que cette déduction n'a une absolue valeur que si elle se rattache à un absolu.

Il est certain, de même, que cet absolu est posé par cela seul qu'il est pensé. Si la hiérarchie de nos pensées est celle de l'Etre même, si penser implique que l'ordre d'intelligibilité est celui de la réalité, l'absolu est à plus forte raison, puisque on le pose en même temps que cet ordre d'intelligibilité et comme fondement de cet ordre. Il suffit de prendre conscience de la nature de l'affirmation pour affirmer l'argument ontologique, expression la plus parfaite de la doctrine qui assimile l'intelligible au réel (1).

Mais il faut approfondir ces conclusions, qui, bien interprétées, conduisent à un système de la Liberté. Ce qui est intelligible est, et le degré d'intelligibilité est la mesure de la réalité ; ce qui fonde toute intelligibilité est l'Etre même : cela demeure debout. Seulement, les conditions de certitude que l'ancienne métaphysique

(1) Voy., plus haut, sur le géométrisme, chap. II.

imposait à ce premier Intelligible transforment la certitude où elle prétendait aboutir. Kant a vraiment répondu à la question qu'elle posait. En cherchant la notion première, nous trouvons l'*Acte*, qui seul réalise l'immédiation avec l'esprit que l'on doit exiger de cette notion. En se complétant, le géométrisme se supprime.

De plus, cet Acte change le caractère de la déduction qui en dérive. Déjà le finalisme dépasse le géométrisme et substitue l'Harmonie à la Nécessité comme loi de l'Univers ; à plus forte raison pouvons-nous et devons-nous trouver, — si nous entendons bien le premier Principe où l'intellectualisme nous conduit, — la nature imparfaitement intelligible et même, en un sens, absurde.

Notre effort sera donc de réconcilier l'ancienne métaphysique avec le kantisme, — en présentant les conclusions du kantisme comme celles mêmes où devait aboutir cette métaphysique : elle a pris, avec Kant, vraiment conscience de son propre Principe. Par cette conciliation, nous rétablissons l'Unité des choses ; et la moralité, folie du point de vue d'une Raison purement spéculative, nous apparaît comme le Principe même de cette Raison.

En même temps, nous essayons de déterminer la nature profonde de cet Acte, en lui-même indépendant de l'intelligence, — pur état d'âme. La moralité que nous voulons justifier est celle de l'humble à laquelle l'intelligence, la parole même est inutile (1).

I

C'est la nature des *Idées*, et particulièrement l'*argu-*

---

(1) Nous avons beaucoup insisté sur ce que nous voulions faire, avant de le faire. C'est que si notre essai est insuffisant, nous voudrions, au moins, en indiquer le sens de façon qu'il fût achevé par d'autres plus habiles. C'est à notre époque que doit s'édifier une philosophie de la *volonté*. De toutes parts, on étudie les puissances obscures de l'homme, et la réflexion commence à nous apparaître comme extérieure. La synthèse de toutes ces recherches est à faire.

ment ontologique, pivot de la métaphysique antérieure à Kant, — et que celui-ci réfutait comme caractéristique de la méthode de cette métaphysique, — que nous allons approfondir pour nous élever à une conception nouvelle. Nous étudierons d'abord l'idée d'Absolu et l'argument ontologique ; puis nous confirmerons cette étude par celle du *moi.* Nous verrons, d'une part, qu'il ne peut y avoir d'absolu que si cet absolu est un *moi pur*; et, d'autre part, approfondissant la notion du *moi,* nous verrons que je ne puis être dit moi que si je suis un absolu, c'est-à-dire un *moi pur.* La prétendue notion d'Absolu n'est donc que la conscience même que ma Raison a d'elle-même, et cette conscience seule peut être dite absolue.

D'ailleurs, cette conception n'étant pas contradictoire à celle de *Res aeterna,* mais bien la réalisation de cette seconde, je puis dire que je réponds, par cette solution, à la question posée par l'ancienne métaphysique, à la question de l'*être.* Et ainsi je puis affirmer que l'*Acte* est dans le sens de la *Réalité,* et, par suite, unir, d'une part, les « moi pur » en une Unité absolue, comme faisait la philosophie antérieure à Kant, et répandre, d'autre part, la moralité dans la nature, ce que confirmera un essai de déduction. Seulement, ce Premier Intelligible, limite certaine de la moralité, ne peut être connu que dans et par l'action morale, et la déduction n'est pas celle que pensaient les anciens métaphysiciens.

Considérons d'abord l'idée d'*Absolu.* Toute pensée implique que l'Absolu idéal est l'Etre même. Dire que le réel c'est l'intelligible, et qu'une chose est réelle dans la mesure où elle est intelligible, — et cela, nous l'avons vu, est impliqué dans toute affirmation (1), — c'est dire que le principe de cette hiérarchie est l'Etre même : sinon, nous ne pouvons employer le mot *être.*

---

(1) Voir ch. II, p. 77 et suiv.

Mais l'Absolu n'est pas pour cela et, à cause de cela même, il ne peut être une notion, comme l'entendait l'ancienne métaphysique. L'inintelligibilité de l'existence rend cette solution impossible. Si on prend pour type de la réalité la définition géométrique, la *Res aeterna*, le sensible ne pouvant être résolu en Idées, Dieu ne peut être dit *être*. Au point de vue spéculatif strict, — la certitude géométrique étant l'idéal de la certitude, — l'idée de l'Etre est la forme vide de l'affirmation. Rien ne peut être affirmé comme *Res aeterna*, et, en ce sens, l'argument ontologique est faux. Il est bien vrai qu'il y a un rapport entre le phénomène et l'Idée, le fait de penser l'implique ; mais il est non moins certain que nous ne voyons pas ce rapport : Dieu, en ce sens, n'est pas.

On peut dire plus : non seulement nous ne *connaissons pas* l'Absolu, mais il serait *contradictoire* que nous le connussions. Si nous connaissions l'Absolu, il serait une *Notion*, et, étant une *Notion*, il ne serait pas l'Absolu. En effet, l'Absolu est ce au delà de quoi l'esprit ne peut remonter. Or, une Notion n'est pas l'Esprit lui-même, mais est posée en face de l'Esprit qui la connaît. Une notion n'est pas, par suite, dernière : elle est toujours *donnée*. Ce qui est vraiment premier, ce au delà de quoi l'esprit ne peut remonter, c'est l'esprit lui-même, c'est le *je pense*, le sujet non pas au sens empirique du mot, mais le sujet qui unit systématiquement en soi toutes les représentations : c'est ce que nous connaissons d'abord et de plus sûr. Il est un seul cas où il m'est impossible de chercher au delà de la connaissance que j'ai : c'est le cas où je suis littéralement ce que je connais. Le fait de conscience même relatif est un absolu indivisible. L'absolu ne peut donc être que ma conscience intellectuelle ; la Raison ne pose pas une notion comme première, mais se pose elle-même comme juge. On peut dire : si nous connaissions l'Absolu, il ne serait pas. La certitude est précisément l'opposé de la connaissance. Eussions-nous de tout l'univers une connaissance géométrique que nous ne connaîtrions pas le fond des choses, parce que nous les connaîtrions comme choses. Vouloir être certain de la nature de l'Univers comme de 2 et 2 font 4, c'est vouloir l'ignorer. Il est vrai de dire : on ne peut être ce que l'on connaît et l'on ne peut connaître ce que l'on est. Seulement, la certitude immédiate fondant la connaissance, il ne faut pas retourner contre cette certitude les principes mêmes de la connaissance qu'elle fonde.

La *Notion* n'est donc pas première. Mais elle achemine à la certitude première. Elle est comme d'une certitude intérieure ; c'est « un objet immédiat interne » que nous trouvons tout entier en nous et non dispersé parmi les choses. Les définitions, connues par le « cœur, » sont un acheminement à l'Acte. Le Τωυτὸν δ'ἐστι νοεῖν τε καὶ οὕνεκέν ἐστι νόημα est impliqué dans toute la métaphysique antérieure à Kant ; mais il n'est pas nettement reconnu.

L'argument ontologique, fondement de la métaphysique antérieure à Kant, suppose la conscience du moi pur ou, plutôt, est l'expression de l'identité de l'Idée et du réel dans l'Acte. D'après cet argument, en effet, la connaissance se fonde sur une existence qui est par cela même que nous la pensons. L'Absolu ne peut donc être une Notion éternelle opposée à moi ; une telle notion ne peut être qu'un idéal spéculatif, comme veut Kant, utile et fécond pour systématiser la connaissance, mais présupposant une certitude plus haute, exigée par la spéculation même. Un Être que j'affirme du moment que je pense, et qui est du moment que je l'affirme doit m'être intérieur comme moi-même à moi-même : il ne peut être que l'acte même de le poser. Ce au delà de quoi l'esprit ne peut remonter ne peut être prouvé que par soi : c'est le principe sur lequel se fonde l'argument ontologique ; ce principe est vrai. Mais il en résulte que la pensée de l'Absolu est l'absolu même ; si l'Absolu était quelque chose au delà de la pensée qui le pose, comment serait-on assuré qu'il est dernier ? L'argument ontologique rend donc impossible le mode de connaissance par lequel on le prétendait connu. Approfondi, il conduit à cette liberté, à ce moi pur que Kant opposait à l'ontologisme. M. Fouillée dit donc très bien que les philosophes confondent à tort *Absolu* et *Nécessaire*; seulement il se trompe quand il oppose à la doctrine de la Liberté la vieille objection théologique, en somme, de l'absorption possible de la Liberté dans l'Etre universel. Car c'est retourner contre la doctrine de la Liberté cette philosophie « chosiste » qui en dépend et qui y achemine. Il ne faut pas opposer à la Liberté des solutions qu'un système de Liberté seul fonde et rend possibles. Un système de notions présuppose cette Liberté, qu'il sert ensuite à combattre.

Le véritable Absolu est donc le *je pense*, le *moi pur*. Mais il faut aller plus avant : si l'absolu est ce au delà de quoi on ne peut remonter, il est l'esprit, en ce qu'il a de plus intime, de plus « foncier. » Or, pour *connaître* il faut *être*; la pensée confuse, le désir est antérieur à la pensée claire. La Raison est toujours première, car, autrement, il faut renoncer à toute affirmation ; mais la Raison, — l'être étant antérieur au connaître, — s'applique au désir avant de s'appliquer à la connaissance. L'acte par lequel je désire, je choisis la Raison est ainsi l'Absolu même. Mieux vaut ainsi *être* raisonnable que connaître, conformément à la Raison. La Raison pratique est, en vertu même des exigences de la Raison, le terme de l'intellectualisme. Le Bien est plus intelligible que le vrai, ou plutôt non pas le Bien ou je ne sais quel idéal extérieur de perfection en vue duquel l'homme ne serait qu'un moyen, mais le *devoir*. Ce qu'il y a de plus sûr au monde, c'est l'individualité morale, en tant qu'elle s'efforce de réaliser la Raison dans la vie et dans les choses. L'homme est vraiment fin en soi ; l'idéal de la vie individuelle comme de la vie sociale, c'est l'homme librement soumis au devoir ; nous ne connaissons pas la perfection sous forme de nature. L'idéal est seul certain, non le réel, ou plutôt la volonté est seule certaine qui tend à réaliser l'idéal.

L'étude du moi nous permettra de préciser ces conclusions, de déterminer la nature de ce fait où la spéculation même nous conduit.

II

Qu'est-ce que le moi ? Le spiritualisme cousinien admet aussi que le moi est connu comme un *fait*. J'ai conscience, disent ces philosophes, de quelque chose de *permanent*, d'*un*, d'*identique*, de *simple*, qui persiste sous les phénomènes. De ce substrat, j'ai conscience à propos de l'effort, et, d'abord, de ma lutte contre mon propre organisme ; je connais en même temps le moi et le non-moi. Ce moi dont j'ai conscience est hyperorganique, hors du temps. Peut-être faut-il admettre, dans l'univers, une hiérarchie de forces analogues ; mais la force qui me constitue se distingue profondément des autres : c'est une force qui pense et surtout qui veut : car, pour penser même, il faut vouloir. De plus, cette unité de moi-même, je ne l'affirme pas en vertu d'une induction ou d'une analogie, comme les autres forces de la nature : je la saisis immédiatement ; c'est un fait, un fait métaphysique. Pour affirmer les notions même et les principes, il faut commencer par prendre conscience de ce fait : les principes de cause, de substance, etc., sont l'extension à l'univers de ce fait même. Le point de départ de la métaphysique est donc, pour ces philosophes aussi, non une *notion*, mais un *fait*.

Seulement, les spiritualistes cousiniens, — quoique Maine de Biran ait eu le sentiment obscur d'une certitude plus haute, et de la distinction de la substance et de l'acte, — font entrer, dans une *substance* ou une *force* qui est *moi*, la volonté, la raison et la sensibilité : de sorte que je suis une substance qui jouis, souffre, comprends et veux. L'unité qui me constitue n'est ni volonté, ni intelligence, ni sensibilité : elle est la substance qui enveloppe tout cela. Or, c'est ce qu'on ne saurait admettre. Il est vrai qu'il y a une unité de conscience enveloppant tout ce qui se passe en moi et moi-même ; mais cette unité n'est pas une unité *naturelle*, comparable à celles de la nature, une unité, par exemple, de force, de tendance ou de vie. Ou si, en effet, je suis en un sens une force, une unité de vie, cette unité n'est pas première ; elle est subordonnée à une unité supérieure que ne peut caractériser le terme de substance ou de force. Admettre le contraire, c'est, en réalité, cesser d'être spiritualiste, ou admettre comme un naturalisme spiritualiste : tendance qui est en partie celle de la philosophie antérieure à Kant. Je ne suis ni *une unité de substance*, ni même *une Raison* se développant *naturellement* : ce qui transformerait la Raison même en substance ; je ne suis pas une unité de nature.

Si je suis une substance, c'est-à-dire une chose éternelle, principe de tout ce qui se passe en moi, il faut que l'on puisse *comprendre* tout ce qui se passe en moi à l'aide de cette substance, déduire nécessairement de *moi* tous les phénomènes *miens*. Ou si je ne suis pas une notion éternelle, analogue à une définition géométrique, je suis une *force*, c'est-à-dire, — à moins de s'en tenir à une notion purement mécanique qui a besoin elle-même, pour s'expliquer, de ces notions supérieures, — une *fin*, l'idée directrice des phénomènes miens. Or, je ne suis, dans ma nature première, ni l'un ni l'autre. Il faut que je me connaisse comme *Raison* pour m'affirmer comme *notion* et comme *fin* ; et je ne me connais même pas comme Raison, sous la forme que semblent supposer ces philosophes.

Je ne suis d'abord pas une notion éternelle analogue à une définition géométrique, ou, plutôt, je ne me connais pas en fait comme tel. Je ne vois pas dériver de moi, comme d'une notion, ma Raison, ma sensibilité, l'espace. Nous n'avons pas d'idée de l'âme, disait Malebranche ; et Leibnitz : J'apprends en même temps et que je pense et qu'il y a de la variété

dans mes pensées : variété irréductible à l'unité du
« je pense. » Que si l'on admet nécessairement cette
dépendance, ce ne peut être comme un fait, mais en
vertu d'un système *a priori*, ce que les philosophes cousiniens n'admettent pas. D'ailleurs, ils ne reconnaissent
pas l'Universelle Nécessité ; je ne suis donc pas pour
eux une *Notion Eternelle*.

Dès lors je suis une *fin ;* entre les phénomènes et
l'unité du moi, la relation est contingente, comme de
moyens à fin. Mais il faut remarquer que s'il en est
ainsi, nous ne *voyons* pas le rapport de l'unité du moi
aux phénomènes, et l'on peut se demander s'il suffit
dès lors, pour admettre cette unité, du témoignage de
la conscience. Cette unité de fin n'est-elle pas apparente? N'est-elle pas le produit d'une inconsciente nécessité? Que vaut cette misérable unité en face du mécanisme envahissant de la science?

La conscience du moi est, dit-on, un fait; et non pas
un fait comme un autre, étant la condition de la connaissance de tous les autres. Mais en quel sens cette
conscience est-elle la condition de toute connaissance?
En fait ou en droit? C'est ce qu'il faut savoir, et, pour
cela, dépasser le fait de conscience, examiner les rapports
respectifs du fait et du droit, les conditions universelles
de toute certitude. Accordons qu'il faille admettre d'abord
mon existence, au sens où l'admettent les spiritualistes,
pour affirmer une vérité quelconque. Cette nécessité est
logique, idéale, et la question se pose de savoir si l'ordre de l'intelligibilité est celui de la réalité : ce que ne
peut nous apprendre un *donné individuel*.

Il faut donc édifier un système pour justifier la théorie du moi considéré comme *fin*. Mais quand cela serait
fait, nous ne pourrions encore être dits vraiment *être*.
Car la fin que je suis peut être subordonnée à d'autres
fins : du point de vue de la nature, comment fixer les
individualités? La conscience que j'ai de moi n'est pas
identique et coextensive à mon être : je puis m'appa-

raître autre que je ne suis, et l'Unité qui me constitue peut dépasser infiniment ce qui m'en apparaît.

A coup sûr, il est possible de soutenir que tout est spontané, commencement absolu; qu'il n'y a pas de raison pour limiter l'Etre, c'est-à-dire les Etres (l'Etre ne pouvant se développer que par des êtres), et l'Unité des choses en un principe suprême n'en supprimerait pas la spontanéité. On peut dire aussi que tout fait de conscience est un absolu, un indivisible, ὅλον τι, qu'un autre fait de conscience ne peut annihiler, encore qu'il en rende compte. Tout cela est vrai; mais si le moi n'est une fin qu'en ce sens, il est sauvé du mécanisme, mais non de la nature : il est au même titre que les choses. Cette existence nous suffit-elle?

On dit, il est vrai, que le moi est, à la différence des autres êtres, raisonnable. Mais si la Raison n'est pas convertible avec l'Etre, nous pouvons, malgré cette Raison, être inférieurs à d'autres substances, non raisonnables. Cette infériorité de fait, la supériorité de dignité ne la compense que si elle est le véritable fait. Or, cela vous ne pouvez l'admettre que si vous subordonnez la substance, — Notion ou Fin, — à la Raison même. Vous pouvez, il est vrai, en ce cas même, prolonger la pensée en un au delà transcendant, le τὸ ἐπέκεινα de Platon, que vous pouvez appeler l'Etre; mais cet Etre n'est pas un substrat, — Notion ou Fin, — une *Res aeterna* qui envelopperait la Raison, mais la Raison même, en ses insondables profondeurs.

Mais peut-être interprétons-nous mal la doctrine spiritualiste classique. La raison n'entre pas comme attribut essentiel dans une Notion qui l'envelopperait avec la sensibilité. Les cousiniens admettent bien que la Raison est absolument première; mais ils en font une substance, une chose. Ils transforment le *je pense* en *res*. Or, cette hypothèse est aussi insoutenable que la première : l'unité que je suis n'est ni celle d'une substance qui envelopperait la Raison même, ni celle d'une Raison qui serait comme une substance naturelle. A vrai dire, cette seconde hypothèse revient à la première ; car une Raison qui se développerait naturellement comme une chose, qui ne se poserait pas elle-même par un Acte, serait postérieure à son existence, en tant que *chose donnée*. Je ne connais l'*aeternum quid* de mon être ni sous forme de notion ou d'Idée Eternelle ou de Fin, ni sous forme de Raison attirant à elle naturellement les moyens qui la réalisent ; et, de même que pour l'Absolu, nous pouvons dire que si nous nous connaissions ainsi, nous nous chercherions pour ainsi dire sans cesse sans nous trouver ; nous ne serions jamais nous-mêmes, et, par suite, ne serions pas.

III

La vérité est que je ne puis me connaître comme *fin*, comme substance, qu'après m'être posé comme Raison ; et, de plus, que cette Raison n'est pas une *chose naturelle*.

Il est bien vrai de dire que nous sentons en nous-mêmes un *aeternum quid* autre que la Raison, en ce sens que nous avons conscience d'une tendance à être, d'une unité dans le divers. Même on peut dire que cette unité est mienne, c'est-à-dire que je puis lui attribuer, comme aux phénomènes qui la révèlent, une caractéristique qui lui est propre. Mais cette unité de conscience dont je ne puis douter, en un sens, et que les spiritualistes cousiniens élèvent au rang du principe de la Raison même ; si je l'affirme, c'est en vertu de la Raison. Si je dis : je souffre ; avant d'être un fait, cette affirmation est une vérité ; il y entre de l'absolu, de l'universel. Je ne puis douter que je souffre au moment où je souffre, et cette impossibilité de douter s'applique à ce fait intérieur comme à tous les autres faits possibles. Si donc je dis *je*, c'est que je fixe, je détermine ces faits, — que je dis miens en vertu d'une caractéristique spéciale, — à l'aide de cette même faculté que j'applique à déterminer les autres groupes de faits. L'affirmation de mon individualité empirique suppose ainsi la prise de possession de ma Raison qui fixe cette individualité perdue dans l'univers. En dehors de cette conscience intellectuelle, il y a peut-être bien une conscience vague possible d'une existence qui nous traverse, plutôt que nous ne nous l'approprions. Mais nous ne pouvons nous poser comme êtres, c'est-à-dire comme commencements absolus qu'en tant que raisonnables. On peut presque se demander s'il y a une conscience empirique possible, indépendamment de cette conscience raisonnable. Descartes disait avec profondeur : « La douleur est en l'âme ou l'*entendement;* » de là cette erreur de génie qui s'appelle la théorie de l'automatisme des bêtes. Que si l'on demande comment la Raison impersonnelle peut communiquer, en quelque sorte, l'existence individuelle, nous dirons que la Raison, — par sa nature même, — ne peut être que personnelle, tout en étant universelle. C'est là un fait qui ne se peut nier, si étrange qu'il soit, et dont la certitude dépasse toute autre certitude, puisque, lui supprimé, il n'est plus de certitude.

Cette Raison, en effet, ne s'absorbe pas en une notion et n'est pas elle-même une chose éternelle. S'il en était ainsi, il n'y aurait pas de certitude première ; nous l'avons vu (1), par suite, pas de certitude : la Raison ne peut être dite législatrice universelle que si elle est *moi pur*. Il n'y aurait pas non plus de moi. Si j'avais une idée de l'âme, comme voudrait Malebranche, je cesserais, en même temps, d'être. *Notion*, *Substance* ou *Idée*, d'une part, et *Absolu*, d'autre part, sont termes contradictoires ; or, je ne suis vraiment qu'à la condition d'être commencement absolu. « Un Etre qui n'est pas à soi-même son être n'est pas un Etre, » dit M. Ravaisson ; or, je ne serais pas mon être, si *je le voyais*. Je ne serais pas véritablement, si j'assistais, en quelque façon, à ma Raison. Etre, c'est donc être moi pur. Dire que je suis *substance raisonnable*, c'est-à-dire essentiellement une

---

(1) Voy. plus haut, sur l'absolu, p. 192 et 193.

Raison et essentiellement une substance, c'est se contredire dans les termes. Car une Raison qui serait substance ne serait pas son être et une Raison qui ne serait pas son être ne serait pas une Raison. Elle se développerait comme une nature; la conscience qu'elle aurait d'elle-même serait le phénomène de son être; elle ne serait pas dernière dans la régression des facultés, ne serait pas, par suite, législatrice absolue; par suite, Raison. Le véritable moi est moi pur, et l'affirmation du moi empirique n'est possible que par celle du moi pur.

En me saisissant ainsi, c'est bien moi encore que je saisis, car, comme dit M. Lachelier, la conscience du moi empirique est numériquement identique à celle du moi pur. Bien plus, ils ne sont connus que l'un par l'autre, et en même temps. Le moi est donc bien, comme veulent les spiritualistes, l'union concrète, vivante d'une Raison et d'une sensibilité, d'une forme et d'une matière intimement unies et connues l'une par l'autre. Mais une Raison n'est pas un Etre qui se développe *naturellement* par une force intérieure : c'est un Acte. Le passage de la Raison à la sensibilité n'est pas connu comme naturel, mais comme moral. En cherchant l'unité de mon être, j'aboutis donc à une unité d'un tout autre ordre que l'unité que je cherchais. C'est *un choix* qui constitue l'*aeternum quid* de mon être. Je suis une conscience non contemplative, mais active. Je ne suis pas une « idée-force, » mais une Idée-Acte. Je ne suis pas un être qui se développe et dont j'aurais conscience; je suis ma conscience même agissante.

Nous avons répondu, par ce qui précède, à la question de la liberté. Il résulte de ce que nous avons dit que la catégorie d'existence ne convient pas, comme dit M. Fouillée, à la liberté. Mais le désir de la liberté ne supplée pas seulement, comme il l'ajoute, à la liberté : c'est la liberté elle-même, puisque l'absolu c'est le moi pur, tel que je le saisis, c'est-à-dire en lutte contre la sensibilité et en marche vers le mieux. Nous ne connaissons pas une chose toute faite et donnée, qui serait la Liberté. Si nous connaissions la liberté, elle serait notion, et, par là, cesserait d'être absolue, cesserait d'être liberté. Connaître la liberté est contradictoire dans les termes. Dire : *je suis libre* est une expression équivoque. Je ne suis pas libre comme un animal vit. Etre, c'est avoir conscience de soi comme agissant, car alors seulement on est « son être; » mais alors aussi on n'est pas au sens physique du mot, et alors aussi on cesse de se connaître. Nous ne connaissons pas la liberté, précisément parce que nous sommes libres; nous sommes l'idée, le désir même de la liberté se réalisant dans les choses, et le mot être exprime mal ce fait, car il éveille l'idée d'une existence donnée, et non d'un Acte. Vous êtes libre, si vous le croyez, a-t-on dit, et cela est juste, non en ce sens seulement, qu'en fait, une idée tend à se réaliser d'elle-même, mais en ce sens que la liberté n'est autre que l'idée même de liberté. Nous choisissons la liberté ou l'esclavage, la vertu ou le péché, et ce choix éternel ou plutôt inexprimable en langage de temps, où le temps n'entre pas comme élément, est notre nature même. Nous ne pouvons appliquer à nous-mêmes, considérés dans notre nature fondamentale, l'idée de réalité, mais seulement de *devoir*. Ce qui est premier, c'est non un *Absolu donné*, mais mon esprit se réalisant ou plutôt obligé par lui-même de se réaliser dans les choses. Je ne sais ce que je suis, le savoir serait cesser d'être; je sais seulement ce que je dois être.

Nous comprenons, dès lors, quelle est la nature intime du moi; nous l'avons indiqué déjà, il est bon de s'en rendre mieux compte : c'est un *moi pur pratique*. Une notion est extérieure à moi-même, avons-nous dit; c'est une unité que je ne suis pas, que je ne vis pas. Si même j'ai conscience d'une telle unité, cette conscience est comme extérieure à moi : elle n'est pas moi. Un absolu qui est moi, c'est un absolu que je fais, en quelque sorte; la conscience de moi-même doit être telle qu'elle soit, en quelque façon, mon œuvre; le véritable être est celui qui s'affirme lui-même en agissant. Dès lors, le moi absolument pur n'est pas celui qui connaît, auquel les objets sont donnés, mais le moi se déterminant lui-même dans les profondeurs de son être et se réalisant dans l'univers (1). Je suis, je vis avant de connaître et rien n'est plus essentiel à mon être, plus inaliénable que ma joie et ma souffrance ; être raisonnable dans sa joie, dans sa vie, c'est donc être vraiment moi pur. Universaliser, dilater, en quelque façon, nos puissances de désirer, de jouir, de souffrir même, car une joie ne vaut que par la souffrance qui la conquiert ; tel est l'idéal du moi. L'incarnation de la Raison, de la faculté de l'universel, — puisque l'Absolu ne peut être que moi en ce que j'ai de plus intime uni à ma Raison, — voilà ce que nous connaissons de plus sûr. Je ne me renferme donc pas en affirmant le moi pur pratique dans un « égoïsme métaphysique. » Je me saisis comme une Raison vivante et la Raison est la faculté de l'universel. Je saisis ainsi en moi non pas d'abord une puissance d'universalité abstraite, mais une faculté d'étendre, d'impersonnaliser ma joie. L'absolu, qui est nous-même, n'est vraiment saisi dans sa nature la plus intime que s'il est saisi dans ce qu'il y a en nous de plus intérieur ; dans la joie et dans l'amour, partagés et multipliés par la communion avec les hommes, capables de jouir de la même joie, d'aimer du même amour. Ceux-là seuls connaissent dans cet ordre qui connaissent par la vie, et cette connaissance est infiniment supérieure à la connaissance proprement dite, car elle réalise les conditions que celle-ci exige de la première certitude : être ce que l'on connaît. Agir, c'est vraiment savoir, car le savoir présuppose l'absolu, et il n'y a pas d'absolu autre, et il ne peut y en avoir, que l'absolu que je suis, que ma Raison vivante. L'humble, donc, celui qui met sa joie dans la résignation, est justifié, glorifié. Ce sens de la moralité est si profondément intime qu'il est ré-

---

(1) Voir, ch. III, le finalisme, p. 127.

vélé par l'action et la décision même et que la connaissance peut seulement y préparer.

Cette joie et cet amour raisonnable sont seulement désir, inquiétude; la joie en est la limite, l'idéal, et la douleur, le sacrifice, le moyen. Par cela seul que nous atteignons comme absolu le moi pur, que nous établissons l'impossibilité de dépasser ma Raison vivante, nous l'acceptons telle qu'elle est donnée comme un effort vers un idéal qu'elle ne peut atteindre. Et cet idéal ne peut être immobilisé à moins de méconnaître la nature même de la Raison qui y tend. Puisque aucune notion donnée ne peut dominer la Raison, l'idéal de la Raison c'est le perfectionnement indéfini de la Raison même; il n'est pas *proposé* à la Raison : c'est la Raison qui choisit ou renonce à elle-même. La douleur est, dès lors, avec le sacrifice, le moyen nécessaire par lequel se réalise la Raison et en dehors duquel nous ne connaissons pas de joie divine. La sainteté même, l'absolue indépendance de la Raison ou de la joie raisonnable, ne peut être conçue sous forme de nature; il faut qu'elle soit conquise. Nous sommes bien, comme veut Kant, *soldats du devoir*. Mais notre effort tend à la joie, et il ne vaut que s'il est désir conscient et joyeux. La valeur morale se mesure à l'intensité de ce désir, de l'effort vers l'amour universel; non point un amour contemplatif, celui du penseur ou de l'artiste jouissant du spectacle de l'harmonie universelle, mais un amour vivant, en communion avec les autres âmes capables de cet amour. Ce qu'il y a de plus sûr au monde, c'est cet effort vers le mieux. Kant a bien raison de dire que la morale des empiriques est transcendante, prétendant pénétrer l'infini des choses; ce que nous connaissons d'abord et de plus certain, c'est notre effort pour vivre dans l'universel. La suprême vérité, c'est l'effort de l'homme qui cherche la vérité. Il n'y a pas, dans l'ordre moral, de vérité qu'on puisse montrer; ou une telle vérité n'a encore qu'une valeur sociale; on ne peut qu'amener l'homme à la conscience de la moralité. La vérité ne vaut ici que si elle est conquise ou plutôt elle est l'effort même que nous faisons pour la conquérir. C'est pourquoi nous pouvons lutter souvent pour des croyances, tout en sachant qu'il y a du parti-pris dans notre ténacité : l'inquiétude de la vérité est la plus parfaite approximation de la vérité.

On peut dire par suite que l'homme est fin en soi (1); que nous ne connaissons rien au-dessus de l'individu capable de cet effort, et qu'il n'est pas de vérité objective prétendue universelle à laquelle il doive être sacrifié ; la tolérance peut être justifiée par des raisons métaphysiques.

Le péché est, comme l'effort, la douleur, et, pour la même raison, et plus que la douleur même, une partie essentielle de la réalité : il est le fondement même de tout système des choses. Nous ne connaissons le bien que « comme le mal vaincu. » Nous pouvons dire maintenant : *O felix Adamae peccatum, felix culpa.* Parler de sainteté naturelle, c'est montrer que l'on n'entend pas ce qu'est l'Acte. Nous ne pouvons dépasser l'Absolu que nous connaissons : quand nous le dépassons, nous ne faisons rien autre qu'élever la nature à l'infini et nous n'en changeons pas par là le caractère. Nous comprenons, dès lors, la doctrine du péché radical de Kant et comment le péché originel peut être l'expression symbolique de la vérité. Mais si l'on peut représenter l'homme comme une sainteté ou une liberté absolue qui se révélerait à elle-même ou plutôt se retrouverait elle-même par le sacrifice, ou se perdrait par la chute; il ne faut pas oublier, qu'en fait, la sainteté ou la jouissance parfaite de la Raison nous est donnée comme idéal, et que ces symboles présupposent, au contraire, une sainteté préexistante : ils expriment la vérité dans le langage des choses.

Nous sommes ainsi des unités morales ; mais il ne faut pas assimiler ces unités à des unités mathémati-

---

(1) Voyez plus haut, à propos de l'Absolu, p. 194.

ques, discrètes, discontinues. Elles sont au-dessus de l'unité : l'unité numérique de notre individualité est la forme que prend dans la nature l'individualité raisonnable, l'Acte de ma Raison consciente. Cet Acte, qualitativement distinct de tout autre, s'exprime dans la vie par l'unité numérique de l'individualité. Mais il n'y a pas, dans cette distinction qualitative des individualités, la même rigueur que dans des distinctions quantitatives, et celles-ci ne peuvent qu'approximativement exprimer les premières. Il résulte de là qu'il ne faut pas traiter les choses morales avec cette rigueur mathématique qu'y apporte Kant. Ne méprisons pas le monde extérieur, qui nous unit, en somme, à l'univers et aux autres âmes. Mais n'oublions pas qu'il reflète une réalité plus intime à laquelle les distinctions brutales de la logique ou des mathématiques ne peuvent atteindre. La délimitation stricte des responsabilités et des devoirs peut être socialement nécessaire; mais il faut la regarder comme nécessaire à ce point de vue surtout, et comprendre certaines inspirations, certaines folies qui appartiennent à ceux qui ont « du génie » dans l'ordre moral.

On peut dire, de plus, que si l'individu est une unité morale, l'humanité peut être aussi considérée comme telle : la responsabilité collective exprime, en un sens, le fait moral mieux que la distinction des responsabilités. S'il y a communion dans la joie, il y a communion aussi dans le devoir, le sacrifice et le péché. Ce symbole moral ne doit pas être substitué à celui des unités morales distinctes : notre communion dans la moralité est un idéal aussi certain que la conscience individuelle que nous avons de cette communion. Il faut en rester au donné moral, avec son mystère, qui est quelque chose de positif et de donné lui-même; et n'en supprimer aucun terme. Il est certain que l'homme doué du sens moral se sert également de ces deux symboles directeurs, connexes et vrais tous deux. Il ne prend pas sur lui tous les péchés d'autrui, mais il souffre souvent avec le pécheur ; il ne délimite pas orgueilleusement sa part exacte de responsabilité, et, sachant à quel point, dans l'enchevêtrement des existences, les conséquences des maux sont lointaines, sachant aussi combien les individualités se pénètrent, il n'est pas sûr de ne pas participer aux fautes des autres hommes. L'Humanité, péchant en un Homme, est un symbole fécond, et la solidarité dans le mal apparaît à celui qui prend conscience de son moi moral. La tendance à la communion des âmes, qui est l'idéal moral, implique une certaine solidarité dans le bien comme dans le mal. Tout n'est pas illusion dans la pensée qu'un de ses membres déshonore une famille, ou une race. Il est vrai que, dans nos relations avec nos semblables, il est le plus ordinairement essentiel de considérer les responsabilités comme individuelles ; mais chacun de nous doit, dans sa conscience, se considérer comme solidaire du groupe auquel il appartient, et avoir à cœur de réparer, autant qu'il est en lui, et comme si elle était nôtre, la faute d'un frère ou celle d'une race dont nous sommes.

IV

Telles sont les conclusions où nous conduit l'étude du moi, comme l'étude de l'absolu ; et, comme nous avons vu, l'absolu tel que le concevait la métaphysique antérieure à Kant, ou, plutôt, l'absolu tel qu'il doit être pour réaliser les conditions qu'exige de la première réalité cette métaphysique, — ne peut être que le moi pur, le *fait* que nous avons analysé. L'intellectualisme conduit donc à la certitude morale, que nous avons établie comme fondement de toute certitude. La nécessité première ne peut être telle que si nous *sommes* cette nécessité même, et nous ne pouvons être cette nécessité que si nous la choisissons, si nous y consentons : elle ne peut être première que si elle est nôtre, que si elle est libre, et dès lors elle cesse d'être nécessité. Un dilemme se posait entre le géométrisme et le moralisme : S'il n'y a pas de nécessité, il n'y pas de raison ; — si la nécessité est loi des choses, il n'y a pas de liberté, partant pas de morale. Mais il se trouve que la doctrine de la nécessité exige, pour se compléter, de son premier Principe, une certitude telle qu'elle n'est réalisée que par la liberté : la liberté est ainsi établie comme suprême raison.

C'est en ce sens qu'on peut interpréter le mot de Leibnitz : Et comment saurions-nous ce que c'est qu'être, si nous n'étions nous-mêmes des êtres? L'on pourrait dire inversement : Et comment pourrions-nous dire que nous sommes des êtres, si nous n'avions l'idée d'Etre ? Les deux propositions ne sont conciliables que si l'on fait voir que les conditions mêmes exigées de l'idée d'Etre ne peuvent être réalisées que par *mon* être. Je ne puis affirmer l'Etre que si je le suis. Les anciens avaient bien et justement fait consister la liberté dans la Raison : car je ne suis libre que si je suis commencement absolu ; et, selon eux, participant par la Raison aux Essences premières, je suis vraiment commencement absolu. Mais ils soumettaient cette Raison à une *Res aeterna* ; dès lors elle cessait d'être première, libre. La Raison n'est libre que si elle est mienne.

Maine de Biran pensait donc bien, quand il faisait dépendre les principes d'un *fait* et non l'inverse : il a eu le sentiment d'une réaction nécessaire contre la philosophie objective ; mais il n'avait pas assez dégagé la Notion de l'*Acte* de celle de la *Force* et de la *Substance*. Un fait métaphysique, tel est bien le fondement de toute connaissance ; mais ce fait n'est pas plus *force* que *notion*. Ni panthéisme, ou, plutôt, ni géométrisme ni cousinisme : ce que nous saisissons comme condition de tout le reste est un moi pur pratique, avec toutes les conséquences en apparence étranges qui résultent de la conscience que nous en prenons. Le moral est vraiment l'achèvement du métaphysique, comme voulait Leibnitz, quoique la spéculation métaphysique puisse reculer, étonnée, devant le terme où elle-même a conduit, et qui rend illusoire le type de certitude que, d'un point de vue encore extérieur, elle prétendait atteindre.

Ainsi seulement peut se justifier la certitude morale, la croyance. M. Fouillée objecte aux criticistes : Ce que vous appelez croyance pourrait bien être le résultat de causes mécaniques, ou n'être qu'une moindre connaissance, une connaissance enveloppée. Cette objection est toujours possible, tant que l'on n'a pas, d'une part, dépassé le mécanisme par le géométrisme, rendu sa dignité à l'Idée; et, d'autre part, tant qu'on n'a pas montré que la Raison pratique, l'Acte, tel qu'il est donné, doit être accepté comme raison d'être de l'Idée, et réalisant seul les conditions de certitude exigées de l'Idée. M. Fouillée dit encore : On peut être nécessité pratiquement à parier pour la moralité; mais cette décision n'a pas pour cela plus de valeur spéculative. L'objection tombe, si l'on peut montrer que cette décision n'est pas seulement nécessaire en fait, mais que la spéculation même la reconnaît comme son principe, justifié en droit. C'est déjà beaucoup de pouvoir dire avec les criticistes : Le *fait* que l'on admet, du moment qu'on admet le *droit*, n'est-il pas plus que le droit? Mais il est mieux de pouvoir dire : Le fait est plus que le droit, qui, mieux que le droit, satisfait aux conditions du droit.

V

Nous élevons donc au-dessus de la cité terrestre la cité idéale qui n'est pas donnée, mais où nous devons tendre; car ce qui est premier ne saurait être donné. Nous allons, de la conscience de la liberté, avec son idéal, aux choses; non de cette conscience à un ordre d'objets transcendants, de notions éternelles qui, du moment qu'elles seraient notions, ne seraient plus dernières : nous ne pouvons dépasser cette conscience intime de l'Acte, de notre Raison tendant à jouir d'elle-même dans l'universelle communion. Nous ne pouvons immobiliser, substantifier cette cité sans la détruire. On demande si cette communion est réelle. A coup sûr, il peut y avoir dans la nature une expression physique de cette communion idéale, et on peut en chercher des images dans cette solidarité sociale et naturelle, inévitable, qui nous unit aux autres êtres et aux autres hommes. Mais nous ne pouvons transformer cette union idéale en une union réelle mystique des âmes : ce qui serait dépasser les données morales. Rien n'est plus *certain* que l'idéal d'une communion morale : cela n'est pas *donné* comme *réel*. Nous en restons donc à l'affirmation de moi purs pratiques, soumis au devoir et tendant à s'unir dans une communion morale. Ne pouvons-nous dépasser ce point ?

D'abord, n'oublions pas qu'il y a de tout être comme un prolongement insondable et à l'infini qui enveloppe l'affirmation même de l'Etre. Cela résulte de l'imperfection de nos connaissances : si nous ne pensons pas que la vraie lumière soit la certitude mathématique, nous désirons la lumière plus parfaite pour le cœur, et l'intelligence même, comprise par l'Amour. Il y a, par suite, un au delà de tout être : *Omne individuum ineffabile*. Si on entend, par substance ou Etre, cet au delà mystérieux que tout Etre enveloppe, on peut dire que l'Etre dépasse la moralité même ; et cette pensée n'est pas négligeable, car elle donne à nos actes je ne sais quoi de plus réservé, de plus mesuré ; elle y met ce grain d'esprit et de doute, nécessaire en toute action humaine.

Mais on peut dire plus : l'affirmation que la certitude morale est le type même de la certitude, — selon le géométrisme lui-même, si on l'approfondit, — entraîne, comme nous disions plus haut, l'affirmation que la moralité est le substitut le plus approximatif de l'Etre même ; qu'en d'autres termes, à la moralité correspond une œuvre universelle et un Principe suprême de cette œuvre. Nous rattachons, — en la présentant comme l'aboutissant naturel du géométrisme, — la moralité à un système des choses, et nous pouvons par là lever le doute de Kant. Le premier Intelligible que suppose l'intellectualisme, et qu'il identifie à l'Etre, ne peut être notion ; il est sujet : à moins de renoncer à son principe, l'intellectualisme doit l'admettre. Dès lors, ne pouvons-nous élever à l'Infini la Liberté et déclarer qu'elle est l'Etre même ? Ce qu'un essai de déduction établira d'ailleurs plus amplement. L'ordre hiérarchique de nos pensées est celui de la réalité ; cela est impliqué dans toute pensée : la vérité qui fonde cet ordre est l'Etre même, à moins que, comme Kant, on ne la croie contradictoire au type de certitude du géométrisme ; or nous avons vu que, bien entendue, elle en est l'achèvement. Nous pouvons conclure dès lors, supprimant le doute relatif à la possibilité d'une *Res aeterna* : l'Etre est dans le sens de la moralité.

A vrai dire, l'affirmation de Dieu comme Raison éminente de la moralité est impliquée dans l'affirmation même du *moi* pur : car l'Etre n'est rien de plus que la première faculté de notre être élevée à l'infini, l'Acte moral même dans sa source profonde, la limite infinie où tend cet Acte. Ce prolongement à l'infini, ou plutôt cette limite de l'Acte moral, est posée en même temps que cet Acte ; seulement, un système qui oppose, comme celui de Kant, la notion à l'Acte, ne peut attribuer à cette limite idéale, comme à son expression dans les choses, qu'une valeur *pratique* ; il réserve à la Raison spéculative le droit de répondre à la question de la réalité : ce qui, cette réponse étant impossible, ferme à jamais la question de l'être. Mais un système qui réconcilie l'Idée et l'Acte, établit non seulement l'existence d'une Raison pratique simplement constatée et négativement justifiée, mais montre aussi que la Raison pratique est vraiment dans le sens de la Réalité. Et ainsi nous pouvons dire que la limite où tend la Raison est certaine, non pas seulement *pratiquement*, mais absolument. Kant nie qu'on puisse atteindre Dieu, parce qu'il laisse planer, au dessus de la limite idéale de la moralité, le fantôme de la *Res aeterna*, qui reste pour lui le type de la certitude ; si l'on montre que cette *Res aeterna* est dérivée, quelle raison a-t-on de ne pas dire : la Liberté, c'est l'Etre ?

En affirmant l'Infini, nous ne dépassons pas d'ailleurs l'acte moral même. L'Infini n'est pas un autre Etre surajouté aux êtres : il est l'essence profonde de chaque être, et que chaque être emporte avec soi. M. Fouillée dit quelque part, à propos de M. Ravaisson, que telles de ses observations sont de simples remarques psychologiques exprimées en langage mystique. Cela est possible, mais cela ne diminue pas la valeur de ce langage. La parole métaphysique ou religieuse ajoute aux faits le mystère et l'infini, qui est partie de leur réalité, et la plus essentielle ; elle dégage de ces faits le sens intime et profond ; c'est ainsi que la méditation muette qui accompagne l'expression d'une pensée, ou les longs échos qu'elle éveille dans l'âme, sont ce qu'il y a en elle de plus vrai. De même l'Infini, qui est comme la limite où tend l'acte moral, n'est pas, à proprement parler, autre que cet Acte ; et cependant ce n'est plus lui. Il s'agit, pour établir Dieu, de montrer seulement que l'Etre est l'Intelligible, et la réalité la hiérarchie des choses. Il est le sommet de cette hiérarchie ; l'infini Au delà de cette hiérarchie, posé avec cette hiérarchie même. Il s'agit moins de démontrer Dieu, quand une fois il a été admis que l'Intelligible est mesure de réel, que de déterminer quelle partie de la réalité le symbolise le mieux : s'il est Raison spéculative et contemplative, ou Raison pratique, ou joie et amour raisonnable.

Nous affirmons donc en même temps, et nous-mêmes comme êtres moraux, et Dieu comme principe de la moralité. Et ces deux affirmations sont également nécessaires pour justifier l'acte moral. Nous avons besoin de croire, d'une part, que le véritable type de l'Etre est, non la réalité donnée, mais l'effort moral ; et, d'autre part, qu'une œuvre universelle se fait avec ces efforts. Avant l'action, nous ne pouvons consulter que notre devoir, et non un ordre universel donné qui le contredirait ; mais l'action faite, il est nécessaire de croire que nos succès comme nos insuccès servent à une œuvre dont nous pouvons chercher la trace. Gardons la première croyance : *ut bene vivamus*, la seconde : *ut bene credamus*. La loi de la Providence n'est pas une loi extérieure que nous avons à consulter dans ses effets pour connaître notre devoir ; mais c'est la loi que l'honnête homme doit supposer, — pour bien agir, et parce que cela est éminemment raisonnable, — souveraine dans l'univers.

VI

Dieu donc, comme forme éminente de la moralité, est établi en même temps que le *moi* pur, et la moralité implique les deux affirmations. Mais nous ne retournons pas par là à la conception d'un *Dieu-Notion* ou *Fin*; — conception qui, par l'incompréhensibilité radicale de la Notion, — devient aisément celle d'un *Dieu-Force* ou *Puissance;* absorbant la moralité. Je connais l'Absolu d'une connaissance où moi-même, en tant qu'individu moral, je suis enveloppé. Dieu est la limite idéale où tend l'effort moral : à savoir la joie raisonnable pleinement consciente d'elle-même, et communiant avec l'humanité et la nature dans cette joie. Cette limite idéale est aussi certaine que le *moi* pur ; car l'Infini, Raison profonde de chaque être, est donné avec chacun des êtres. Mais, par cela même que cette limite est donnée avec le moi pur, dans la même unité de conscience, je ne la connais que par ce *moi* pur. A vrai dire, comme pensait Kant, le devoir est la seule donnée positive première. Je ne connais l'Absolu que dans et par l'Acte qui le pose ; en dehors de cet Acte, — et par la nature même de cet acte, — je ne puis en rien dire. On peut dire seulement qu'il est la Raison profonde de la lutte morale, du devoir, et l'idéal de paix où s'efforce cette lutte. L'éternel ne nous est donné que sous la forme de l'éternel devenir, ou du devenir tendant indéfiniment à un repos où se condensent et se concentrent les mouvements. Mais, de ce repos, le mouvement même est l'expression plus parfaite que l'immobilité de la notion, et le mouvement incomplet qui tend à s'achever, au milieu des secousses, des chocs et des reculs, que le mouvement naturel d'une réalité, parfaite selon l'ordre de la nature. Même la joie dans l'union des âmes, — le sentiment intensif infini, — qui semble symboliser le mieux la vie dans le repos et la paix où tend l'effort moral, — n'est vraiment infinie que si elle est inquiétude, désir du mieux. Si j'immobilise cette joie sous forme de nature parfaite ou de personne sainte, si je la rends naturelle, je ruine la certitude de l'Acte premier, qu'il faut accepter tel qu'il est donné, sans quoi cette certitude cesserait d'être première. Il en est comme si nous ignorions le cercle; l'approximation la plus parfaite qu'on en pourrait donner serait le polygone qui y tend indéfiniment. En ce sens, *perfection* et *Réalité* sont, comme on l'a dit, termes contradictoires ; je ne puis réaliser Dieu sans le nier. Si l'*Acte*, au sens aristotélicien, la *Perfection*, est antérieur à la *puissance*, cet *Acte* est tel qu'une Res *aeterna* ne peut l'exprimer.

Dieu est donc, si l'on veut, pour employer la belle expression de Mill, comme le collaborateur de l'homme moral ; c'est pour cela qu'en un sens, l'anthropomorphisme est la vérité. Dieu ne peut être considéré comme la cause *physique* de la douleur, comme une *toute-puissance* créant le mal et la douleur. L'idée de puissance est subordonnée à celle de moralité, et présuppose celle-ci, puisque seule, celle-ci réalise l'Idée, sans laquelle il n'y a pas d'affirmation. Dieu n'est pas une définition éternelle d'où toute chose, le mal même, dériverait comme le reste : les idées de *Force*, de *Puissance*, ne s'appliquent point, ou ne s'appliquent que secondairement à lui ; l'ordre des choses n'est pas *naturel*. Il est la Raison profonde de la souffrance, du sacrifice : le sacrifice divinisé. C'est pourquoi, — en dehors de toute foi positive, — ils est permis de dire que, philosophiquement, c'est un beau symbole que celui du Dieu souffrant avec l'homme et se sacrifiant pour lui, substitué à la notion du *Dieu-Nature*, du *Dieu-Puissance*; le symbole du *Dieu-Homme* substitué au *Dieu transcendant* des métaphysiciens. Si l'on peut admettre qu'il y a au dessus de l'homme une Harmonie universelle, il ne faut pas considérer cette Harmonie comme étrangère à nos efforts, comme si notre vie n'était qu'un accident dans cette Harmonie : c'est nous qui faisons cette harmonie ; à ce prix seulement elle mérite ce nom, et l'ordre universel est organisé essentiellement en vue de cette collaboration. L'homme est indispensable à Dieu, comme disent les Allemands. Leibnitz disait que l'univers serait bouleversé et réparé dans le temps que demande le gouvernement des esprits : cela serait la plus belle expression de la vérité, s'il avait plus profondément marqué le caractère propre de la certitude que nous avons du Dieu qui les gouverne.

Est-ce à dire que nous assimilions Dieu au devenir moral lui-même, qu'il ne soit rien de plus que l'union concrète de l'éternel et du devenir, qui constitue la vie ? Cela ne serait pas exact. Dieu est la raison éminente de la vie, la limite de la vie, et cette Raison, si elle se manifeste par l'infini devenir, nous la prolongeons aussi en deçà, pour ainsi dire, de la connaissance que nous en avons. L'absolu, pas plus que le moi, n'est tout entier dans ce que nous en atteignons. Il y a en tout être un τὸ ἐπέκεινα, impliqué dans l'affirmation même de cet être. Si l'on entend par substance cet au delà mystérieux que tout être enveloppe avec soi, on peut dire que Dieu est substance et, en tant que substance, antérieur à ses manifestations. On peut dire aussi qu'il est transcendant. De là, les doctrines élevant l'unité au-dessus de l'Etre même; peut-être est-ce là ce que signifie Leibnitz quand il admet comme antérieur à la perception dans la monade, le *sujet* ou la *base*.

Cet au delà transcendant et mystérieux, il n'est aucune raison sans doute de l'assimiler à une *Res aeterna*. Si la pensée se projette nécessairement dans un au delà infini, on ne peut rien dire de cet au delà infini, et il serait tout à fait déraisonnable de le considérer comme une notion. Les attributs de Dieu, disait Descartes, sont nos perfections mêmes élevées à l'infini : il s'ensuit que nous ne savons quel il est, si nous ne le rapportons à ces perfections, et la moralité étant première dans l'ordre de nos perfections, il est la Raison éminente de la moralité, et pour cela impossible à substantifier ou à immobiliser. Dieu n'est autre que la puissance même que nous avons de le penser, et pour cela, il ne peut être conçu comme chose. Mais nous ne pouvons cependant l'assimiler à cette pensée, car l'Etre dépasse tout ce que nous en pouvons dire. De même que Leibnitz appelait non pas *consciences* mais *expressions* les unités du multiple dont la pensée exige, selon lui, que le monde soit peuplé, — indiquant par là que l'on ne peut assimiler toutes ces unités à la conscience, une des innombrables formes possibles de cette unité, — de même nous pouvons dire que Dieu est la Raison profonde de la vie morale, sans que nous puissions dire qu'il est un *Principe moral*. Dieu, comme dit Kant, est le principe de la possibilité de la morale qui est en nous : en disant cela, nous concevons la cause d'après l'effet, mais au point de vue seulement du rapport qui les unit, sans prétendre les assimiler par là. Et, comme nous avons vu, la conception de cet au delà n'est pas sans valeur (1).

On ne peut dire davantage par suite que Dieu est *personne*. Il est vrai qu'une telle conception est plus près de la vérité que celle de la Notion éternelle. Même si l'idéal de la moralité est la raison consciente d'elle-même ou la sainteté, il semble qu'on puisse dire que Dieu, limite idéale

---

(1) Voyez plus haut, p. 210.

de la moralité, est personne sainte. Mais rappelons-nous que la sainteté n'a de sens pour nous que si elle est conquise. Admettre une sainteté naturelle, c'est revenir à une conception naturelle des choses, contredire la première certitude. De plus, quoique l'union de personne à personne exprime mieux que celle d'une subordination de notions notre rapport à Dieu, cependant on ne peut dire qu'il y ait entre Dieu et moi l'opposition qui existe de personne à personne. Dieu est la forme éminente de notre conscience intellectuelle, et plus encore, de notre joie morale ; il est *interior intimo nostro*. Cette unité ne peut être symbolisée par une union de personnes encore distinctes ; elle est immédiate au point que l'on a pu se demander si nous pouvions dépasser le moi pur. Nous ne connaissons pas Dieu, et il ne peut être qu'à cette condition (1). Il entre de l'objet et, comme disait Leibnitz, de l'étendue dans toute connaissance : or, la distinction de personnes différentes est encore une connaissance. Le mieux est de ne pas exprimer ce premier fait dans un langage qui l'assimile nécessairement à un fait d'un autre ordre. Il faut nous contenter de l'analyser, de le constater. J'affirme à la fois et le moi pur et la Raison profonde de ce moi : la relation est réelle et ineffable.

Mais n'est-ce donc pas dire que je suis Dieu, ou que Dieu n'est autre que moi-même ? Ou bien encore, une autre difficulté ne surgit-elle pas : En affirmant Dieu, ne retombons-nous pas sous un autre esclavage : allons-nous à la vérité ; ou Dieu nous y attire-t-il ? De telles objections ou questions témoignent que nous ne nous sommes pas encore dégagés de la fascination de la *Res aeterna*, de l'ordre de la nature. Il n'y a pas à poser de telles questions faites d'un point de vue *géométrique* ou *finaliste*, *chosiste* en un mot, que nous avons fait voir n'être pas le point de vue véritable. La notion de *Puis-*

---

(1) Voyez, plus haut, sur l'absolu, p. 192.

sance, ou de *Force*, comme celle de *Notion éternelle* ou de *Fin*, auxquelles elle se réduit, présupposent le fait original que nous essayons d'analyser. On ne peut opposer à ce fait les notions empruntées à l'ordre de la connaissance, lesquelles ne sont intelligibles que par ce fait même qu'elles prétendent juger. Nous aboutissons à une solution qui précisément rend impossibles de semblables questions : car le Dieu que nous posons n'est pas une Notion universelle enveloppant la nature et moi-même, mais un Dieu saisi immédiatement dans et par un acte individuel ; non pas même une personne sainte, mais moi-même en ce que j'ai de plus intime. C'est à cette conception qu'il faut nous en tenir. Demander l'explication de ce qui est dernier, d'une vérité dont il est contradictoire, puisqu'elle est dernière, de demander l'explication, c'est montrer qu'on n'entend pas la question. Dans une doctrine telle que le finalisme, la difficulté de la grâce et de la liberté peut se poser, l'acte n'étant pas encore mis en lumière et définitivement sauvé de la *Notion*, mais non quand il a été montré que je suis avant tout certain de ma nature, comme être moral. Je douterais plutôt de Dieu que de moi. Ou plutôt je n'ai à douter ni de Dieu ni de moi, mais à constater la nature de l'acte par lequel je pose et moi-même et Dieu.

VII

Que penser dès lors de la forme courante des postulats religieux de la moralité, de l'existence de Dieu comme personne sainte, et juge ; de l'immortalité de l'âme, des sanctions ?

L'existence de Dieu est bien fondement de la morale, si nous entendons par Dieu cet absolu que nous avons tenté de caractériser. La spontanéité de la Raison devenant, si nos considérations sont vraies, la Liberté immanente aux choses, Dieu, sous une forme nouvelle, ou plutôt (car la métaphysique antérieure à Kant acheminait à cette conception) sous une forme seulement entrevue jusqu'à Kant, est comme le garant de la moralité. Si l'on traduit, dans le langage d'une métaphysique de l'immanence, le postulat de l'existence de Dieu, ce postulat peut être dit principe de la morale. Mais il n'en est pas de même si l'on attribue à cette existence le sens transcendant et anthropomorphique que lui attribue Kant. Dieu, comme objet d'intuition, n'est pas prouvé. Non seulement il n'est pas prouvé en tant que tel, mais, nous l'avons vu, une telle preuve ruinerait la certitude même que réclame comme première le système des choses, serait contradictoire à cette certitude. Nous affirmons, il est vrai, en même temps que l'Acte, l'Infini qui le prolonge, mais cet Infini ne peut être conçu comme objet. Entendu comme un Dieu Personne, un Dieu Juge, Dieu est seulement objet de foi, si nous entendons par foi l'affirmation de l'existence, en tant qu'intuition possible dans un monde d'intuitions incompréhensibles pour nous, de ce que nous connaissons seulement comme limite idéale de l'Acte. Et nous voyons qu'en ce sens la nature de la foi contredit celle de la certitude première.

Cependant, quoiqu'il soit contradictoire, en l'état actuel de nos connaissances, d'admettre une vérité première qui soit objet d'intuition, il est certain qu'il pourrait y avoir un autre mode d'intuition différent du mode actuel ; que, dès lors, la certitude de l'Acte moral n'est pas complète, du moment qu'une autre intuition serait possible. Cela ne veut pas dire qu'il manque à cette relation de l'Acte et de l'intuition la clarté géométrique : nous avons vu que la véritable lumière ne pouvait être là ; mais nous voudrions une lumière plus parfaite pour le cœur, à travers laquelle nous lirions le mathématique lui-même, et cette clarté nous manque : le monde des intuitions n'est pas clair pour le cœur. Il semble résulter de là que l'intuition a sa dignité, que l'idéal de la certitude morale soit dans la conciliation du *donné* et de l'*Acte*, de l'*intuition* et de la *Liberté*, dans un mode de certitude supérieur, où l'intuition ait sa place ; et l'explication de la réalité, dans un mode de réalité, qui soit à la fois *Objet* et *Acte*. Mais, à vrai dire, de ce mode de réalité nous n'avons pas d'idée ; il faut nous en tenir à ce que nous savons et prendre pour type de l'Etre ce qui est premier dans la hiérarchie intelligible de nos facultés : or, dans cette hiérarchie, l'Acte est premier, et l'Acte est contradictoire à toute intuition.

Tout au plus pouvons-nous, puisque le monde des intuitions n'est pas intelligible par la lumière même de l'Amour, et puisque cette lumière parfaite de l'Amour reste l'idéal, encore qu'inconcevable de l'effort moral, accepter comme n'étant pas tout à fait déraisonnable l'espérance d'un Dieu qui nous satisferait en tant que capables d'intuition. Mais n'oublions pas qu'une telle espérance contredit en un sens le système de nos connaissances, que l'accepter c'est, peut-être, dès lors, n'avoir pas pris encore conscience de la nature de l'esprit, dans son essence intime, n'avoir pas renoncé définitivement à l'illusion de la certitude sensible.

La solution est la même pour toutes les questions qui touchent les rapports de l'intelligible et du sensible.

Dans une doctrine, substituant l'absolu *incarné* à l'absolu *transcendant*, réalité ou notion éternelle, établissant qu'il y a contradiction entre la notion *d'absolu* et celle de *Res aeterna*, l'immortalité de l'âme, c'est-à-dire la perpétuité de notre existence dans un monde d'intuitions différentes, ne saurait être prouvée. Ce qui est premier est tel que nous ne pouvons remonter au delà, d'où il suit que nous n'en savons rien de plus que la conscience même que nous en avons ; par suite, on ne peut dépasser la conscience même de la liberté et du devoir. *Sentimus experimurque nos aeternos esse*, disait Spinoza : nous avons conscience de notre éternité ; mais précisément parce que la conscience de l'éternité est un fait, et un fait premier, nous ne pouvons le dépasser : c'est parce que nous nous sentons éternels, que nous ne pouvons affirmer notre éternité transcendante.

A coup sûr, l'intuition a sa dignité, étant liée à l'Acte, et quoique il faille renoncer à la conception de la *Res aeterna*, ou du moins la subordonner à celle de l'Acte, on peut, comme nous disions à propos de la personnalité de Dieu, espérer que l'intuition a sa place dans l'ordre des choses, et que la faculté des intuitions, ainsi que les puissances affectives de notre être qui semblent devoir recevoir par là une satisfaction plus entière, peuvent, sous une forme que nous ignorons, participer à la certitude. Mais, s'il est vrai, que l'imperfection de notre nature laisse toujours une place aux rêves, le danger est que ces rêves nous transportent dans un monde où nous ne pénétrons qu'au risque de contredire la Raison même.

Cependant ne peut-on dire que la moralité exige non je ne sais quel transfert du moi dans un autre monde d'intuitions, mais seulement une conscience de plus en plus profonde de la Raison? Le moi que nous connaissons n'est-il pas un effort continu vers l'idéal, et la moralité n'exige-t-elle pas la réalisation de plus en plus parfaite de cet effort, soit dans ce monde même, soit sous une forme que nous ignorons? Cette exigence n'est autre, peut-on dire, que l'exigence d'une relation entre l'intelligible et le sensible, fondement de tout système idéaliste. N'avons-nous pas déjà fait prévoir que l'univers devait à sa façon exprimer la liberté? Or, exiger au nom de la Raison que la Raison devienne de plus en plus consciente de son mérite ou de son démérite, c'est-à-dire postuler l'immortalité de l'âme et des sanctions (si nous entendons par sanctions la vertu ou le vice même considérés en tant que conscients d'eux-mêmes), ce n'est exiger rien davantage qu'une relation de la Liberté et du monde, conforme à la Liberté. Un système de la Liberté implique que tout est organisé en vue des individualités morales, que l'intérêt de ces individualités est celui même de l'univers.

Mais ou bien nous admettons que la Raison prend cette conscience d'elle-même de plus en plus intime dans un monde transcendant : et nous avons vu que cela est impossible. Ou bien nous affirmons une immortalité personnelle, immanente, se réalisant suivant les lois du monde connu. A coup sûr, il y a dans cette dernière thèse une part de vérité. On peut faire voir, — et nous le tenterons, — que la nature exprime dans ses formes la Liberté, qu'elle « gravite » vers la Liberté ; et, cela doit être, s'il est vrai qu'on puisse construire un système de la liberté. Même il faut chercher, quoique cela soit plus difficile, des traces de l'harmonie universelle dans l'histoire et le devenir des choses, et l'on peut aller jusqu'à chercher les quelques raisons que l'on peut donner en faveur d'une immortalité consciente et personnelle, qui résulterait, dès aujourd'hui ou dans l'avenir, du jeu même des lois naturelles, comme a fait M. Guyau. Seulement on ne peut prétendre que la Raison exige la réalisation, sous forme d'immortalité individuelle, de l'Harmonie qu'elle admet, en se posant comme principe des choses, entre la Liberté et l'univers. On ne peut admettre que l'Harmonie de la Nature et de la Liberté se manifestera précisément sous la forme d'intuitions que nous connaissons, quand il en est d'infinies possibles. Surtout, il est téméraire de conclure qu'une telle harmonie retentira nécessairement dans nos individualités. La conscience individuelle de la Raison est, sans doute, ce que nous connaissons de plus sûr ; mais nous avons vu aussi que nous ne pouvions assimiler la distinction des unités morales à la distinction d'unités numériques, et, dans cet ordre, des déterminations d'une précision aussi brutale ne sont pas possibles.

D'ailleurs, remarquons que quelque forme que nous donnions à ces croyances relatives à l'immortalité, nous pouvons imaginer, dans un monde transcendant ou futur, plus de bonheur, non pas plus de certitude. Si nous supposons une éternité transcendante dans un monde d'intuitions intellectuelles, puisque nous ne pouvons concevoir comme dernières des intuitions quelles qu'elles soient, ces intuitions auraient besoin toujours de s'achever par la certitude même qu'elles prétendraient compléter : par la certitude de l'Acte. Et, si intense que puisse devenir la conscience de la Raison, nous ne pouvons concevoir qu'elle nous donne une autre lumière. Le caractère de la certitude première ne changerait pas, mais seulement le degré de joie qui l'accompagne. L'Acte ne se *voit* pas et nous ne concevons pas comment il pourrait être clair, c'est-à-dire objet d'intuition, sans se détruire. Ou bien donc nous le transportons tel quel, avec l'exposant « Infini, » dans un autre monde, ce qui n'en change pas la nature, ou nous le transformons en *Res*, et nous revenons à ce type de certitude que nous avons montré dérivé. Que si nous prétendons établir notre immortalité dans le devenir, à plus forte raison ne pouvons-nous imaginer autre chose qu'un plus grand bonheur pour nous, et non une autre nature de certitude.

Mais ne pourrions-nous avoir, dans une autre vie, une lumière de sentiment qui unît la clarté de la certitude géométrique à l'intériorité de l'acte ?

Nous le disions à propos de l'existence de Dieu et de la question même qui nous occupe; l'idéal de la certitude morale est bien la lumière d'amour qui éclairerait l'intuition elle-même. Seulement, nous l'avons vu, cette lumière d'amour s'évanouit pour nous dès qu'elle cesse d'être idéale. Toute clarté vient des choses, et la lumière, que plus ou moins consciemment on imagine quand on essaie de préciser la nature de cette idéale lumière, c'est celle de la connaissance, où il entre de l'objet et même de l'étendue; c'est peut-être même la clarté du soleil, comme dit le vulgaire, la dernière des clartés. Seules, les ténèbres vivantes, — ténèbres pour celui qui ne sait pas rentrer en soi, — sont les symboles d'une lumière suprême. Craignons, par des rêves imprudents, de faire évanouir cette obscurité, qui est la vraie clarté, et de nous laisser à nouveau fasciner par la lumière crue de la chair ou de l'esprit.

On peut dire que nous ne pouvons concevoir ce que

serait une lumière parfaite, même pour le cœur, et il n'y a, pour symboliser la joie infinie, que celles où il entre de l'inapaisé, de l'inassouvi. Les joies satisfaites sont courtes et plates, les vrais bonheurs sont ceux où il entre le plus de mélancolie et de tristesse, et il faut aimer cette tristesse, car la douleur, encore une fois, n'est pas un accident dans l'ordre universel, mais elle fait partie de cet ordre, et la joie ne vaut que par elle. Même les véritables joies sont celles où non seulement la souffrance a sa part, cette souffrance quelquefois si douce, comme dit le poète, qu'on en voudrait mourir, mais auxquelles ne manque pas le sentiment toujours présent de notre nature morale, le sentiment du mal et du péché inhérents à notre être. Certains poètes contemporains, artistes dépravés et raffinés en volupté, ont glorifié ces actions où il entre, comme ils disent, la saveur du péché. C'est, sans doute, une monstruosité et une erreur de faire entrer volontairement le péché dans nos actes ; c'est le considérer comme un élément naturel, au lieu que nous le connaissons seulement dans sa lutte avec le Bien. Mais on peut, en appliquant ces expressions à la vie en général, leur donner un beau sens, car la joie essentielle est celle qui nous apparaît comme une conquête sur le mal et que le sentiment du péché vivifie. Et, lorsque nous essayons de délivrer nos joies de la tristesse et du sentiment de notre misère qui semblent s'opposer à leur achèvement, nous les affadissons par là et nous voyons qu'elles devaient leur caractère d'infinitude à cette imperfection même qui, en apparence, les limite et les diminue. Ces exigences de lumière témoignent que l'on ne s'est pas encore affranchi de l'illusion de la clarté sensible ; il ne faut pas donner à la moralité elle-même la clarté des notions géométriques auxquelles elle se substitue.

Si nous ne connaissons de certain, gémira-t-on, que cette communion idéale où nous aspirons, cela est bien peu de chose. Cette communion idéale n'est en somme que le désir d'une communion réelle ; et qu'importe ce désir, si je puis craindre, après l'avoir un instant pressentie, de retomber dans la nuit ?

Préférez-vous permettre à votre sensibilité une satisfaction plus complète, au risque de donner à vos rêves une forme qui rendrait le désintéressement impossible, impossible le type de certitude qu'exige le système rationnel de nos connaissances, au risque de donner à vos croyances une précision qui les détruirait ? Il faut en demeurer au *Sperabimus* que M. Fouillée propose comme la formule du seul état d'âme légitime pour le philosophe de notre temps. Mais autre chose est l'espérance qui s'autorise de vagues hypothèses, autre chose un mode de croyance où nous conduit le système intelligible de nos connaissances. Si l'espérance est, en ce sens, justifiée comme l'état d'âme le plus raisonnable, est-il besoin de lui donner un corps ? L'idéal est la véritable réalité, ou le réel lui-même n'est pas : pourquoi n'attribuer l'Etre qu'à cela seul que nous connaissons sous forme de l'existence actuelle ? Ce qui est, n'est-ce pas ce qui communique toute réalité ? Et, dès lors, qu'importe que je ne puisse préciser sous quelle forme se fait cette pénétration de l'idéal et du réel ? Si l'idéal est plus sûr que le réel, je puis affirmer que le monde moral, avec ses mystères, est la plus certaine des vérités ; cette assurance n'est-elle pas suffisante ? Faut-il donc tant tenir à retrouver notre misérable individualité empirique, avec la mémoire de ses joies, de ses souffrances ? Si l'on disait à un homme mourant : vous oublierez ce que vous avez été, mais vous revivrez heureux, son sort serait-il si déplorable ? Nous n'avons pas d'assurance aussi précise, mais nous savons que, lorsque nous nous identifions à nos semblables, de telle sorte que leur vie soit notre vie, nous avons les plus fortes raisons de croire que nous sommes dans le sens de la vérité ; n'y a-t-il pas là déjà un beau motif de vivre ? Peut-être faudrait-il s'élever, non seulement jusqu'à ne plus espérer, au sens vulgaire du mot, mais jusqu'à ne plus désirer cette espérance, ou même à glorifier cette impossibilité d'espérer, puisque une joie complète et claire ruinerait cette joie même qu'elle prétendait compléter, et qui, au contraire, a besoin d'être goûtée dans la nuit et au travers des larmes. Prenons conscience de notre éternité actuelle, de notre union avec les autres êtres raisonnables : cela seul ne trompe pas.

Ces croyances, sous leur forme précise, sont donc difficiles à défendre. Et cependant, si elles sont pour l'homme des moyens d'agir sur soi, des moyens de « salut, » elles sont vraies pratiquement, vraies par suite de la plus haute vérité. L'erreur peut être ici plus vraie que la vérité ; le superstitieux qui a le sens du divin se trompe moins que le positiviste qui sait la loi des phénomènes et dont l'intelligence est toute au monde extérieur.

Car, comme nous avons vu, — mais il n'est pas inutile de caractériser encore la nature de la croyance morale et religieuse, — l'essentiel, le symbole le plus haut de la Réalité (et le type parfait de la Réalité l'est aussi de la Vérité, d'après ce qui précède), c'est l'état d'âme conforme à la Raison, le sentiment de notre communion avec les hommes et l'univers, le désir de la joie dans cette communion. Dès lors, cette conscience est antérieure aux distinctions de l'intelligence objective ; c'est une lumière que l'action conquiert, ou plutôt qui est la conscience même de l'action. De là, cette admirable doctrine des humbles, si fortement exprimée par Tolstoï, et que justifie la plus haute métaphysique, comme l'avait entrevu Pascal. Trop bien parler de ces choses est presque témoigner qu'on ne les sent pas. Le sentiment en est antérieur aux distinctions du langage, et infiniment trop intérieur pour être exprimé par ces distinctions ; il est nous-même en ce que nous avons de plus profond, et il ne peut s'exprimer qu'en s'objectivant. La méditation muette peut seule l'atteindre et en jouir. Ou, si l'on veut avoir par la parole une approximation de ce qui ne peut littéralement être exprimé, étant condition de toute expression, il faut la chercher chez ceux qui ont pour mission de réformer l'âme des hommes. Simples d'attitude et de costume, pour marquer leur détachement des choses extérieures, ils parlaient simplement et divinement, avec bonhomie quelquefois, comme Socrate, pour se tenir aussi près que possible de la pensée ; pour exprimer l'intime de l'âme ; pour que leur parole fût comme la voix même des choses et de l'esprit, et ce qu'ils disaient « avait à peine l'air d'être pensé » (Pascal). Et, par leur simplicité, leur humilité, ils exprimaient encore que ce qui unit l'homme à l'homme ce n'est pas surtout l'intelligence spéculative, ni même cette Raison pratique dont parle Kant, froide et dédaigneuse de la joie, mais bien le cœur, la communion dans la joie et la douleur, et, par suite, dans le sacrifice, la résignation et le divin bonheur qui en suit.

La moralité, c'est donc l'action morale, l'action pour tous, expression du sentiment de notre communion avec tous. C'est en ce sentiment que l'humble et le penseur peuvent communier, et le penseur avec d'autant plus d'élan qu'il sait ce qu'il y a de suprême et d'unique dans l'acte moral. De là la justification métaphysique de cette maxime courante qu'il faut juger les hommes par leurs actes, non par leurs croyances explicites et leurs paroles : nous les devons juger plutôt par leurs actes, parce que les actes révèlent approximativement leur état d'âme, étant le désir manifesté ; et que le véritable juge de l'homme est son état d'âme.

Si tel est le mode de certitude que la métaphysique justifie, peu importe dès lors la vérité extérieure des croyances qui l'enveloppent.

Quant au sentiment religieux, nous l'avons vu, il n'est autre que cet état d'âme lui-même. La connaissance de Dieu, c'est la connaissance du devoir, et, comme celle du devoir, cette connaissance est sentiment et action. Il faut bien vivre, pour avoir le sentiment de Dieu, ou, plutôt, la vie bonne et la conscience de cette vie est la véritable connaissance de Dieu. Il faut avoir conscience de Dieu dans la vie et par la vie ; il est moins une vérité qu'on connaît qu'un Bien qu'on s'approprie, et ce Bien c'est la conscience même de l'action morale. Le véritable amour divin, c'est ainsi l'amour des hommes. Le divin dépasse bien le moral, et il y a, comme nous avons dit, un au delà impliqué dans l'affirmation de l'Etre ; mais de cet Incompréhensible nous ne connaissons, en somme, que l'acte même par lequel nous nous élevons à lui pour l'adorer.

Dès lors, ceux qui ont le sentiment du Dieu incarné, sous quelque forme que leur imagination se représente Dieu et la vie éternelle, quelles que soient les conclusions où leur intelligence aboutit, sont plus près de la vérité que celui qui puise la sérénité dans la contemplation de l'ordre Eternel, ou qui connaît l'ordre phénoménal des choses : cet homme extérieur qui tâche de n'être pas nuisible et d'être utile, et que M. Taine laisse en dehors de ses spéculations, est précisément celui qui, sans s'en douter, a non pas connu, — car on ne *connaît* pas la vie, — mais vécu la vraie vie. Un élan de charité l'a approché de la vérité plus que toutes ses théories, et ses théories mêmes, s'il les approfondit, le lui feront voir. Une croyance morale et religieuse doit être jugée, sans doute, dans ses rapports avec la vérité objective que nous pouvons atteindre ; mais toute croyance qui fait bien agir est vraie, d'une vérité autrement essentielle ; et cela non pas seulement au point de vue de l'individu qu'elle fait agir, mais en soi, puisque l'action morale est la plus haute vérité. L'absolu n'est pas une notion extérieure à l'esprit : il consiste dans un certain état d'âme, dans une certaine qualité de l'âme. La croyance qui nous met dans cet état est la vraie : qu'importe une connaissance plus ou moins précise dans l'ordre des faits, si nous l'acquérons au prix de la vie de l'âme ? L'absolu est pour chacun ce qui le fait communiquer avec l'absolu. Il faut aller de toute son âme à la vérité, disait Platon : la vérité la plus haute que nous connaissions est cet élan même vers la vérité, et la vérité ne peut être conçue que comme la limite et la garantie de l'effort qui va à elle. La vérité ne vaut donc que si elle agit, et elle vaut selon l'action qu'elle a sur nous : on ne peut, dans l'ordre moral, détacher la vérité de l'esprit ; elle est une certaine disposition de cet esprit lui-même. Dans cet ordre, sentir, c'est comprendre.

Aussi l'unité de croyances, dans cet ordre, est-il une unité de tendances, d'aspirations. L'Universel est aussi ce qu'il y a de plus intime, de plus individuel. Il y a, par suite de toute croyance, une accommodation à nous-mêmes, et le sentiment religieux est ce qu'il y a de plus personnel, de plus incommunicable. Nous pouvons bien nous unir dans un symbole extérieur de croyance, mais nous ne pouvons faire que nous ne nous appropriions ce symbole ; et cela doit être, car l'Absolu est saisi par ce qui est en nous le plus intime, dans la joie et la douleur, et il ne nous est intérieur que si la conscience que nous en avons porte la marque de notre individualité. Ce qui nous lie aux autres, c'est donc l'unité de la volonté. Aussi pouvons-nous être dans une profonde harmonie avec ceux qui diffèrent le plus de nous en apparence et par les croyances qu'ils professent ; car on ne peut guère exprimer, par la parole, que la diversité des manifestations par lesquelles les mêmes croyances se traduisent : l'état d'âme lui-même est si intime qu'il ne peut s'exprimer.

Ainsi, les symboles de la vérité sont en un sens la vérité même, s'ils sont efficaces. Le symbole est comme le vêtement d'une personne que nous touchons en touchant son vêtement ; ou, plutôt, il y a, entre le symbole et la vérité, le même rapport qu'entre la pensée et l'expression chez un grand écrivain, lesquelles s'entraînent, s'appellent l'une l'autre. Il n'est pas extérieur à la réalité, lointain comme une image, une métaphore empruntée à un autre monde ; il est cette réalité même, sentie et présente (1).

---

(1) Cette justification du sentiment ne signifie nullement qu'il faille, dans tous les cas particuliers, se fier à ses inspirations. Cette unité dans

C'est ainsi qu'en approfondissant, comme nous disions au début, l'Idée, nous aboutissons à l'Acte. Le cœur, comme voulait Pascal, réalise seul les conditions que l'esprit même exigeait, pour compléter la connaissance, de la certitude première. La moralité proprement dite, celle de l'humble, est justifiée par l'intellectualisme : nous pouvons l'accepter non en désespoir de cause, par je ne sais quel acte de foi aveugle, mais comme l'achèvement réclamé par le système de nos connaissances. La Raison spéculative ne peut regarder comme une ennemie la Raison pratique, qui, non seulement ne la contredit pas, mais répond à ses exigences. Et cette Raison pratique, la suprême sagesse, est, comme voulait encore Pascal, la charité, la fraternité dans la joie et la souffrance ; et non pas la sagesse orgueilleuse, rationaliste du stoïcien et du penseur. Nous voyons pourquoi l'ordre de la charité est au-dessus de l'ordre de l'esprit et « infiniment plus élevé. »

VIII

Il nous reste à montrer comment s'exprime dans la nature ce premier fait si original.

Et, d'abord, de quelle espèce peut être cette déduction ?

Nous avons, en nous élevant au principe de la Liberté, justifié par là même la *contingence*. Peut-être est-ce là le seul moyen de la justifier : il faut la faire voir dans l'Absolu même. Sinon nous nous bornons à une pure constatation. Comment choisir entre la nécessité que, selon M. Lachelier, les conditions de l'intel-

---

la communauté de la joie, de la souffrance et du sacrifice est, à coup sûr, l'idéal moral, et, de plus, une action n'est vraiment morale que si elle est inspirée par le sentiment de cet idéal. Mais il est certain aussi qu'il faut, dans l'intérêt même de cet idéal, renoncer parfois à un sentiment de pitié qui, pour satisfaire partiellement notre besoin de solidarité, entraverait la réalisation d'une communion plus haute. Le sentiment de la charité n'en reste pas moins le véritable idéal et le véritable mobile.

ligibilité imposent à l'esprit, et la contingence qu'avec M. Boutroux, et plus récemment M. Bergson (1), il est impossible de ne pas constater en fait ? A coup sûr, il est toujours utile de préciser, comme l'a fait, par exemple, M. Bergson, les hétérogénéités jusqu'alors mal analysées; mais toujours est-il que les modes d'explication tendent uniformément à un système de la Nécessité; et pourquoi, si on en reste au fait, choisir, comme expression de la réalité, le fait, non l'explication du fait qui peut passer pour la véritable raison d'être ? En tout cas, à supposer que cette dernière solution soit impossible, la contingence ne sera justifiée que négativement, par l'impossibilité d'une déduction nécessaire. Cela ne nous paraît pas suffisant : c'est s'en tenir à un empirisme qui a le mérite rare de rester un empirisme, mais qui aurait besoin d'une justification positive. Ce qu'il faudrait établir, — et c'est ce que nous avons tenté après M. Lachelier, qui lui-même indiquait cette voie dans son article sur la psychologie et la métaphysique (2), — c'est que les conditions de l'intelligibilité même ne sont réalisées, si elles se complètent et s'achèvent, que par la Liberté. Dès lors la contingence, qui aurait pu nous apparaître comme une nécessité incomplète pour nous seulement et s'achevant en Dieu, ou que nous n'aurions pu justifier que négativement, « jaillit » en quelque sorte de l'Absolu.

Cette contingence signifie d'abord : raisons impossibles à analyser. Tout s'appelle, mais ne s'appelle pas nécessairement; il doit y avoir différence entre les diverses formes de l'existence, et cependant elles doivent « graviter » l'une vers l'autre. L'acte premier est éminemment *libre* et éminemment *raisonnable :* c'est ce caractère qu'exprime l'harmonie, la nécessité morale qui régit l'univers. Nous devons trouver en tout de l'ordre,

---

(1) *Essai sur les données immédiates de la conscience*, par M. Henri Bergson, chez F. Alcan.
(2) *Revue philosophique*, mai 1885.

et aussi des synthèses, des commencements absolus. L'idéal d'une telle déduction serait que l'on pût, comme voulait Leibnitz, trouver le moral jusque dans le mathématique, traduire en langage d'amour les mathématiques elles-mêmes. Cela est impossible, et nous ne trouvons pas dans les choses une traduction immédiate du fait moral. Il ne faut pas que le philosophe cherche dans les choses la « figure » expresse de la moralité, comme Malebranche voyant, dans les métamorphoses du ver devenant papillon, l'image de la mort et de la résurrection du Christ. C'est par des degrés que la nature s'achemine à la liberté : *per gradus debitos*. Trouver dans la nature des « figures » immédiates de la moralité est l'œuvre du poète ou du prêtre qui peut agir par là sur les âmes. D'ailleurs, nous avons vu qu'une clarté, même morale, supprimerait la moralité, et nous ramènerait à la certitude de l'intelligence ou des sens. Tout sentiment clair est un sentiment limité, comme, par suite, tout sentiment sans agitation et sans inquiétude. Il faut qu'il y ait, par cela même qu'il y entre de l'infini, de l'inépuisé, de l'inassouvi dans le sentiment.

La traduction des choses en langage de liberté ne peut donc qu'être indirecte, et par là incomplète. La nature doit être ambiguë. On ne peut dès lors en tirer des preuves de l'existence de Dieu, mais seulement des signes, des indices. Ces indices, on ne peut les interpréter dans le sens de la religion ou de l'impiété, tant que l'on ne s'est pas élevé à cet Acte moral, obscur pour l'intelligence, qui justifie cette inintelligibilité, la rend nécessaire, et nous fait presque craindre une clarté plus grande qui nous transformerait en choses, ou en êtres purement spontanés. Nous devons sentir dans la nature comme une « inquiétude » vers le mieux : elle ne doit pas nous apparaître comme un plan tout fait se déroulant naturellement, mais comme une harmonie obscure, conquise à la suite d'avortements.

Nous justifions par suite, dans la nature comme dans la vie, non pas seulement la clarté incomplète, mais l'absurde, le monstrueux, ce que l'homme appelle ainsi du moins, la douleur, le péché, le scandale, la folie des choses. Cela ne veut pas dire que nous ayons le droit, par une prétendue imitation de la nature, d'introduire nous-mêmes le mal dans nos actes et dans les choses, sciemment, et par un retour à une philosophie du *donné*, de la nature. Car la réalité consiste précisément, comme nous avons vu, dans l'effort du bien pour vaincre le mal, et nous ne connaissons le bien que sous cette forme : la douleur, comme le péché ou l'imperfection, quelle qu'elle soit, ne doit pas être conçue physiquement, comme une réalité naturelle ; le mal a sa nécessité, mais considéré d'un point de vue moral, dans son opposition au Bien. Sans donc cesser de le combattre, nous pouvons être assurés de ne jamais le vaincre complètement, et nous sommes incapables de concevoir un monde où le Bien triompherait absolument (1). Il nous faut dès lors accepter et même bénir l'absurdité des choses, condition du triomphe pour le Bien, et regarder comme une impiété de chercher dans l'univers une confirmation complète de l'harmonie universelle conçue par la pensée, confirmation qui serait contradictoire avec la conception morale de cette harmonie. C'est n'avoir pas pris conscience de la moralité que de rêver une harmonie qui ne serait pas le fruit de la douleur. Prétendre démontrer Dieu par l'existence d'un plan, — si l'on entend par là un plan se développant régulièrement et sans secousse, — est ainsi non seulement impossible, mais immoral. L'existence des monstres prouve Dieu autant que l'harmonie des formes. C'est là le sens profond du *Deus absconditus* et de la « nature ambiguë » de Pascal.

IX

Ainsi, la déduction ne nous apparaît pas telle que la

---

(1) Voyez plus haut, p. 224.

conçoit un système intellectualiste ou même finaliste. Il serait, semble-t-il, à peine nécessaire, ayant indiqué ces caractères généraux de la déduction, de la suivre dans le détail. Car l'absurdité et la souffrance apparaissent assez clairement; et ayant justifié *a priori* la contingence, nous n'aurions pas à la constater, car elle ne peut être niée en tant qu'apparence, et l'inintelligibilité du premier Principe transforme ce fait en vérité. Il suffirait dès lors de hiérarchiser les faits par rapport à ce premier fait : ce que l'on a tenté souvent. Au reste, la gravitation de différentes formes d'existence vers la liberté a été établie dans nos premiers chapitres, où nous avons montré le géométrisme coïncidant à la limite avec un système de liberté, et le finalisme conduisant par les plus belles raisons à l'affirmation du sentiment moral, comme expression la plus approximative de la réalité fondamentale.

Cependant, il n'est peut-être pas inutile de revenir sur les principales étapes de la déduction et d'en dégager par là mieux le caractère propre.

Ce que nous posons comme premier, c'est l'*Acte* moral, et Dieu comme immédiatement donné avec cet Acte, garant et Principe inconcevable et inexprimable, (sous forme de nature) de la moralité; c'est l'unité idéale de la cité des Esprits, réalisée par la communauté du sacrifice, de la souffrance et de la joie, dont Dieu exprime la réalisation nécessaire et impossible à déterminer.

Si tel est le principe premier où nous conduit la Notion d'Absolu approfondie, la première expression de la Liberté et de l'effort des Libertés vers l'unité est, dans la nature, l'unité de vie ou plutôt de conscience, et l'effort vers l'harmonie de ces vies ou plutôt de ces consciences. Le type de la réalité est non pas la Notion nécessaire, mais l'unité concrète incarnée dans le multiple, l'unité souple de la vie, ou, mieux, de la conscience ; car de l'un dans le multiple la conscience nous offre d'abord le type immédiat, par analogie avec lequel nous concevons la vie même. Et le type de l'ordre de la réalité, de l'harmonie des choses est la dépendance idéale des âmes, leur unité vivante, dont le type est l'amour. Dans cette dépendance qui fait qu'une âme est la raison de vivre d'une autre âme, est le symbole de la véritable hiérarchie.

Ces unités qualitatives que la liberté suppose dans les choses vont à l'infini, car quelle raison y a-t-il de les limiter? Et chacune d'elles est un infini; et il y a un ordre dans cet infini de l'univers; et il y a un ordre dans l'infini de chaque unité : cela n'est pas contradictoire, car à de pures qualités les idées du nombre et de l'espace ne s'appliquent pas, ni non plus les contradictions que ces idées impliquent. Nous *sentons* l'infini dans le fourmillement de notre vie, et de la vie universelle : nous ne pouvons le subsumer sous des notions déterminées. L'unité de forme devient, selon Aristote, par l'adjonction de la matière, l'unité du nombre; mais cette unité ne peut symboliser l'unité qualitative, ou, mieux, l'organisation qualitative d'un multiple qualitatif lui-même. Il n'y a là de difficultés que pour celui qui pose, d'une part, la Notion homogène nécessaire, et, d'autre part, la multiplicité donnée; non pour celui qui, ayant compris la contradiction inhérente à cette conception, s'est élevé jusqu'à l'unité concrète de la vie, et plus haut encore, à l'Acte. De même, ces unités nous sont données comme des unités permanentes au milieu du changement; et il n'y a là contradiction que pour celui qui pose d'une part l'éternel, de l'autre le devenir : conception insoutenable et que rendent impossible les conditions même de l'intelligibilité.

Ainsi, le système de la Liberté morale semble devoir s'exprimer, dans la nature, par une hiérarchie infinie d'êtres comme attirés les uns vers les autres, et formant comme une échelle d'amour dont le sommet est l'être conscient. Cela ne veut pas dire qu'*en fait* l'être inférieur aime l'être supérieur vers lequel il gravite, mais que le type de l'Harmonie des êtres est l'unité d'Amour. Nous devons, pour penser, puisque le système d'Universelle intelligibilité prend nécessairement *mon* être comme type d'être, — nous avons vu combien cela est vrai, — appliquer à toute chose la forme de notre existence, sans cependant prétendre l'imposer telle quelle. Notre Raison impose à la nature des conditions que la nature peut réaliser d'infinies façons, et dont la première fournit seulement le type.

Une telle conception rejoindrait bien la nature à la Liberté; car, comme nous avons vu, la pensée suprême ne peut être immobilisée, et le symbole n'en est pas la sagesse contemplative, mais l'amour vivant des hommes, la Raison incarnée. La nature se relie ainsi à une autre nature, à une autre vie, non pas à une intelligence extérieure à la réalité, mais à une Raison qui est vie, elle aussi. Si donc, en un sens, la nature est opposée à la moralité, en un autre sens elle la rejoint, parce que la moralité proprement dite est sentiment et vie. C'est pour cela que le sentiment de la nature, le goût des plaisirs simples, de la joie physique saine et forte, tout ce qui nous met en contact avec la réalité, — pourvu que cela ne trouble pas la raison, — est moralement bon. L'unité de la nature peut donc être représentée comme « une pensée qui ne se pense pas suspendue à une pensée qui se pense, » comme l'unité de conscience plus ou moins obscure tendant à une conscience plus claire. Mais cette conscience n'est pas claire, au sens où l'entend une philosophie de la connaissance : nous nous élevons d'une *vie* inférieure à une *vie* plus haute ; au plus bas degré comme au plus élevé de l'échelle des êtres, la grande affaire de la vie est toujours la joie et la souffrance : c'est ce que Tolstoï a si profondément senti, et ce qu'il était bon de dire à une époque où le dilettantisme intellectuel ou esthétique semble le seul refuge contre le naturalisme brutal. Nous rejoignons la nature, en incarnant la Raison dans la vie.

Cette unité, cette solidarité de consciences qu'exige

un système de la Liberté, nous en trouvons l'image dans ces instincts profonds de sociabilité qui nous unissent à nos semblables, dans cette puissance de générosité et d'expansion que l'on trouve, comme a fait voir M. Guyau, dans l'égoïsme même. Au reste, sur ce point, nous renvoyons aux philosophes naturalistes, et plus encore aux philosophes qui, comme MM. Guyau, Fouillée et Wundt, ont admirablement montré, dans le règne de la nature, l'illustration du règne de la liberté (1). Nous acceptons cette tendance, pourvu que de telles théories soient rattachées à une métaphysique. De plus, l'optimisme quelquefois excessif de ces penseurs a besoin d'être tempéré, et l'obscurité inhérente à ce genre de preuves justifiée et déduite.

Appliquée à la nature extérieure, la loi de l'Unité d'Amour s'exprime par une hiérarchie de formes qui semblent graviter les unes vers les autres. La loi de finalité est la forme que la Liberté impose à la nature. Mais nous ne devons pas trouver dans la nature un plan parfait, mais une sorte d'inquiétude vers un plan ; ce qu'a entrevu Darwin et ce qui est, peut-on dire, la véritable doctrine d'Aristote ; car les monstres sont, selon lui, des avortements de la nature, qui ne fait pas toujours ce qu'elle veut : ὅπερ βούλεται. Les théories sont également vraies qui nous montrent l'absurdité du point de vue d'une finalité consciente à propos de certaines organisations naturelles, et celles qui cherchent dans les choses les traces d'un plan divin. Leibnitz avait raison de dire que toutes les explications finalistes les plus minutieuses étaient vraies, et qu'il n'était pas de plan trop beau pour être attribué à Dieu. Mais, d'autre part, si l'on découvre fausse, dans les limites de notre expérience, telle explication,

---

(1) On trouvera aussi chez ces philosophes toutes les preuves qui tendent à montrer la *volonté* comme essentielle chez l'homme et dans la nature. Toutes ces analyses sont maintenant justifiées, car cette antériorité de la volonté sur l'intelligence exprime la priorité de la Liberté radicale où nous conduit le système de nos connaissances.

comme, par exemple, certaines finalités de détail acceptées et admirées antérieurement à Darwin, nous devons l'abandonner sans crainte, assurés qu'une autre harmonie de la nature ressortira des recherches scientifiques : harmonie d'ailleurs, au point de vue de l'ordre universel, aussi peu définitive que celle qu'elle remplace, symbole provisoire d'une Harmonie qui se cherche, et qui, si elle était parfaite, serait contradictoire à une conception morale de la vie. La lutte pour la vie est un des moyens de la nature, mais les types au moins provisoires qui en résultent ne peuvent être assimilés au mécanisme qui les produit. C'est donc un plan, mais un plan incomplet et caché que nous révèle la nature selon le darwinisme ; et c'est précisément ainsi que doit être conçue la nature pour s'adapter à un système moral.

Il faut donc prendre bien garde de ne pas faire dépendre le sort des croyances morales ou religieuses de telle découverte de détail; il faut se garder d'imposer à l'idéal telle figure déterminée, car il y a des combinaisons infinies possibles qui peuvent exprimer la même vérité. Ne nous acharnons pas, comme la polémique en fournit souvent des exemples, à défendre des points particuliers, comme si le sort de la vie religieuse était attaché à telle solution. C'est manquer de confiance en l'ordre. Leibnitz lui-même admet à la fois qu'il faut chercher la finalité dans les choses, et que « cet ordre de la cité Divine, que nous ne voyons pas encore ici-bas, est un objet de notre foi, de notre espérance, de notre confiance en Dieu... Dire avec saint Paul : *O altitudo divitiarum et sapientiae*, ce n'est point renoncer à la Raison ; c'est employer plutôt les raisons que nous connaissons, car elles nous apprennent cette immensité de Dieu dont l'Apôtre parle, mais *c'est avouer notre ignorance sur les faits.* »

Ainsi, pour celui qui l'entend bien, la nature est également « édifiante » par ses laideurs, ses cruautés, et par les admirables adaptations qu'elle nous découvre ;

et c'est par cet ensemble étrange de misère et de grandeur qu'elle exprime vraiment la moralité. Mais si la nature imite par là la Liberté, celui-là seul peut le comprendre qui s'est élevé au point de vue de la Liberté ; et ce passage ne se fait point sans secousse. Il y a non seulement hétérogénéité, mais opposition entre l'ordre de la nature et celui de la Liberté, pour celui qui, considérant la réalité sensible, constate des absurdités et des monstruosités qui semblent en contredire l'harmonie ailleurs apparente, pour celui même qui ne s'est pas élevé au-dessus de la notion d'une harmonie naturelle et toute faite. Le passage de l'ordre naturel à l'ordre de la Liberté est une μετάνοια ; et il en est de même pour tout mode de connaissance : il faut, pour passer d'un mode à un autre, un effort, un arrachement violent d'habitudes et de préjugés. Toute connaissance est « scandale » pour la connaissance immédiatement inférieure, et « figure » du point de vue supérieur. Et la Raison, pour s'élever ainsi, a besoin du contact de l'absurdité, de la contradiction : nous n'arrivons à la vérité que par une voie indirecte, par l'absurdité de la proposition contraire, par le mensonge, comme disait Pascal. C'est ainsi que l'ordre des idées est inintelligible à celui qui ne connaît que l'ordre sensible et n'a jamais recherché que les causes sensibles : le passage de l'ordre de la nature à celui de la Liberté est aussi violent. Ainsi nous apparaissent, dans les rapports de la finalité et de la Liberté, les caractères propres de la déduction universelle : partout *harmonie* et non *nécessité*, et une harmonie se dégageant péniblement de la contradiction et du chaos, visible seulement pour celui qui a « la foi. »

Si, nous transportant dans un ordre absolument différent pour mieux marquer à la fois l'opposition et l'analogie des choses, nous considérons l'ordre de la quantité et de l'espace, nous trouvons là même, — Kant l'a admirablement montré, — des traces de synthèse jusque dans les mathématiques. Toute démonstration unit *nécessairement* deux termes non *identiques* : 4 exprime un *fait* et un *concept* différent de 2 + 2, le premier pouvant se figurer ainsi, comme disait Mill :   ...., le second ainsi :   .. ..   Il y a entre ces deux faits non pas identité absolue, mais identité de quantité, jointe à une différence d'intuitions et de concepts. Nous trouvons donc là une synthèse et ce qui caractérise essentiellement la foi : admettre comme nécessaire *ce qu'on ne voit pas*.

Considérons les définitions : les différentes figures comme les différents nombres sont distincts, et cependant ils sont *limites* les uns des autres ; de plus, la diversité des figures en géométrie peut se réduire à des rapports algébriques, où leur diversité s'efface : c'est toujours l'unité dans la diversité ; la certitude unit sans confondre. Enfin, nous trouvons, soit dans les définitions mathématiques, soit dans la notion de l'espace telle qu'elle est nécessaire pour construire la géométrie, ou celle de quantité en général, — toutes des *données*, en somme, — des commencements absolus que nous acceptons sans pouvoir les déduire ; ou, si nous les déduisons, qui n'en restent pas moins des données, — l'image de la certitude intérieure, de la certitude de l'acte : « C'est par *le cœur* que nous connaissons les trois dimensions. »

L'ordre de la quantité et de l'étendue est étroitement lié à celui du mouvement, et, par suite, de la causalité que schématise le mouvement dans l'espace et le moment du temps. Il y a d'abord analogie entre l'ordre immobile de la quantité et de l'étendue, et le mécanisme nécessaire auquel le premier s'applique et qu'il sert à figurer. Il y a, d'autre part, distinction profonde entre cet ordre immobile des mathématiques et le mécanisme qui schématise le devenir, et, par sa relation avec le temps, nous fait dépasser le monde de l'étendue, pour nous acheminer à la réalité concrète elle-même, dans sa multiplicité et sa variété. Non pas que la représentation soit exacte ; mais, par l'idée de limite et par l'application des rapports du fini à l'infini, le mécanisme s'efforce de représenter le devenir. D'ailleurs, si, en cela, le mécanisme semble opposé au géométrisme et au mathématisme, d'autre part, le mouvement n'entre-t-il pas, sous forme de tendance indéfinie, — avec le calcul de l'infini, — dans le mathématique lui-même, et la construction des figures géométriques n'implique-t-elle pas le mouvement?

La causalité phénoménale que le mécanisme figure exprime les rapports nécessaires que l'intelligence, dans sa première démarche, impose aux choses, tant qu'elle n'a pas renoncé à prendre la *Res aeterna* pour type de vérité. La causalité s'applique aux choses considérées comme homogènes en tant qu'elles se succèdent dans le temps, non réellement, mais en tant que leur succession peut être idéalement figurée dans son absolue nécessité. La succession idéale des moments du temps et des mouvements de l'espace exprime l'unité nécessaire des notions (1). Mais par cela seul que, figurant les choses mobiles, ils nous font passer du domaine de l'éternel à celui du relatif, les mouvements et les moments ne peuvent atteindre l'absolue homogénéité. Comment cela serait-il possible? Un mouvement n'est pas un autre mouvement; un moment un autre moment : ils sont homogènes, non identiques; et à supposer que la distinction de ces moments n'implique pas des distinctions qualitatives, encore faut-il qu'ils soient par eux-mêmes susceptibles de distinction. De plus, l'analyse du mouvement nous jette dans une régression à l'infini, et comment, peut-on dire avec Leibnitz, trouver l'absolue nécessité dans une série qui n'a pas de terme? Par suite, nous trouvons des traces de contingence jusque dans les formes les plus susceptibles de recevoir l'empreinte de la Nécessité. Il est à peine besoin d'insister sur ces points, et de constater à nouveau une contingence qui se trouve désormais déduite.

---

(1) Voyez le géométrisme, p. 90 et suiv.

Et, dans ce domaine même, on peut dire que l'absurde ne fait pas défaut. C'est en mathématiques surtout que l'on peut dire que nous n'arrivons à la vérité qu'indirectement, les contradictions étant à la racine même de la science dans la question de l'infini, contradictions qui ne disparaissent que lorsque, nous élevant à un point de vue où le nombre et l'espace n'ont rien à voir, nous faisons disparaître, avec la question, les contradictions mêmes qu'elle soulève. L'opposition du continu et du discontinu est supprimée lorsque l'un dans le multiple nous apparaît comme la forme seule intelligible de la réalité, ou plutôt l'ordre dans le devenir.

La causalité figurée par le temps n'est encore qu'un schème abstrait des phénomènes réciproquement causés. Dans ces phénomènes éclate, comme on l'a si souvent fait voir, la synthèse; nous affirmons la causalité sans la voir, et cette causalité phénoménale ne peut rendre compte de l'hétérogénéité infinie des qualités. Dans ce monde aussi il y a des unités, nous l'avons vu, mais non plus des unités immobiles, des choses éternelles, mais bien des unités qualitatives dans un devenir incessant. Ainsi, le monde de la quantité, de l'étendue, de la causalité abstraite et du mouvement, n'est pas la réalité éternelle que le monde de la qualité recouvrirait; bien au contraire, les notions pauvres et incomplètes du mathématisme et du mécanisme s'efforcent en vain d'atteindre l'infinie variété des qualités. La contingence n'est pas une nécessité incomplètement entrevue; la nécessité est une harmonie qui se cherche, et jusque dans la nécessité même nous trouvons des traces de cette harmonie. Sans doute, les qualités qui nous apparaissent ne sont pas celles que verrait une intelligence pure; mais les qualités réelles que ces qualités recouvrent ne se réduisent pas à des notions éternelles : ce sont d'autres qualités. Et ces qualités ne sont pas des choses que l'on pourrait voir; on ne voit pas des qualités, on les sent : ces qualités réelles ne peuvent être, ou nous ne pouvons nous les représenter que comme d'autres états de conscience ; et si nous admettons une Conscience universelle, ce ne serait pas une intelligence abstraite qui apercevrait ces qualités, ce qui ne se peut que pour des notions, mais qui vivrait en quelque sorte ces qualités, et unirait tous les êtres dans une conscience supérieure. Nous revenons donc à cette conception de l'univers suivant laquelle les rapports des êtres seraient de conscience à conscience, d'âme à âme, ou plutôt tendraient vers cette union que peut seule symboliser l'union d'amour. La déduction partant de la liberté, pour descendre par la finalité jusqu'au mécanisme et à la quantité, est amenée par la considération du mécanisme et de la quantité à s'élever de nouveau jusqu'à la finalité et à la liberté.

Du mécanisme et de l'ordre de la quantité, objets des sciences de démonstration, à la finalité, objet des sciences de la nature, nous nous élevons ainsi, sans jamais cependant abandonner tout à fait les domaines que nous avons quittés, trouvant de la nécessité dans la contingence, et de la contingence dans la nécessité, et l'image de tout en tout. Mais déjà l'ordre du mécanisme et de la quantité, l'ordre de la causalité, est un progrès, et un immense : ce n'est pas là le dernier échelon de la hiérarchie ; car, du moins, nous nous plaçons, quand nous étudions la causalité, au point de vue de l'éternel, de l'universel. Au-dessous de la connaissance mathématique et mécanique il y a la *connaissance* sensible, si cela peut s'appeler connaissance, et la *vie* sensible qui règle cette connaissance suivant ses besoins. Il faut passer d'abord de l'ordre des faits à l'ordre du droit, nous élever de l'*ordo affectionum* à l'*ordo idearum* ; du monde des oppositions, des luttes égoïstes des appétits et des forces, au monde de l'unité et de la paix dans la science et la contemplation. En ce sens la connaissance est le commencement du véritable détachement, et un moyen utile pour le détachement, mais non pas suffisant ; car est-il besoin de dire que le savoir n'est bon que pour l'âme bonne et disposée à le faire tourner au bien ? Cette première μετάνοια, qui nous élève du monde des sens à celui de l'esprit, prépare ainsi celle par laquelle nous passons de l'ordre de l'esprit à celui de la charité.

L'ordre de nos facultés, leurs rapports d'analogie et de différence, et leur opposition, reproduisent, comme nous avons pu le voir déjà par ce qui précède, l'ordre de la nature. Ou plutôt l'ordre de la nature n'est que l'extension à l'univers de la hiérarchie même de nos puissances d'être. Car, si la connaissance implique que je fournis le type de l'Etre, comme nous avons vu, puisque le système d'universelle intelligibilité ne se complète que si j'en suis le Principe, il suit de là que l'ordre de nos facultés est celui de l'Etre (1). Ainsi il y a hétérogénéité entre la Raison pratique concrète et la Raison spéculative, extérieure à la réalité, hétérogénéité souvent tragique, et que le christianisme a mise en lumière, l'état d'âme étant d'un autre ordre que l'intelligence. Il y a de même hétérogénéité entre cette Raison et celle que l'on peut appeler esthétique, — étant la faculté de l'universel appliquée au sentiment ; — entre la Raison et l'entendement, faculté discursive, règle des jugements qui ont rapport à l'objet et même à l'étendue ; hétérogénéité entre ces facultés intellectuelles, Raison et entendement, et la sensibilité où encore il faudrait distinguer entre l'intuition sensible et l'élément *a priori* ; entre celle-ci et les facultés affectives, toutes deux nous liant d'ailleurs étroitement à l'organisme.

Et tout cela est uni en fait, et s'exprime de telle sorte que l'homme peut être considéré comme une force de la nature, comme un entendement, comme un être moral, ou encore, par l'artiste, comme une individualité intéressante par elle-même ; et tous ces points de vue peuvent être aussi appliqués à la nature. Mais en toutes ces conceptions nous apercevons, du point de vue de la Liberté,

---

(1) Tout être, du moment qu'il pourrait prendre conscience de lui-même, pourrait aussi projeter sa conscience dans l'univers, et c'est pour cela que nous pouvons, en tout être, comme pensait Leibnitz, trouver un échantillon des lois universelles.

et en nous élevant *per gradus debitos*, des images de la moralité : par exemple, jusque dans les appétits, qui rapprochent l'homme de l'animal, une tendance à sortir de soi, à se dilater, comme l'a fait voir, après bien des théologiens, après Pascal, M. Guyau, qui découvre une sorte de générosité, d'expansion naturelle dans l'égoïsme, dans le désir même de vivre. Toutes ces facultés sont ainsi analogues et distinctes. Elles sont aussi opposées et ennemies, car il faut nous arracher à l'habitude, aux préjugés, pour nous élever des sens à l'esprit, de l'intelligence à la charité, de la vue esthétique du monde à la vue morale.

Peut-on espérer trouver, dans le devenir des choses, dans l'histoire de la nature ou de l'humanité, des traces de l'universelle Harmonie ? A coup sûr, il est bon de les chercher, et surtout il serait heureux que l'on pût faire voir *a priori*, comme l'a tenté Spencer, comme le tentait plus consciemment Hegel, la tendance immanente des choses à réaliser tel ou tel idéal. Mais s'il est vrai que nous pouvons trouver dans l'histoire un complément heureux de la hiérarchie idéale, celle-ci doit être d'abord posée. Philosophie de l'immanence ne veut pas dire philosophie de l'évolution. Nous prétendons établir *a priori* la hiérarchie du donné, non l'histoire du donné. Que cette hiérarchie se manifeste dans le devenir, cela est certain ; qu'on puisse et que l'on doive en trouver une traduction approximative dans le devenir, cela est certain aussi. Mais il n'en est pas moins vrai que ce que je dois considérer comme réel c'est, non le devenir lui-même, mais la hiérarchie morale, idéale, que le devenir manifeste. Si même je trouve en ce devenir quelques traces d'une réalisation de cet idéal, c'est parce qu'ayant une pensée de « derrière la tête, » attaché à la foi, à la liberté, je suis persuadé d'avance qu'il s'en doit rencontrer.

Et je sais aussi que cet espoir est limité. Car, enfin, le mode d'intuitions que je saisis n'est qu'un mode que je ne puis élever à l'absolu, et il n'y a aucune nécessité que je retrouve l'idéal sous la forme de l'avenir, une entre des formes infinies possibles que peut revêtir l'idéal. Nous devons nous contenter, — et cela est déjà bien beau, — de retrouver, dans les formes générales des choses, l'expression de la Liberté radicale, sans avoir la prétention d'affirmer un progrès nécessaire dans l'avenir. Toutes les recherches sur la loi du devenir doivent donc être modestes et tenues seulement pour des « illustrations » d'une doctrine de la Liberté. Ce que je connais de plus sûr, c'est la conscience actuelle de ma tendance à communier avec l'humanité ; je sais que je suis dans le sens de la vérité quand je tends à cette communion, que si cela n'est vrai, rien n'est vrai ; cela me doit suffire. Je ne puis transporter cette conscience ni dans un autre monde, ni dans l'avenir, sous la forme d'un progrès *certain* de l'humanité et de la nature. Ou, du moins, je ne dois pas faire dépendre ma foi de théories relatives à cet avenir, qui présuppose une hiérarchie idéale autrement certaine, et dont l'avenir n'est qu'une des formes possibles de réalisation. Non seulement je ne puis atteindre une telle science de l'avenir, mais l'obscurité et l'absurdité inhérentes aux choses *doivent* la rendre impossible à parfaire. Il y a un optimisme béat, qui témoigne que l'on n'a pas le sens de la vie. Le véritable optimisme est celui qui reconnaît le rôle nécessaire dans le monde du mal et du péché, et comme la loi de l'univers, la lutte contre le mal. De là l'inutilité et l'absurdité des efforts pour plier l'histoire à l'Idée. Pas plus dans l'ordre de la nature que dans l'histoire de la nature ou de l'humanité, il ne faut imposer de voies à Dieu.

La déduction de la nature que l'on peut tenter ne peut donc être, en partie, qu'un symbolisme qui perd de sa rigueur à mesure que nous approchons de la réalité concrète et descendons dans le détail des choses. C'est alors l'art qui succède à la philosophie, pour dégager en toute créature ce qui la peut rendre digne d'appartenir à une universelle harmonie ; éliminant parfois un des éléments essentiels de la vie, le mal et le péché, parfois aussi nous intéressant à la vie même avec ses luttes et ses folies : ce qui est d'un art plus courageux et plus viril. La religion touche aussi à la métaphysique, et, si elle agit, elle est la plus essentielle et la plus vraie des philosophies ; car la vérité même, c'est l'action morale, et la doctrine est vraie, de la plus haute vérité, qui la suscite. Le danger est seulement que la religion fasse disparaître l'indétermination nécessaire à nos croyances.

X

Nous voyons quel est le rapport d'une telle doctrine avec les systèmes aujourd'hui les plus généralement admis.

Toutes les philosophies tendent, semble-t-il, de nos jours, à faire une place plus grande à la *volonté* d'être, au *sentiment*, ou, du moins, à ce qui dépasse l'intelligence. Les philosophes se partagent, peut-on dire, entre l'*évolutionnisme* et le *kantisme*. Or, les premiers, comme nous avons vu, tendent à justifier l'*instinct moral*, comme l'expression de l'essence même de la vie ; les seconds, à mettre la Raison pratique au-dessus de la Raison spéculative. Les uns rattachent la vie morale à la vie universelle ; les autres, renonçant à construire un système universel, substituent le point de vue de la moralité à celui de la nature.

Nous pensons que nous devons rattacher la nature à la moralité comme a fait l'évolutionnisme, — mais entendant la moralité au sens du kantisme. Il faut montrer que la nature justifie elle-même la moralité, telle que l'entend Kant. L'évolutionnisme rattache la morale à une cosmologie : nous pensons que là est son mérite essentiel. Mais la moralité qu'il justifie n'est pas celle que nous entendons : celle-ci n'est d'ailleurs pas tout à fait celle de Kant, mais bien proche. Nous essayons donc d'édifier un *système de la liberté* et *de la moralité*, un *système* qui justifie la *liberté et la moralité*. Cela semble contradictoire. Mais nous essayons précisément de montrer qu'un système intelligible de la nature ne se complète que par la Liberté qui change tout à fait le caractère de l'universelle Harmonie, où nous pensions tout d'abord nous élever. Il est vrai que l'évolutionnisme nous sert seulement ici de point de départ, ayant besoin de prendre conscience de lui-même et de s'achever par un système métaphysique (1).

Nous admettons, avec le néo-criticisme, la nécessité de supprimer la notion de *Res aeterna*; mais nous montrons aussi comment cette notion approfondie conduisait à celle de l'Acte. Nous n'admettons pas qu'il faille renoncer, pour admettre la Liberté, à un système universel, pourvu qu'un tel système admette les individus comme parties intégrantes et comme facteurs de l'ordre infini; l'Acte moral n'est plus ainsi un acte de foi désespéré, du moment qu'il s'accorde avec l'Acte universel.

Nous admettons, avec le spiritualisme classique, que la philosophie doit partir d'un fait, mais autrement analysé, un fait de la Raison pure.

Nous plaçons, comme la philosophie post-kantienne, la réalité dans le devenir même, sans prétendre aussi absolument retrouver dans l'*avenir* la réalisation de l'idéal, sans prétendre davantage immobiliser dans un monde intelligible la hiérarchie idéale des choses. Nous en demeurons donc à la reconnaissance de cette hiérarchie, sans laquelle le donné lui-même ne peut être dit être, sans prétendre en trouver, et même en essayant de faire voir qu'on ne peut en trouver dans l'univers que des traces.

Une telle doctrine s'inspire surtout des travaux de

---

(1) Il est inutile de dire ici, ce que nous avons si souvent indiqué, à quel point l'idée du devenir nous paraît conforme à un système moral des choses et combien telle partie de cette philosophie, comme la théorie de la lutte pour la vie, cadre avec une vue morale du monde.

MM. Boutroux, Lachelier, Ravaisson ; elle serait même, — si une telle prétention pouvait s'avouer, — un effort pour concilier ou plutôt pour unir d'un lien plus visible les trois essais de synthèse que nous ont fournis ces penseurs ; et le résultat d'une telle tentative serait, selon nous, la justification de la moralité.

M. Boutroux constate surtout la contingence, qu'il faudrait peut-être plus fortement *déduire* en nous élevant jusqu'au principe de cette contingence, identifié à à la suite de l'analyse de la notion d'Absolu, au moi pur.

Cette contingence, M. Lachelier l'a, en réalité, justifiée en s'élevant, dans son article sur la psychologie et la métaphysique jusqu'à l'idée de Liberté ; en montrant, dans l'idée de Liberté, la plus parfaite réalisation de l'Etre. M. Lachelier, il est vrai, admet le mécanisme le plus absolu, mais il ne le peut, semble-t-il, — et n'est-ce pas sa véritable thèse ? — que tant qu'il reste au point de vue encore extérieur de la pure connaissance. Cette nécessité doit nous apparaître comme une contingence moindre, du moment que nous nous élevons à l'ordre de la vie : le mécanisme et la géométrie elle-même ne schématisent-ils pas, selon lui, la Liberté ? Mais si M. Lachelier a ainsi tenté de construire un véritable système de Liberté où la thèse de M. Boutroux pourrait entrer comme partie de l'édifice, il nous semble qu'il n'a pas assez marqué quel est le caractère de cette Liberté première, quel rapport il y a entre l'Universelle Liberté et la mienne, etc., et, par suite, non plus le caractère propre de la déduction qui se développe à partir de cette Liberté. Les différentes formes d'existence « gravitent » vers la Liberté, dit M. Lachelier ; mais quelle est la nature de cette gravitation ? Est-elle une gravitation toute harmonieuse, imitation, par suite, d'une pure spontanéité ? De plus, M. Lachelier n'a pas peut-être déterminé de façon assez précise la relation de son système avec la philosophie de Kant d'une part, et celle des métaphysiciens antérieurs à Kant d'autre part.

On serait porté à croire, — tant il a fortement et intimement uni en lui ces deux influences, — qu'il ne les distingue pas ; et l'idée de Liberté conçue à la façon de Kant se trouve reliée à un système de déduction universelle, sans que l'auteur résolve pour nous la contradiction apparente qu'il y a entre ces deux termes.

M. Ravaisson a fait une place, et la meilleure, dans le système des choses, au sentiment et aux puissances confuses de l'homme. Peut-être sa philosophie de l'amour est-elle encore, malgré cela, trop objective et ne met-elle pas assez en lumière la valeur de l'Acte et de l'individualité. C'est un système où l'ordre naturel, l'ordre de la spontanéité nous apparaît encore comme le véritable.

Ainsi, il semble qu'un système de la Liberté devrait, pour unir ces trois philosophies, montrer que la philosophie objective, telle que la conçoit encore M. Ravaisson, mais où il a fait entrer le sentiment et l'amour, non pas comme accompagnements accessoires de la Raison, mais comme essentiels, ne se complète que par une philosophie de la Liberté entendue précisément au sens kantien, où l'entend M. Lachelier : c'est ce que nous avons tenté.

Nous rejoignons ainsi et nous concilions, autant qu'il est possible, les systèmes aujourd'hui généralement acceptés.

Nous rejoignons aussi les croyances les plus simples ; car nous ne justifions ni la sérénité contemplative du penseur, ni le dilettantisme de l'artiste, mais le sacrifice de l'homme qui considère les âmes comme intéressantes par elles mêmes, et en tant que capables de joie, de souffrance et de résignation.

Mais ne peut-on dire qu'il y a contradiction à justifier par un système une croyance supérieure à tout système, à montrer par la spéculation l'infériorité de la spéculation même ? Et n'est-ce pas, quoi qu'on dise, subordonner l'action à la spéculation ? Peut-être est-il une réponse possible : de ce que l'homme moral et religieux a la meilleure part de la réalité et de la vérité, s'ensuit-il qu'il possède la vérité toute entière? Il a le sens du Dieu incarné, du moment qu'il a conscience de l'action morale dans sa pureté; mais il ne sait pas le rapport de la volonté et de la connaissance : le penseur entrevoit ce rapport. Il interprète en partie la nature par la moralité, et cette lumière qui manque à l'humble complète l'action. Cette lumière n'est pas parfaite ; elle ne saurait l'être qu'au risque de ruiner la moralité même. Mais l'idéal, la limite où tend la moralité, encore que nous ne puissions concevoir cette limite atteinte, à moins de ruiner la conception morale de l'univers, cet idéal est cependant la lumière parfaite dans l'amour : et le penseur cherche cette lumière. Le penseur et l'humble expriment donc tous deux une face des choses : l'humble a cependant la plus haute certitude, ayant l'expérience immédiate du cœur, où le penseur s'achemine péniblement.

XI

N'oublions pas, d'ailleurs, qu'en faisant rentrer la moralité dans un système universel, encore que ce système s'accorde avec la moralité, encore que nous soyons facteurs de l'Harmonie des choses, nous introduisons dans notre conception de l'ordre moral plus de réserve ; nous lui enlevons ce caractère de rigueur logique et abstraite que lui donne Kant; nous nous préservons aussi du dédain que l'homme purement religieux risquerait d'avoir pour celui que ne préoccupe pas uniquement l'œuvre du salut. L'idée d'un Principe universel et d'une œuvre universelle s'accomplissant dans les choses n'est pas nécessaire seulement pour nous donner la foi en notre œuvre, mais pour limiter par l'idée de mystère, qui en est inséparable, la notion même de la moralité (1).

---

(1) Voir plus haut, chap. IV, p. 181.

D'une part, nous avons vu que l'ordre du monde devait nous apparaître en un sens comme notre œuvre, et, en tant qu'il ne dépend pas de nous, comme tendant à se conformer aux principes de la Liberté même ; de sorte que nous ne pouvons, par exemple, employer contre la liberté morale d'autre moyen qu'elle-même, supprimer, violer les libertés morales sous prétexte de les sauver au nom d'un ordre supérieur. Nous connaissons, avons-nous dit, la volonté « antécédente » de Dieu, c'est-à-dire la moralité mieux que la volonté « conséquente, » c'est-à-dire le réel, et il serait absurde de nous servir, contre l'idéal, des lois de la réalité que nous ne comprenons que par l'idéal. La conception de Bossuet, qui admet une direction intentionnelle des événements par Dieu, direction que révèle l'histoire, cette conception qui s'étend, selon la théologie, à toute la nature, est la représentation nécessaire des choses, *pour l'homme moral*. De sorte que l'on ne peut se fonder sur cet ordre pour justifier des violations de l'idéal de la Liberté, qui seul, une fois posé, rend possible la représentation même de cet ordre. Nous ne pouvons retourner contre le devoir et la moralité l'ordre donné, qui ne s'explique que par une conception morale préalable, laquelle réalise les conditions mêmes qu'un système de l'intelligibilité impose au premier Intelligible. Aussi faut-il renoncer aux thèses sur le droit de la force ou le droit du génie, et élever au-dessus de toutes les spéculations pseudo-historiques ou pseudo-scientifiques la dignité des âmes, si humbles qu'elles soient. Bossuet lui-même s'est servi d'un beau symbole quand il nous a montré, dans l'Oraison funèbre d'Henriette de France, l'univers tout entier bouleversé pour le salut d'une âme. Il faut aussi renoncer à la conception esthétique ou intellectualiste du monde, qui, indifférente aux jugements sur la valeur morale des hommes, considère toute chose comme objet d'une contemplation ou d'une étude désintéressée : encore que cette unité encore extérieure, qu'elle suppose dans l'univers, nous achemine à l'unité des âmes.

Mais, d'autre part, nous ne pouvons oublier non plus que l'homme fait partie d'un ordre qui le dépasse, et que, grâce aux lois connues de cet ordre, nous pouvons agir sur les libertés elles-mêmes, les contraindre quelquefois, et les violer pour leur bien. C'est violer la liberté morale que de la punir, que d'agir par le dehors sur une volonté morale qui devrait se contraindre elle-même, et mériter ainsi seulement son salut. Que de fois celui qui se sent la mission de diriger les hommes doit subir cette tentation, s'il a une conviction absolue, d'amener violemment les hommes au bien, assuré que la foi intérieure viendra plus tard! Questions tragiques où nous ne prétendons pas porter la lumière. Qu'il nous suffise de montrer que le problème se pose, et chaque jour; et que chaque jour aussi nous sommes contraints de le résoudre, en nous plaçant au point de vue des lois de la vie, et non de la liberté. C'est que par là même que nous les faisons rentrer dans l'ordre de la nature, — malgré toutes les réserves que nous avons faites sur ce point, — nous admettons qu'il faut parfois traiter les libertés conformément à ces lois, comme des choses, et leur rendre, par là même, la conscience d'elles-mêmes.

Nous admettons aussi, en faisant rentrer la morale dans un système de la nature, que nous ne pouvons espérer réaliser dans le monde un idéal moral absolu. L'idéal moral ne peut être qu'une tendance indéfinie, soit en nous-mêmes, soit dans la société, et la nature nous indique, pour la réalisation de cet idéal, des moyens qui, parfois, semblent le contredire. N'en usons qu'à la dernière limite, mais ne nous obstinons pas à nous passer de la nature. Il nous est aussi permis, dès lors, de jouir en artistes du spectacle des choses que nous condamnons moralement, pourvu que l'imitation en soit artistique et belle. Car nous affirmons avec une égale nécessité, et que nous avons une œuvre à accomplir dans la vie, et qu'avec nos actions il se fait des « choses inconnues » qui doivent rester telles, et cependant certaines.

D'ailleurs, ce ne sont pas seulement les lois de l'ordre universel qui font moins rigoureuses les distinctions morales, en les faisant participer au mystère des lois universelles; c'est la moralité même qui exige que ces distinctions restent obscures et ne reçoivent pas une précision mathématique. La moralité se détruit, nous l'avons vu, si nous la transformons en *réalité absolue*; elle est un idéal, c'est-à-dire une tendance irréalisable, une inquiétude; l'immobiliser dans des formules absolument fixes serait la supprimer. Elle ne peut se développer que dans la lutte et au milieu des ténèbres. Vouloir que, dans une société, toute chose soit réglée suivant des relations morales, de justice ou de charité, c'est non seulement ne pas se rendre compte des lois de la réalité, c'est ne pas comprendre la nature de l'idéal. Notre destinée est de tendre à la réalisation de l'idéal, étant pleinement convaincus de l'impossibilité de sa réalisation. Cela semble insensé; là cependant est la seule consolation possible, du moment que nous nous sommes convaincus, par l'examen du système de nos connaissances et de la réalité, que cette inquiétude est dans le sens de la vérité, et que, nous dépouillant dès lors de l'illusion du réel, nous avons mis toutes nos espérances dans l'idéal.

Nous devons donc ne renoncer que contraints à l'idéal de la liberté, et ne pas nous armer contre elle d'une conception de l'univers, qui n'est autre, en somme, que la forme imposée à cet univers par l'idéal même de la liberté. Mais cependant nous pouvons nous consoler de l'abandon nécessaire de l'idéal en songeant qu'il est par nature obscur, et dans un incessant devenir. Et il n'est pas inutile de poser, malgré toutes les complications, et au-dessus de toutes les obscurités de la vie, cet idéal, quelque déformé qu'il puisse apparaître au travers des misères des choses. La croyance sans cesse présente, à un ordre supérieur à l'ordre sensible, le sentiment continu de l'illusion du réel, est aussi peut-être ce qui nous donne, plus que tout au monde, le tact, l'esprit d'invention dans la solution des questions morales particulières. L'essentiel et le plus sûr, au milieu des incertitudes de la vie et du devoir, est la conscience constante de l'idéal moral, le sentiment vif et sans cesse présent de la réalité des choses spirituelles qui se communique à toutes nos pensées, et inspire, — en animant comme un principe de vie toute notre conduite, — les moindres de nos actions.

Ainsi, nous nous sommes élevés, comme nous avons vu, du naturalisme au géométrisme, de celui-ci au finalisme, du finalisme au kantisme, pour aboutir à un système de la liberté qui nous semble comme l'achèvement nécessaire de ces philosophies, et des morales qui qui y correspondent; et d'où les systèmes préalablement étudiés nous apparaissent au rang et avec le sens qui leur convient dans la hiérarchie des choses. L'essentiel est de retrouver l'intelligence des Idées, le sens perdu de la valeur de la Raison : le sort de la morale est lié à celui de la métaphysique. Car la morale, ou plutôt l'action morale, est non seulement le couronnement de la spéculation métaphysique, mais, comme nous avons vu, la vraie métaphysique, qui s'apprend par la vie, qui n'est autre que la vie elle-même.

VU ET LU EN SORBONNE :

Le 8 mai 1890.

Le Doyen de la Faculté des lettres de Paris,

A. HIMLY.

VU ET PERMIS D'IMPRIMER :

Le Vice-Recteur de l'Académie de Paris,

GRÉARD.

OBSERVATION

Nous avons eu le tort de ne pas donner, sur quelques ouvrages anxquels nous renvoyons dans nos notes, des indications bibliographiques suffisantes. Nous nous sommes aperçu de cette lacune quand il était trop tard pour la combler dans le texte même. Nous croyons devoir donner ici, sur ces ouvrages, — quoique ils soient bien connus, — quelques renseignements complémentaires. Les ouvrages que nous citons les premiers sont ceux que nous avons eus entre les mains.

Darwin. — *Origine des espèces*, trad. sur la 6e édition anglaise par Ed. Barbier; Reinwald. 1876. Trad. sur l'éd. anglaise définitive. 1882.
— *De la variation des animaux et des plantes sous l'action de la domestication*, trad. par Moulinié. 1868. Reinwald. Une autre traduction a été publiée par Ed. Barbier. 1880.
— *La descendance de l'homme et la sélection sexuelle*, trad. par Moulinié. Revue sur la dernière édition anglaise par M. E. Barbier. 2e édit. 1874. Reinwald. Une autre traduction a été publiée par Ed. Barbier. 1881.
— *La vie et la correspondance de Ch. Darwin*, trad. par M. de Varigny; Reinwald. 1888.

Spencer. — *Les premiers principes*, trad. par E. Cazelles. 1881. Alcan.
— *Principes de psychologie*, trad. par MM. Ribot et Espinas. 1875. Alcan.
— *De l'éducation intellectuelle, morale et physique*, 6e édit. 1885. Alcan.
— *L'individu contre l'Etat*, trad. par Gerschell. 2e édit. 1888. Alcan.
— *Classification des sciences*, trad. sur la 3e édit. par M. F. Réthoré. 2e édit. 1881.
— *Essais de morale, de science et d'esthétique*, trad. par M. Burdeau. 3 vol. 1877-1879. Alcan.
— *Les bases de la morale évolutionniste*. 4e édit. Alcan.
— *Principes de sociologie*, Ier vol., trad. par Cazelles; IIe par Cazelles et Gerschel; IIIe et IVe par Cazelles, chez Alcan. 1er vol., 1878; 2e vol., 1879; 3e vol., 1883; 4e vol., 1886.
— *Introduction à la science sociale*, 9e édit. Alcan.

Fouillée. — *Avenir de la métaphysique.* 1889. Alcan.
— *La science sociale contemporaine.* 1880. Hachette.
— *L'idée moderne du droit.* 2ᵉ édit. 1883. Hachette.
— *Critique des systèmes de morale contemporains.* 1887. Alcan.
Guyau. — *Esquisse d'une morale sans obligation ni sanction.* 1885. Alcan.
Wundt. — *Ethik, Eine Untersuchung,* etc. Stuttgard, 1886.
— *System der Philosophie.* Leipsig. 1889.

TABLE DES MATIÈRES

Avant-Propos.   I
Introduction.   3

CHAPITRE PREMIER.

La morale naturaliste. — Systèmes de conciliation et de transition.   11

CHAPITRE II.

Le fait et le droit. — L'intellectualisme ou le géométrisme. . . .   73

CHAPITRE III.

Le finalisme.   118

CHAPITRE IV.

Le moralisme.   141

CHAPITRE V.

Le système de la Liberté.   189